D1570090

No temas al duelo

No temas al duelo

Historias de vida,
muerte y superación

JULIA SAMUEL

Traducción:
Mario Alberto Chanona

Grijalbo

No temas al duelo

Historias de vida, muerte y superación

Título original: *Grief Works*

Primera edición: marzo, 2018

D. R. © Julia Samuel, publicado por Penguin Life en 2017
D. R. © 2018, derechos de edición mundiales en lengua castellana:
Penguin Random House Grupo Editorial, S. A. de C. V.
Blvd. Miguel de Cervantes Saavedra núm. 301, 1er piso,
colonia Granada, delegación Miguel Hidalgo, C. P. 11520,
Ciudad de México

www.megustaleer.com.mx

D. R. © Mario Alberto Chanona, por la traducción

ISBN: 978-607-316-288-3

Impreso en México – *Printed in Mexico*

El papel utilizado para la impresión de este libro ha sido fabricado a partir de madera procedente
de bosques y plantaciones gestionadas con los más altos estándares ambientales, garantizando
una explotación de los recursos sostenible con el medio ambiente y beneficiosa para las personas.

Penguin
Random House
Grupo Editorial

Este libro está dedicado a Michael,
Natasha, Emily, Sophie y Benjamin
con todo mi amor

No hay amor sin dolor, pero sólo el amor puede curar el dolor que éste ocasiona

—Padre Julio Lancelotti

Índice

Introducción

Annie, la primera persona a quien atendí, vivía en lo más alto de una torre de departamentos detrás de Harrow Road, en Londres. Ella tenía casi setenta años y estaba destrozada por la muerte de su hija, Tracey, quien murió al chocar contra un camión de carga en la víspera de Navidad. El humo de su cigarro y el calor sofocante de su cuarto, producido por el calefactor eléctrico, mezclados con su intenso dolor siguen tan vivos en mi memoria hoy como lo fue hace veinticinco años. En ese entonces yo era voluntaria para un servicio local de terapias de duelo y sólo había recibido diez sesiones de capacitación por las tardes antes de encontrarme ahí, sentada frente a Annie. Me sentí incompetente y asustada al estar cara a cara con su pérdida; sin embargo, también sentía un hormigueo por la emoción, ya que sabía que había descubierto el trabajo que quería hacer por el resto de mi vida.

Annie me compartió una idea que ha demostrado ser cierta para los cientos de personas que he visto desde entonces: necesitamos respetar y entender el proceso de duelo y debemos de reconocerlo como necesario. No se trata de algo a lo que hay que vencer mediante una batalla, como sucede en el modelo médico de la recuperación. Como humanos, lo natural es que intentemos evitar el sufrimiento, pero, contrario a todos nuestros instintos, para sanar nuestro duelo tenemos que permitirnos sentir ese dolor; tenemos que encontrar formas para usarlo como apoyo, porque no podemos escapar de él. Annie clamaba contra el hecho de que su hija estaba muerta, bloqueaba la realidad con borracheras y peleas con sus familiares y amigos que intentaban ayudarle a superar la pérdida. Este dolor fue justamente lo que con el tiempo la obligó a buscar una manera para vivir con la verdad: su amada hija estaba muerta (y este dolor tomó su propio curso).

La muerte es el último y gran tabú y su consecuencia, el duelo, es profundamente incomprendida. No tenemos ningún problema con hablar sobre sexo o los errores, o de exponer nuestras vulnerabilidades más íntimas, pero cuando se menciona la muerte nos quedamos callados. Es algo tan aterrador, incluso alienígena, para tantos de nosotros que no podemos encontrar las palabras para expresarlo. Este silencio conduce a una ignorancia que puede prevenirnos de reaccionar al duelo tanto de otros como al nuestro. Para nosotros es mejor cuando los dolientes no muestran su angustia y podemos decirles que son "increíbles" por ser "tan fuertes". No obstante, a pesar del lenguaje que usemos para tratar de negar la muerte (eufemismos como dejar este mundo, pasar a mejor vida), la dura realidad es que como sociedad estamos mal preparados para lidiar con ella. La falta de control y la impotencia a las que debemos enfrentarnos van en contra de la creencia del siglo xx de que los avances médicos pueden componernos, o si no pueden, de que las dosis suficientes de determinación lo harán.

Miles de personas mueren diariamente, algunas son inesperadas y otras no; sólo en México mueren más de 600 000 personas al año. En promedio, cada muerte afecta al menos a cinco personas, lo que quiere decir que a millones de personas les afectará esa noticia. Por siempre recordarán dónde estaban cuando les dijeron que su padre, madre, hermano/a, amigo/a o hijo/a estaba muriendo o había muerto. Esto afectará todo aspecto de su mundo para el resto de su vida y, básicamente, cambiará la relación que tienen consigo mismas. La pericia con la que manejen su dolor eventualmente implicará a toda la familia y amigos que rodean a esas personas.

El dolor que sentimos es invisible, es una herida inmaterial enorme o pequeña, según cuánto amábamos a la persona que murió. Puede ser que estemos de luto por una muerte repentina o por una que anticipamos. En cualquier caso, el cielo que vemos es el mismo que miramos antes de esa muerte, pero cuando nos vemos en el espejo, observamos a una persona distinta. Vemos una fotografía nuestra y nos preguntamos a dónde se fue la inocencia de esa sonrisa. La muerte es la gran reveladora: saca y exhibe los defectos ocultos y secretos sumergidos; asimismo, nos revela lo cruciales que han sido los más allegados a nosotros. Sin embargo, los que nos rodean no necesariamente entienden la complejidad de lo que ha pasado o la profundidad de la herida que cargamos.

He visto con regularidad que no es el dolor del duelo lo que lastima a personas como Annie, e incluso a familias enteras y hasta a generaciones, sino lo que hacen para evitar ese dolor. Lidiar con el dolor requiere de trabajo en distintos niveles, tanto físicos como psicológicos. No es posible hacer solos este trabajo. El amor de otros es fundamental para sobrevivir a la pérdida de ese amor. Con su apoyo, podemos esforzarnos para encontrar una forma para soportar el dolor y continuar sin la persona que murió (atreviéndonos a seguir adelante y a volver a confiar en la vida).

En mi profesión abundan las estrategias prácticas con buenas bases, así como opiniones psicológicas; ambas son esenciales para cualquiera que está de luto. Como terapeuta he sido testigo de cómo este conocimiento puede ayudar a los dolientes para que eviten generar consecuencias peores a través de un apoyo inapropiado; estudios de investigación demuestran que los duelos sin resolver son el motivo de 15% de las remisiones a psiquiatría. El miedo que rodea a la muerte y al duelo es causado en gran medida por una falta de conocimiento. El objetivo de este libro es abordar ese miedo y reemplazarlo por confianza. Quiero que las personas entiendan que el luto es un proceso que tiene que trabajarse (y la experiencia me ha enseñado que el luto *es* un trabajo muy demandante). No obstante, si hacemos el trabajo, éste puede trabajar *para* nosotros, al permitirnos sanar. El proceso natural del duelo puede apoyarse de tal manera que nos permita funcionar de modo efectivo en nuestra vida diaria, y espero que este libro llegue a desempeñar una función útil al proporcionar este apoyo.

Aquí encontrarás estudios de casos sobre el duelo basados en la experiencia de personas reales. A pesar de que fueron agrupados con base en la relación del individuo con la persona que murió (es decir, en la pérdida de una pareja, de un padre o madre, de un hermano/a o hijo/a), cada caso es único. Estas historias demuestran que debemos familiarizarnos con lo que sucede en nuestro interior; debemos aprender a reconocer nuestros sentimientos y motivaciones, y conocernos realmente. Esto es necesario si queremos ajustarnos a la nueva realidad generada por una pérdida. El duelo no nos pega en fases y etapas organizadas, tampoco se trata de algo que olvidamos y seguimos adelante; es un proceso individual regido por su propio ímpetu, y el trabajo involucra encontrar formas para enfrentar nuestros miedos y dolores, así como para ajustarnos a esta nueva versión de nosotros mismos, a este "nuevo yo". El hecho de que muchas personas puedan, de alguna forma, encontrar la manera para soportar lo insoportable dice mucho sobre nuestra extraordinaria capacidad para crecer conforme trabajamos para reconstruir nuestra vida.

Aunque los estudios de casos en este libro se elaboraron con base en mi relación con cada individuo a través de terapias, el enfoque está, no obstante, en el duelo, más que en la terapia. Asimismo, demuestran que realmente escuchar a alguien es tan importante como hablar con él (el poder de una persona que es escuchada con toda la atención mientras cuenta su historia nunca debe subestimarse). La habilidad para escuchar bien no es de ninguna manera exclusiva de los terapeutas profesionales; es algo que todos podemos aprender a hacer y podría sorprendernos lo mucho que nos dicen nuestros amigos y lo atentos que podemos ser cuando nos tomamos el tiempo para escucharlos adecuadamente.

En mis sesiones con clientes, ellos exploran sus conjeturas previas sobre la vida y sus percepciones del mundo. Descubren palabras que describen lo que tal vez no se había expresado antes, la libertad de no tener que protegerme de sus dolores más profundos, de sus peores miedos o pensamientos. Le dan voz a sus preocupaciones, a sus angustias; se sienten más ligeros y suelen hacer conexiones nuevas con su interior. Exploran versiones diferentes de sí mismos que pueden estar batallando o esa vocecita que los criticaba ante cada acción. Tienen el espacio para encontrar qué pasa realmente debajo de sus armaduras; esas defensas que tal vez en el pasado los protegieron, pero que ahora están en su contra. Se revelan como más completos y pueden hacer las paces con partes de sí mismos que, por ejemplo, les recuerdan a sus papás (un comportamiento que han odiado o que descubrieron que imitan). Tener un lugar al que pueden traer los sentimientos retorcidos que les han hecho nudos silenciosamente —un lugar donde dichos sentimientos pueden desenredarse para después buscar fragmentos de la verdad— a veces puede aliviar el dolor causado por el duelo puro.

Las "Reflexiones" al final de cada sección contienen mis comentarios generales sobre cómo abordar este tipo de pérdida, así como datos prácticos y orientación sobre los temas que surgieron en las historias. Proporcionarles a los lectores las estadísticas relacionadas con los grandes números de personas en duelo desvanecerá las impresiones negativas y equivocadas que los individuos pueden tener sobre su luto y que podría estar saboteándolos. De igual manera, puede ser útil leer las secciones del libro que no son relevantes de manera directa con tu experiencia para conocer los procesos universales por los que pasamos cuando una persona muere (y hasta para sorprendernos al ver mucho de nosotros mismos en alguien que está de luto por una muerte completamente distinta).

Debido a que nuestra actitud ante el duelo es parte de nuestra cultura, incluí un breve resumen sobre cómo han cambiado en el Reino Unido esas actitudes desde la época victoriana; sin duda hay prácticas del pasado que no debemos ni pensar en adoptar en la actualidad. El capítulo sobre la amistad incluye mis puntos de vista condensados sobre su importancia y no podría enfatizar lo suficiente acerca de lo crítico que es el rol de los amigos en la recuperación de un doliente, a pesar de que tengan tanto el potencial de estorbar como el de ayudar. La última sección nos dice cómo podemos ayudarnos a través de la imagen de los Pilares de la fuerza.

Deseo que este libro sea un recurso para consultar continuamente. Quiero que las personas comprendan su duelo o el duelo de las personas a quienes quieren. Espero que sea usado por amigos y familiares para asegurarles a los dolientes que la vida puede reconstruirse y que la confianza puede desarrollarse. Es posible que ya no seamos inocentes optimistas y quizá siempre habrá momentos en los que sintamos el dolor de la pérdida, pero eventualmente sentiremos que la comprensión más profunda de nosotros mismos que habremos ganado nos ha hecho crecer.

Entender el duelo

¿Qué es el duelo?

El duelo es la reacción emocional ante una pérdida, en este caso, ante la muerte. El luto es el proceso por el que debemos pasar para así ajustarnos a este mundo en el que la persona falleció. Como ilustra este libro, el duelo es un proceso interno sumamente personal, contradictorio, caótico e impredecible. Si vamos a navegarlo, debemos encontrar una manera para entender y vivir con su paradoja central: tenemos que encontrar una forma para vivir con una realidad que quisiéramos que no fuera cierta.

El duelo nos obliga a encarar a nuestra mortalidad, la cual hemos negado durante toda nuestra vida, frecuentemente a través del establecimiento del orden (ya que si tenemos orden, tenemos previsibilidad y, sobre todo, control). La muerte destruye el control; la muerte es cruel por el poder supremo que tiene sobre nosotros y ésta es la razón por la que nos es tan complicado aceptarla.

Para hacer un duelo, debemos encontrar la manera de superar el dolor de esa pérdida, no de luchar en contra suya o de bloquearlo, y para eso necesitamos apoyo (el amor y apoyo de nuestros familiares y amigos) y entender lo que conlleva el proceso.

El proceso del duelo

Todos siempre hablan sobre el proceso del duelo, el cual es la actividad que se está realizando tanto bajo la superficie como sobre ésta. La imagen que se suele usar al ilustrarla es la de un iceberg: lo que podemos ver sobre la superficie (nuestras palabras, apariencia, expresiones) es sólo un tercio de la totalidad. Este proceso que se esconde por debajo consiste en una lucha entre el dolor causado por la pérdida y nuestro instinto por sobrevivir. El proceso se encuentra en el movimiento (ese ir y venir) entre la pérdida y la restauración. La tristeza, las lágrimas, el deseo y la preocupación por la persona que murió se alternan con las tareas de nuestro día a día: operar, tener esperanzas en el futuro y tomarse un descanso del duelo. Con el paso del tiempo nos ajustamos cada vez más a la realidad de la muerte, y conforme lo hacemos, estamos cada vez más disponibles sentimentalmente para poder ocuparnos de lleno en nuestra vida actual. Este proceso, el cual es tan consciente como inconsciente, es intenso al inicio, pero luego se torna menos complicado, conforme aprendemos a manejar nuestro duelo de mejor manera.

La paradoja del duelo

La paradoja del duelo consiste en que el encontrar una manera para vivir con el dolor es lo que nos permitirá sanar. Enfrentarse al duelo no involucra una teoría de inmersión; en cambio, debemos afrontar el duelo conforme se nos presenta (a menudo se siente como una tormenta que nos golpea) y tomarnos un descanso de éste a partir de distracciones, ocupaciones y de hacer las cosas que nos hacen sentir cómodos y que nos tranquilizan. Cada vez que alternamos entre estos polos nos ajustamos a la realidad que no queremos encarar: la persona que amamos está muerta.

La esencia del duelo es que estamos obligados, a través de la muerte, a confrontar una realidad que rechazamos por naturaleza. Normalmente usamos comportamientos habituales para protegernos del dolor que causa este conflicto irremediable, pero éstos pueden trabajar a favor o en contra nuestra.

El dolor es el agente de cambio. Este concepto es algo difícil de entender. No obstante, sabemos que si todo va de acuerdo al plan y estamos satisfechos, no existe un ímpetu que cambie las cosas. Por otro lado, si sufrimos a causa de sentimientos constantes de incomodidad, aburrimiento, enojo, ansiedad o miedo en nuestra vida diaria, usualmente esta situación nos conduce a cuestionarnos para así encontrar el problema: ¿Acaso es un problema en nuestra relación o en el trabajo? ¿Qué es lo que debo cambiar para que me pueda volver a sentir satisfecho o incluso feliz? Cuando alguien muere el cambio se nos impone; el dolor que sentimos se agudiza y nos obliga a adaptarnos a mundos internos y externos diferentes.

A menudo, los comportamientos que usamos para evitar el dolor son los que más nos lastiman. Los comportamientos que desarrollamos en nuestra vida temprana para protegernos del dolor emocional son nuestra forma automática para lidiar con las dificultades. Para algunos, estos comportamientos predeterminados funcionan bien, mientras que para otras personas no son de gran ayuda. Hablar con un amigo cuando algo nos molesta o preocupa es un comportamiento positivo; adormecer nuestro dolor con alcohol es un comportamiento negativo. Nuestra tarea consiste en diferenciarlos y en aprender simultáneamente comportamientos nuevos que apoyen nuestra capacidad para soportar y expresar el dolor.

Sentimos como si el fallecido siguiera vivo, a pesar de que sabemos que en realidad está muerto. Visualizamos su cuerpo como si estuviera vivo: nos preguntamos si se sienten solos, si tienen frío o miedo; hablamos con ellos en nuestra mente y les pedimos que nos guíen en las grandes o pequeñas decisiones de nuestra vida. Los buscamos por las calles, nos conectamos con ellos al escuchar la música que les gustaba o al oler su ropa. El muerto sigue presente dentro de nosotros, pero al mismo tiempo no está presente físicamente. Podríamos sentir como si se tratara de una relación en curso, sabiendo que ésta no se desarrollará nunca más. Cuando no reconocemos esto o hasta cuando lo negamos, nuestra mente puede distorsionarse o desequilibrarse. Sin embargo, cuando comprendemos la situación, nuestro sentimiento abrumador se transforma en uno de alivio.

Debemos aprender a vivir con una alternancia entre el "dejar ir" y el "aferrarse". Los rituales como el funeral o visitar una tumba le dan forma al dejar ir, el reconocer que la persona murió y que ya no está presente físicamente. Entonces, las personas asumen que deben olvidar por completo a su ser querido y, posteriormente, se sienten culpables por haberlo abandonado; pero la relación entre ellos sí continúa, sólo que de una forma radicalmente diferente.

La muerte se roba el futuro que anticipábamos y que deseábamos, pero no se llevará la relación que tuvimos. La conexión con los muertos se mantiene internamente a través de nuestros recuerdos, los cuales son probablemente el regalo más preciado que poseeremos; los recuerdos se vuelven parte de nosotros, se vuelven nuestros testigos y guías conforme seguimos con nuestra vida.

Tal vez queramos volver a ser felices y reconozcamos que es lo correcto y justo, pero nos sentiremos culpables porque, por alguna razón, parece que eso está mal y que no es correcto. Suele existir un conflicto entre nuestra cabeza y el corazón; nuestra cabeza sabe que fue, digamos, un accidente terrible, pero nuestro corazón siente que hicimos algo equivocado. Estas dos partes pueden tener una batalla campal, dejándonos débiles y exhaustos. Los dos polos opuestos necesitan encontrar un lugar donde puedan convivir. Entender que necesitamos mantener ambos conceptos puede ser liberador.

La sociedad aprueba que el doliente sea valiente y que siga adelante, pero no aprueba que se aleje o que no pueda sobre-llevarlo. Paradójicamente, el duelo que debe generar preocupaciones es el que se logra a través de atajos, como automedicarse para lidiar con el dolor. Como sociedad, necesitamos aprender a apoyar un duelo saludable y ayudar a la gente a entender que cada quien tiene su ritmo.

Nuestra cultura está sumida en la creencia de que podemos arreglarlo casi todo y mejorarlo, y, si no podemos, de que nos es posible tirar lo que tenemos a la basura y empezar de nuevo. El duelo es la antítesis de esta creencia: no puede evitarse y necesita de resistencia; asimismo, nos obliga a aceptar que hay algunas cosas en este mundo que sencillamente no podemos arreglar.

CUANDO MUERE UNA PAREJA

El amor altera el tenor constante de nuestros modos, complica nuestros planes y derrota el clientelismo político. Es venerado y deplorado, ansiado y temido. Tomamos grandes riesgos cuando nos embarcamos en relaciones amorosas y riesgos mayores si las renegamos. De una manera o de otra tenemos que encontrar una forma para vivir con amor.

—Colin Murray Parkes

Caitlin

Cuando Caitlin tocó a mi puerta me dio curiosidad. ¿Cómo sería? ¿Cuál era su historia? Antes de poder verla, escuché una voz cálida y animada con un ligero acento irlandés que platicaba en las escaleras; cuando cruzó mi puerta, vi a una pelirroja alta con cabello largo y ondulado, una mujer sonriente con ojos azules. Estaba por llegar a los cincuenta y caminó deliberadamente con pasos largos hacia mí, luego se detuvo para acomodar un tapete que pateó accidentalmente.

Como Caitlin hablaba rápido (se expresaba con claridad y era graciosa) me tomó algo de tiempo poder ver la fragilidad detrás de su armadura. Su historia era complicada: David, su esposo desde hacía diez años (y estaban juntos desde hacía casi veinte), acababa de ser diagnosticado con cáncer terminal en el hígado. En su última cita en el hospital, ella les insistió a los médicos si podían darle alguna opinión sobre su expectativa de vida, a lo que le respondieron que tenía entre nueve y dieciocho meses. David decidió sólo saber lo indispensable, pero Caitlin necesitaba conocer más en privado; su parte fuerte y guerrera le dijo: voy a subirme a este tren y necesito saber con qué voy a lidiar. Sin embargo, lloró cuando me relató esto. Su relación era complicada y se vio afectada por su adicción al alcohol, pero ella todavía lo amaba.

Su mayor preocupación eran sus dos pequeños hijos: Kitty (de nueve años) y Joby (de seis). Ella todavía no les había dicho que su padre se estaba muriendo. Lo que más sentía era miedo, grandes cantidades de miedo: miedo a lo desconocido, miedo a la sobrevivencia, miedo a si ella/ellos podrían salir adelante, miedo por cuestiones de dinero, miedo por sus hijos y, obviamente, miedo a la muerte de David. Caitlin estaba completamente confundida. Naturalmente, sentía que debía proteger a sus hijos, ya que eran muy chicos; ella ya había empezado a contarles mentiras piadosas para ocultar los problemas con el alcohol de David. Le preocupaba que David se cayera muerto de la nada y que no tuviera el tiempo necesario para prepararlos para eso. Le pregunté qué pensaba ella que sus hijos sabían. Me respondió que nada. Le dije que eso era poco probable, ya que los niños son inteligentes; ellos presienten inmediatamente que algo no está bien, incluso si no saben qué con exactitud. De hecho, luego mencionó que le habían dicho: "Papá parece papá, pero más chico".

Discutimos si David se involucraría en las conversaciones y ella dijo con claridad que no. Acordamos que ella debía empezar por preguntarles a sus hijos lo que sabían sobre la enfermedad de su padre. Le dije que con el tiempo ellos necesitaban saber la verdad (tal vez no todo de una vez, sino en pequeñas dosis). Sus respuestas a las preguntas de sus hijos debían de ser literales y fácticas; cuando los niños no saben algo lo inventan, y sus inventos pueden ser más aterradores que la verdad. Si se les decía la verdad, confiarían en ella y la confianza sería el cimiento del apoyo que necesitarían durante ese proceso asombrosamente difícil y aterrador.

En una sesión posterior, Caitlin me contó cómo les dio la noticia sobre la muerte inminente de David a sus hijos. Les explicó que "su papá está muy enfermo y los doctores suelen ayudar a las personas para que se sientan mejor, pero su papá está muy muy enfermo y ahora los doctores no lo pueden ayudar". Primero no lloraron, pero cuando les preguntó qué les preocupaba al respecto, Caitlin se puso a llorar, y luego todos empezaron a llorar. Ella les demostró que estaba bien llorar y que era bueno hacerlo juntos.

Los niños hicieron muchas preguntas. ¿Su papá iba a morir? ¿Ellos iban a morir? Caitlin fue honesta y cuidadosa con ellos. Les dijo que "su papá se va a morir cuando su cuerpo deje de funcionar; no sabemos exactamente cuándo pase eso, pero siempre les voy a decir la verdad". Después continuaron con su rutina normal de té, baño, y cuentos, todo con abrazos extra, lo que los dejó tranquilos. Fue una conversación desgarradora, una de las muchas que tendrían a lo largo de las siguientes semanas, pero a pesar de haber sido tan difícil, Caitlin lo manejó con gran valentía.

Estaba segura de que podría construir una relación con Caitlin. Ella era como un motor en aceleración y necesitaba poder confiar lo suficiente en alguien como para desacelerar y sentirse segura. "Segura" fue una palabra clave que se repetía en varias de nuestras sesiones. Caitlin necesitaba a una persona fiable y consecuente que la escuchara con detenimiento y que no se abrumara con su historia, alguien que pudiera darle las herramientas necesarias para estructurar y para posteriormente manejar sus miedos muy reales. Ella amaba a su esposo, pero lo odiaba al mismo tiempo por todo lo que les había hecho pasar (me describió su alcoholismo como "gotear veneno sobre nuestra familia"), asimismo sentía que su muerte les causaría un daño irreversible.

Caitlin siempre cargaba con su ansiedad sumida en un torbellino de inquietud. Entraba abruptamente a mi consultorio y hablaba sorprendentemente rápido, como si cuanto más deprisa hablara más pudiera evitar el dolor, como alguien saltando entre brasas ardientes. Ella conocía pocos métodos para tranquilizarse cuando le daba ansiedad, lo que sólo intensificaba la angustia causada por su duelo. En varias ocasiones habló sobre su madre, a quien visitaba con frecuencia y amaba profundamente. Sin embargo, no tomó mucho tiempo para darme cuenta de que la crianza que obtuvo de su madre fue errática; como David, su madre era alcohólica, lo que inevitablemente quería decir que Caitlin no podía confiar en ella. Caitlin me narró algunas experiencias que le sucedieron como a los diez años: su mamá solía llegar tarde por ella a la escuela y Caitlin se veía obligada a esconderse detrás de la parada del camión, llena de vergüenza y abrumada por un sentimiento de soledad que jamás la dejaría.

Estos episodios demostraron la raíz de su sentimiento de abandono y cómo se formaron los ojos a través de los cuales veía el mundo, así como por qué su primer pensamiento ante cualquier situación estresante era "me quedaré sola". La vergüenza y el miedo eran palabras que se repetían constantemente en nuestras sesiones. No obstante, ella amaba a su madre y oscilaba entre sentir por ella un amor profundo y cálido y un odio terrible. Mi interpretación de estas emociones (con la que no estuvo de acuerdo) fue que Caitlin tenía el pensamiento mágico de un niño, ya que esperaba que su afecto pudiera controlar las borracheras de su madre. Ella pensaba que si era buena, su mamá también sería buena, y que si su mamá estaba borracha era porque Caitlin era mala. Naturalmente, Caitlin se inventó a la larga una idea fija de su propia maldad.

Una tragedia devastadora la golpeó justo en esa zona de quiebre a los diecisiete años de edad. A su amado padre, quien había sido un hombre amoroso y exitoso, le dio una enfermedad mental y se ahorcó en un bosque cercano al hogar familiar. Su muerte llegó después de un breve episodio de depresión inmensurablemente profunda. Caitlin me dijo que desde su muerte se sentía "como si trajera una botella de cianuro" dentro del estómago. Me contó que su padre era un "gran hombre" a quien ella amaba. Mientras me lo contaba, sentí cómo se me nublaba la mente; era demasiada información para asimilar. Le dije eso y empezó a llorar. Algo en el hecho de que yo reconociera lo duro que fue toda esta situación le permitía reconocer a ella que en realidad sí era así. Ella mantenía desde hacía décadas y todavía de manera muy vívida el duro golpe emocional que le causó la muerte de su padre; el tiempo durante el que pudimos vernos le permitió tocar ese tema, pero sólo de poco a poco. A pesar de que este duelo estaba sumergido, que en mi opinión parecía que la había afectado a niveles muy profundos, fue inevitablemente evocado debido a la pérdida que estaba por venir; ya no era el momento para lidiar con esas heridas. Éstas la desestabilizarían y necesitaría todos los recursos a su alcance para que funcionaran a su favor ante la muerte de David y sus innumerables implicaciones.

Caitlin era la hija menor de una gran familia irlandesa de profesionistas y tenía muchos amigos cercanos, íntimos y buenos. Pero no era igual con los hombres. Ella buscaba a los hombres para recibir validación y para hacerla sentir digna de recibir amor; ella pensaba que tenía que hacer todo lo posible para gustarles y priorizaba sus necesidades y, en ese proceso, ignoraba las suyas, lo que la hacía sentir vacía y usada. En este punto de su vida, su obsesión con los hombres se presentaba en la figura de Tim. Caitlin me dijo que amaba a David (él era bueno con ella, la había elegido de entre las demás y era el padre de sus hijos), pero su alcoholismo le había robado el respeto que sentía por él. La adicción fracturó la frágil confianza que había entre ellos y el deseo de Caitlin por David se había esfumado.

Tim era un personaje de fantasía que era completamente inadecuado para Caitlin, cosa que ella sabía gracias a su inteligencia y sensibilidad. Tim trabajaba en mercadotecnia y era un encanto; acababa de divorciarse de su segunda esposa y tenía todo un alboroto económico y emocional, ya que tenía que pagar por tres hijos en dos casas diferentes y por su propio departamento. Caitlin sabía que él era incapaz de darle lo que necesitaba, pero no importaba cuánto lo "supiera", ya que eso no influenciaba su comportamiento. "Soy como un misil que rastrea el calor y que constantemente espera saber algo de él, que planea cuándo podré volverlo a ver y que ensaya una y otra vez en la cabeza las cosas que le voy a decir para hacerlo quererme." Su fantasía era que él se diera cuenta de que estaba "perdidamente enamorado" de ella e hiciera apasionadas declaraciones de amor. En la cabeza de Caitlin solían surgir dos diálogos: el de "te amo", en el que él le declaraba su amor y ella le decía "lárgate". Sin embargo, la realidad era dura. Cuando sí se veían, él era impredecible: a veces era cariñoso y seductor, la atraía sexualmente, y en otras ocasiones era muy desdeñoso. Ella se ponía ansiosa y necesitada, causándole una sed por recibir un mensaje nuevo de Tim, así que revisaba su celular cada que podía y no lograba concentrarse hasta que recibía su mensaje. Cuando sí le llegaba un mensaje, ella lo leía y volvía a leer; cual médico forense, intentaba extraer significados que raramente las palabras exactas transmitían. Decepcionada, quedaba sedienta por otro mensaje. Este patrón (en el que ella lo rechaza con la esperanza de que él vaya detrás de ella) es común en las relaciones; una persona grita "lárgate" cuando lo que quiere decir en realidad es "lucha por mí, acércate, demuestra que me quieres". Asimismo, éste se encuentra comúnmente entre los padres y sus hijos.

Influenciada por su creencia y crianza católica, Caitlin quería tener una versión de sí de la cual estuviera orgullosa; pero esto iba acompañado de su necesidad de ser deseada. Para Caitlin, Tim era un imán que la atraía hacia él con una fuerza insuperable. Tim sacaba a relucir aspectos de ella de cuando era joven, de cuando ansiaba desesperadamente recibir la atención de su madre; la inconsistencia de Tim era un reflejo de la de su madre y su sensación de que era una persona mala que no merecía recibir amor permanecía en su interior.

Caitlin me platicaba, pero veía al piso, luego levantaba su mirada hacia un lado para confirmar que yo siguiera allí; le preocupaba que la juzgara. Luego me dijo que era en estos momentos cuando por fin sentía que alguien la veía por quien era en realidad, con todos sus defectos. Ella no sentía que yo la criticara y esta libertad de juicios permitió que nuestra relación creciera. Cuando mencioné una evaluación para ver cómo íbamos la vi quebrarse. "¿También me vas a dejar, verdad?", me gritó, y luego empezó a llorar. Pensó que ésta era mi manera para dar por terminadas nuestras sesiones. Le expliqué que yo no le iba a imponer un cierre a nuestras sesiones; ambas estábamos a cargo de eso y lo íbamos a acordar en conjunto. Era importante hacerle saber que yo no iba a repetir el patrón que se estableció con su padre y su esposo y que repentinamente yo iba a desaparecer de su vida. La armadura emocional con la que Caitlin se protegía de niña era como una capa de barniz, tan impermeable como invisible. Ésta la prevenía de tomar y retener sentimientos positivos y bloqueaba ese apoyo que era lo que más necesitaba. De hecho, ella se alejó del amor real y auténtico, a pesar de que eso era aparentemente lo que siempre había buscado. Como resultado de nuestro trabajo y del cuidado que recibió, lentamente empezó a creer que era digna de amor.

No obstante, la obsesión de Caitlin con Tim no podía ser simplemente ignorada; al mismo tiempo, estaba consciente de que esa obsesión fungía como un analgésico que aplacaba el dolor causado por la muerte cercana de David. Asimismo, esta obsesión era una manera de abandonar el concepto de sí misma. Tenía que asegurarme de que el drama con Tim no me distrajera de su miedo a ser abandonada, tema que era clave para su continuo comportamiento dañino. Si ella encontraba una manera para tranquilizar a su niña interna agitada, en vez de arrojarla a los brazos inseguros y débiles de Tim, estaría mejor protegida. En efecto, tenía que encontrar una manera para ayudarla a cuidarse a sí misma. La metáfora que usó para describirse fue como un vaso de cerveza oscura: les mostraba a todos la capa espumosa de la superficie, pero la mayor parte de ella estaba contenida en esa oscuridad burbujeante por debajo. Juntas pudimos ver esa "oscuridad por debajo". "El duelo le pegó a mi centro de confianza justo en la panza. Es como ir a dar la vuelta sin gasolina en el tanque; todo es más difícil de lo normal y se siente como si estuviera condenada al fracaso. Todo el tiempo estoy de malas y no puedo ver el final de todo esto." Discutimos maneras para salir adelante, como ponerse varias tareas fáciles de realizar a lo largo del día: hacer cosas reconfortantes, como comprar comida rica, cocinar para la familia y comer bien. Todo esto la ayudó a sentirse con mayor control.

Deduje que David no pudo desarrollar todo su potencial profesional; su pérdida de confianza junto con su alcoholismo habían frustrado su talento. Ahora le era imposible trabajar. Estaba sometido a un tratamiento (recibía radioterapia para reducir los síntomas), pero esto no iba a prolongar su vida. Los días posteriores a su terapia se encontraba muy cansado, pero después de un tiempo se recuperaba razonablemente bien. A pesar de que ya no tomaba, sus analgésicos lo hacían comportarse del mismo modo que cuando estaba ebrio, algo que para Caitlin era tan perturbador como su alcoholismo.

Caitlin me dijo que no conversaban acerca de su muerte; David tampoco quiso asistir a nuestras sesiones. Era evidente que él quería vivir lo más posible por sus hijos; asimismo, tenía pensado continuar como si todo estuviera bien. Caitlin solía hablar con lágrimas en los ojos y de manera orgullosa y pensativa sobre su valentía, gracia y estoicismo interminables ante la terrible enfermedad de su esposo. Él era muy ocurrente y ese humor que conquistó originalmente a Caitlin ahora los mantenía juntos en este viaje a través del infierno; él solía decirle: "Gracias a Dios que no eres tú la que se está muriendo; ¡serías una PESADILLA!" Uno de los aspectos más difíciles de esta situación era la incertidumbre, el no saber cuándo iba a morir; también el hecho de saber que lo que pasaría después de eso no sería algo mejor, sino peor.

Caitlin y yo nos vimos durante dieciocho meses antes de que David muriera. Ella era el sostén de la familia, y trabajar, cuidar a David, cuidar a sus hijos y manejar su turbulencia interna, todo al mismo tiempo, era sumamente estresante para Caitlin. Continuamente se sentía agitada y no veía la luz, sino que "sólo un miedo oscuro". Pero encontró la manera para vivir con eso. La parte más frágil de Caitlin siempre subestimó su resistencia; ella era mucho más fuerte que lo que se había permitido creer. Lo sabía a un nivel subconsciente y lo negaba porque no quería sentir arrepentimiento o culpa (sus sentimientos predeterminados) después de la muerte de David. Se hizo la promesa de ser buena con David y de no enfurecerse con él, así como lo había hecho en el pasado. Encontró la manera de arreglar las dificultades que tuvieron en su relación. Compró aceites con olores increíbles y los untaba en las manos y pies de David; le acariciaba las mejillas y se daban abrazos apretados e íntimos demostrando un cariño real, un amor real.

Había ocasiones en las que Caitlin llegaba destrozada y necesitaba sacar todos sus problemas y había momentos en los que sólo podía llorar por David y sus hijos. Se sentía muy orgullosa, y con justa razón, por todo lo que había logrado. Frecuentemente no dormía bien, cosa que complicaba todo (como siempre pasa, además de ser un síntoma común en el duelo), por lo que trabajamos juntas para encontrar métodos que la ayudaran a dormir mejor.

A veces salía de fiesta hasta tarde y ocasionalmente tomaba decisiones sexuales insensatas, lo que le generaba días de arrepentimiento y desesperanza. A menudo era el enojo lo que la mantenía despierta, varias capas de enojo: con David por ser un alcohólico y por cómo eso contribuía a su enfermedad; con ella por haberlo elegido como el padre de sus hijos, y con la situación en conjunto porque ella era incapaz de cambiarla. Sus estados de ánimo iban y venían: tenía fases en las que sentía que podría superar la situación y había otras en las que estaba aterrada. Todo esto acompañado por una terrible carga de odio a sí misma.

Caitlin nunca mencionó si David sentía celos de su esposa porque ella no se estaba muriendo. Es común que la pareja evite estos complicados sentimientos para protegerse. La realidad de la muerte y la celosía que puede generar se entienden, pero también se niegan. No importa si los celos se expresan o no, es muy probable que estén presentes.

El deterioro de David era errático. Había días en que tenía energía y podía unirse a la vida familiar: jugar con Joby y Kitty y salir a ver a sus amigos. Otros días estaba mucho más débil y pasaba la mayor parte del tiempo en el sillón. Los niños se le trepaban y David les hacía bromas, les hacía cosquillas, los abrazaba; los niños se sentaban y veían sus programas de televisión preferidos con su papá, acurrucados bajo una manta. La última etapa de la enfermedad de David llegó con mucha rapidez y, aunque ya lo esperaba, para Caitlin fue un duro golpe. Su dolor aumentó y tuvo problemas para caminar. La pareja y el doctor decidieron que un centro de cuidados paliativos era la mejor opción para David. Era un lugar cálido y seguro donde los niños se sentían bienvenidos y podían correr. Las maravillosas enfermeras amaban sus bromas y cuidaban mucho de él, particularmente se aseguraban de que no sintiera dolor. Uno de los recuerdos más bellos y también desgarradores de Caitlin fue cuando David leyó los mensajes que escribió con mano temblorosa en unos libros para sus hijos.

Recuerdo muy bien el día en que murió. Era un día caluroso de primavera. Miré mi teléfono y tenía un mensaje que decía: "David murió en paz esta mañana. Sujetaba mi mano". Le llamé y le pregunté si los niños vieron el cuerpo de David. Me dijo que no y le sugerí tomarle fotos (por extraño que parezca), ya que serían muy importantes en un futuro tanto para ella como para los niños.

La noche previa al funeral Caitlin me llamó desde el velatorio, su voz era baja y lenta; me dijo que todos habían visto a David en paz, como si fuera de alabastro. Ella le puso una carta de amor sobre su corazón y cada niño le colocó un juguete dentro del ataúd y luego besaron el féretro. Ella se escuchaba tranquila y estable, me agradecía con dulzura por mis consejos y me dijo que tenía una sensación de "orgullo y plenitud". Para Caitlin también se presentó una sensación inesperada y espontánea de alivio: había llegado eso que más temían y habían sobrevivido intactos. Yo a su vez sentí una explosión de orgullo por ella, por todos ellos.

A menudo lo más que podemos hacer ante la muerte es estar vivos creativamente. Caitlin era una creadora y mostraba fortaleza. Ella enfocó sus energías en el funeral de David y, junto a su familia, organizó un gran tributo a la vida de su esposo, lleno de amor hacia él y lleno de amor hacia su familia y todos sus amigos. La crisis hizo emerger lo mejor de Caitlin (su gran capacidad para amar y su lealtad a David y a sus hijos) y yo sólo pude admirarla y respetar estas cualidades tan poderosas.

Así como ella lo amó en vida, vaya que lo extrañaba en su muerte. "De ninguna manera fue el esposo perfecto, pero era MI esposo." Ahora estaba sola. Cuando estaba acostada en su cama la angustiaba el espacio vacío de su ausencia; enterraba su rostro sollozante en una de las últimas playeras que David usó para poder olerlo. Pero algo había quedado muy claro debido a su muerte: que no había arrepentimientos entre ellos;

se preocuparon mucho el uno por el otro y por sus hijos y su cruel enfermedad finalmente había enmendado sus males con dignidad.

El dolor de Caitlin le dio un buen golpe seis semanas después de la muerte de David, cuando la insensibilidad empezó a desvanecerse. Le llegó como poderosas ráfagas de pérdida y quedó devastada y exhausta. Ella lloró. Le había tomado una foto después de morir y decía que "en la muerte se ve más suave, redondo y beige"; recordarlo le provocaba llanto. Ella podía extrañarlo porque ya se había deshecho de "las cosas desagradables del pasado"; "quisiera poder oler su cuello grasiento, por el que tanto lo rechazaba, era asqueroso, pero era suave y reconfortante".

A veces Caitlin se resistía al dolor y actuaba de formas dañinas; por ejemplo, se la vivía de fiesta o peleaba con sus compañeros del trabajo. El sexo es un mecanismo natural de supervivencia para todos nosotros y al cual ella recurrió. Ella perdió su vida íntima y estaba haciendo todo lo que podía para recuperarla. En su forma más básica, el sexo funge para generar vida, el extremo opuesto a la muerte. Lo ansiaba, pero raras veces tenía una buena experiencia; a menudo se sentía utilizada después del acto, ya que su prioridad siempre era enfocarse en el hombre y después no se sentía satisfecha. Tenía un amigo con el que el sexo y la amistad operaban mejor; se veían un rato para disfrutar entre la oficina y la casa. Con él, el sexo era más satisfactorio y nada complicado, cosa que le gustaba; pero Tim siempre la acechaba. En el borde de la disponibilidad, Tim estaba lleno de promesas que nunca llevaban a nada. Él la ayudó a redactar el texto para la misa de David. Estaba muy agradecida, pero él no podía darle toda la atención que ella ansiaba, lo que expandía el vacío que Caitlin intentaba evitar. Sin embargo, ella pudo usar las estrategias que por experiencia sabía que funcionaban: llevar a los niños al parque, comprar y cocinar algo rico, escuchar grabaciones de meditación por las noches y leer sus libros preferidos. Se volvió lo suficientemente disciplinada como para dejar su teléfono afuera de su cuarto y así dejar de buscar maniáticamente a Tim. Sobre todo, se veía frecuentemente con los amigos que en verdad la querían, se reía con ellos, lloraba con ellos.

Platicábamos mucho sobre Joby, "mi niño", y Kitty, "mi niña". Les iba bien; instintivamente los dos se acercaron a los hermanos de David, quienes jugaban futbol con ellos o se los llevaban durante el día. Los niños extrañaban los abrazos de David y detalles pequeños podían alterarlos fácilmente al punto en el que colapsaban. Caitlin se resistió a la tentación de romper las reglas básicas del horario para dormir y de los modales, ya que habíamos discutido sobre la necesidad de los niños de tener límites que los mantuvieran sanos y estables. Por las noches encendían la "vela de papá" y solían contar una historia tierna o simpática sobre él. Ella podía ver cosas de David en sus hijos: "Joby actúa de cierta manera que me recuerda a su padre, unos tics ligeros, algunos detalles". Ella recordaba que regañaba a David por sostener el cuchillo del lado equivocado y ahora Kitty lo hacía, pero Caitlin nunca la corregía. Le pedía a David que no apilara el huevo revuelto como una torre en su pan tostado, pero ahora cuando lo hacía le decía descaradamente: "papá lo hacía". Éstos eran los puntos de referencia que posteriormente les permitirían encontrar a su padre en ellos mismos. Puntos de referencia en forma de huevos revueltos.

En ocasiones, la intensidad con la que Caitlin amaba a sus hijos la asustaba. Le recordaba a su madre: "Un segundo era puro amor y dulzura y en el siguiente se transformaba en una furia, en la gran ola de Kanagawa". Ella tenía un recuerdo vívido en el que estaba cómodamente comiéndose un pan sobre la cama de sus papás; un minuto después, su mamá armó un alboroto y se puso a gritar que la casa era un desorden. Caitlin recordó: "estaba llorando, tenía la cabeza morada porque traía puesta toda la ropa que recogí para no tener un tiradero. Había enloquecido. ¡Toda la bilis que salía de su boca! Nunca haré eso". Percatarse de esto evitaría que la ola rompiera fuera de Caitlin y que se transformara en violencia. En cambio, ella podía respirar o contar hasta cien; podía pedirles a sus hijos que se fueran a sus cuartos, consciente de que necesitaba espacio para no herirlos. Desarrolló estrategias que le permitían cambiar y volverse la persona que quería ser.

A los dieciocho meses después de la muerte de David, ambas reconocimos que ya estaba encaminada, ya que lidiaba muy bien con su vida diaria: dormía mejor y tenía momentos en los que era feliz. Aumentar el espacio entre citas fue una decisión consciente y que ambas tomamos, para ver cómo le iba con menos sesiones. Ella sabía que habría momentos en los que "se iba a tambalear" (perdería el control y se asustaría). No obstante, también sabía que le iba bien en el trabajo y que sus hijos iban bien en la escuela, también por fin se había desvinculado románticamente de Tim, aunque él seguía siendo su amigo. Ahora tenía un hombre nuevo que no era perfecto en todos los sentidos, pero ella lo consideraba "un caballero". Era amable, responsable y atractivo. Cuando estaban juntos se la pasaban bien.

En mi imaginación, equiparo la imagen de la vida de Caitlin con la de un mosaico, como los de las villas romanas: algunos azulejos pueden estar cuarteados o rayados y algunos pueden estar muy rotos. Pero otros están intactos y muestran una imagen perfecta. La capacidad de Caitlin para dar y recibir amor es lo que unifica a estos azulejos; frágiles, pero hermosos. La muerte de David había roto partes del mosaico, pero la generosidad y la exuberancia natural de Caitlin hacían que la imagen completa brillara en la oscuridad.

Kayleigh

Kayleigh sonreía con nerviosismo. Era joven, tenía treinta y pocos, demasiado joven para ser viuda. Su pareja desde hacía varios años, Mitchell, de ascendencia afrocaribeña, había muerto tres meses antes mientras iba en bicicleta. Ella no dejaba de sonreír, pero sus pequeños ojos cafés tenían la mirada sorprendida de un animal asustado. Podía ver gotas de sudor sobre sus cejas, debajo de su flequillo oscuro y espeso, y que su cuerpo estaba inquieto. Me pregunté cómo demonios podía ser madre de un niño de dos años; ahora un niñito sin padre. El aspecto general de Kayleigh contradecía su fragilidad: físicamente, era bastante regordeta y solía usar pants y playeras negras. Yo podía notar su recelo hacia mí. Tenía dificultad para encontrar las palabras, y las pocas que salían de sus labios iban acompañadas de grandes bocanadas de aire; el impacto por la muerte de Mitchell seguía latente y era palpable en cada respiración. Me encontré en un dilema: si ella estaba traumatizada por las imágenes de su pareja después del accidente, yo no quería presionarla (en la terapia el silencio tiene su lugar), pero al mismo tiempo pensé que el "silencio terapéutico", que es cuando el terapeuta espera en silencio a que su cliente hable, se percibiría como un castigo. Platicamos sobre cómo ella podría empezar a contarme su historia. Enfaticé en que no había ninguna prisa y que si se atoraba con algo yo podía ayudarla a continuar con la sesión. Lo que podíamos hacer era hablar por turnos y ella estaría a cargo de ver cuánto me decía cada vez. Esto le daría control y aliviaría su miedo a la enormidad de su experiencia, de modo que no la abrumara.

El duelo de Kayleigh le cobró un precio alto a su cuerpo. No podía dormir, se sentía enferma casi todo el tiempo y se le dificultaba comer. Encontrar una manera para tranquilizarla y calmar sus síntomas físicos era prioritario. Empecé a hacer un ejercicio de relajación con ella y luego le pedí que me contara todo su día para así permitirnos generar un sistema que redujera su nivel de ansiedad. A pesar de que al inicio se le hizo difícil, el temblor en sus extremidades disminuyó visiblemente conforme las sesiones progresaban y pudo empezar a conversar.

No obstante, seguía siendo indecisa y luchaba por encontrar las palabras, como si las hubiera perdido en un pasillo oscuro. Me repetía muchas veces "no puedo hacerlo yo sola" o "vivo detrás de un muro de miedo", seguido de alaridos de dolor. Reflejé lo que me decía casi palabra por palabra; quería que supiera que la escuchaba con precisión y que le prestaba atención (el reflejo es una técnica que uso con frecuencia, ya que permite que la persona sienta que la entendieron bien). Yo podía sentarme al lado de ella detrás de ese muro de miedo y, aunque sabía que no la podía "arreglar", al menos estaría junto a ella. Quería que supiera que lo que me dijera era suficiente, que eso tenía valor y que no debía de subestimarlo de ninguna manera. Las sesiones avanzaron lentamente en el curso de varios meses.

Mitchell murió un día húmedo de noviembre, como cualquier otro. Se conocieron en la tienda departamental donde todavía trabajaban. El día del accidente ambos terminaron su jornada al mismo tiempo y se despidieron afuera de la tienda. Él siempre se regresaba en bicicleta y ella tomaba el metro. En el camino, Kayleigh recogió a Darel de la guardería y se fue feliz a su casa; el que ella estuviera feliz cuando él ya estaba muerto fue algo que después la molestaría muchísimo tiempo. Tuvo una buena plática telefónica con su hermano Pete, pero en cuanto se dio cuenta de que Mitchell no llegaba empezó a preocuparse. Ella tenía miedo de que algo le hubiera pasado, pero se repetía en la cabeza que estaba actuando de manera ridícula, aunque tenía buenas razones para preocuparse: él no le contestaba el teléfono como siempre lo hacía. Cuatro horas después llegaron dos policías, hombre y mujer. Le pidieron a Kayleigh que se sentara y le dijeron que Mitchell había muerto. Aunque recuerda que no dejó de gritar, del resto no recuerda nada. Su hermano, Pete, llegó inmediatamente al departamento, pálido por el shock, y fue al hospital con su hermana y el pequeño Darel.

Mitchell estaba recostado en un cuarto, cubierto con una manta. Kayleigh lo vio brevemente, pero "ya no era Mitchell; éste era demasiado silencioso y quieto". Vio sus horribles heridas, lo que la enloqueció y la hizo abandonar el cuarto. Sin embargo, lo fue a visitar diario por una semana, siempre acompañada de su hermano. "No soportaba verlo así y no soportaba no verlo."

Inmediatamente después de la muerte de Mitchell, Kayleigh estaba demasiado impactada como para pensar en todos los arreglos prácticos involucrados. Sabía que tenía que haber una investigación y que se le debía realizar una autopsia como requisito legal. Ella detestaba por completo la idea de que abrieran su cuerpo; para ella él todavía se sentía muy vivo y se preguntaba si lo iban a lastimar. Juntas discutimos si debía de verlo después de la autopsia, pero me dijo: "Ya me despedí de él y no puedo volver a hacerlo, porque esta vez ya no podría dejarlo". Después platicamos sobre si Darel lo debería de ver. Le dije que hasta los niños muy pequeños pueden ver el cuerpo de un difunto cuando se les prepara adecuadamente para eso, pero ella me dijo que él era muy pequeño.

El sistema entró en acción: ya habían recopilado las declaraciones de los testigos para que ellos pudieran ir a la policía. Era una agonía el simple hecho de pensar en lo que le había pasado, pero el no saberlo también la carcomía por dentro. Al final, el ímpetu de los eventos se encargó de todo y la familia de Mitchell le insistió a Kayleigh que fuera con ellos a ver a la policía. Juntos escucharon cómo él se acercó a una pequeña glorieta a gran velocidad; golpeó una señal de tránsito con su bicicleta y eso lo catapultó hacia atrás; sufrió heridas letales al atravesar la glorieta. Semanas después, ella y su hermano fueron al lugar donde Mitchell falleció y vieron los restos de las flores y los moños que algunas personas dejaron amablemente para conmemorar su muerte. Fue un día terrible, un día que les dio vida a todas las horribles imágenes de su accidente. Cuando me lo contó, toda su estructura temblaba; no obstante, pudo contener sus peores fantasías para que pudiéramos trabajar en los hechos que sí estaban relacionados con el accidente.

La familia de Mitchell organizó el funeral. Para Kayleigh pasó como un sueño; sólo se acordaba de que el lugar estaba "atascado": llegaron todos sus compañeros del trabajo, así como sus amigos y muchas personas que ella no conocía. Todos le decían lo mismo: "Lamento tu pérdida" y "Eres muy valiente". Kayleigh no se sentía valiente; se sentía adormecida. Su cabeza racional le dijo que Mitchell estaba muerto, pero ninguna otra parte de su cuerpo podía creerlo.

Mitchell había sido el único novio de Kayleigh y ella confiaba plenamente en él para tomar decisiones en todos los aspectos de su vida. Fue gracias a amarlo y a ser amada por él que ella descubrió lo que le había faltado durante toda su vida. Él quería recibir su amor, tanto como ella quería dárselo; ella nunca había vivido algo así. Mitchell la conocía tan bien como ella se conocía a sí misma, con todos sus defectos, y por eso sacaba a flote la mejor versión de sí. Sin él, ella sentía que no estaba completa; la habían lanzado a un lugar desconocido sin mapa y sin un método para navegarlo. Su espiral de desesperanza la dejó en un estado de confusión e inseguridad. Al adentrarme en su mundo encontré un panorama de desolación y desesperación con un gran pozo de soledad. Podía sentir todo ese peso presionarme, y al imaginarme lo que sería sentir eso las veinticuatro horas de cada día no tuve más que un total respeto por su habilidad hasta para levantarse por las mañanas y vestirse, para alimentar a su hijito. Asimismo entendí por qué había días en los que no podía hacer todo esto.

Kayleigh me preguntó si había notado que siempre usaba ropa negra (obviamente sí) y quería que yo supiera que la usaba por Mitchell. No podía vestirse diferente, usar algo de color o ponerse maquillaje; era su manera de demostrarle al mundo que estaba de luto. Pero sentía como si el mundo no lo hubiera notado y como si a nadie le importara. Se tranquilizó al saber que lo había notado y coincidí con ella en que usar ropa negra como una muestra tradicional del luto era algo que muchas personas ahora ya no hacían. Pensé que me había escuchado al hablar sobre la vestimenta del luto, pero en lugar de eso no dejaba de preguntarme: "¿Soy una estúpida?" Kayleigh siempre veía sus manos mientras hablaba, luego echaba una mirada rápida hacia arriba para confirmar si lo que había dicho estaba bien.

Ella no podía tomar decisiones. Kayleigh intentó organizar los pagos de renta de su departamento, pero me dijo que simplemente no podía hacerlo. "Estoy desesperada y muy preocupada por el dinero." Empezó a beber mucho por las tardes: "De cenar sólo se me antoja vodka tonic. No tengo ganas de ponerme a cocinar". Cuando le reflejé el alcance que tenía su dolor, en ese momento se alejó de mí para sentarse sobre sus manos. Ésta era su posición predeterminada cuando sentía demasiado dolor. Me preocupaba ella y la seguridad de Darel; al saber lo difícil que era para ella pedir ayuda y al saber también que sus amigos y familiares probablemente no querrían entrometerse, a pesar de que ella los necesitaba muchísimo, temía que se estuviera aislando cada vez más. Kayleigh me dijo: "No quiero molestar a mi familia; aunque mi hermano me visita seguido". Para mi alivio, me dijo que su mamá estaba cuidando a Darel. Al imaginarme cómo me sentiría si viera a mi hija en un estado tan desconsolado como el de Kayleigh, comprendí lo angustiada que seguramente estaba su madre y reconocí que al cuidar a Darel estaba ayudando a su hija de la única manera que sabía. El otro elemento estabilizador en la vida de Kayleigh era su trabajo, al cual iba tres días por la mañana a la semana. Sonaba a que no lograba hacer mucho allí, pero el simple acto de presentarse le daba un descanso de ese duelo que le consumía todo. Afortunadamente su gerente era paciente con ella, ya que ella también fue una doliente; le hice una reverencia, como un agradecimiento invisible, a esa amable mujer que era más sensible de lo que muchos habrían sido.

A menudo, Kayleigh no quería venir a verme; no encontraba una razón. Cuando sí se presentaba, me expresaba su aplastante tristeza a través de ráfagas de fracaso y furia ("No puedo dormir sin él; siempre presionaba mi pie sobre el suyo durante la noche y ahora sólo hay un vacío frío en mi cama… sin Mitchell mi vida no tiene sentido"); sin embargo, era consciente de que necesitaba recuperarse por el bien de Darel. Kayleigh temía por Darel: la imagen que más la perseguía era una en la que ella moría y él encontraba el cuerpo, una preocupación legítima. Podía sentir una especie de furia inexpresada, silenciosa y fatal, dentro de su cuerpo, que le contaminaba cada sentimiento. Esta furia trajo consigo un gran miedo que se presentaba cuando Kayleigh sentía que no tenía el control; ella intentaba bloquearla, pero crecía hasta ser una furia explosiva y luego se encontraba golpeando almohadas y bebiendo alcohol para adormecerla. Con el tiempo aprendió que se sentía más tranquila después de llorar. Una vez se la pasó llorando durante dos días en su casa y luego empezó a mejorar; también se sentía orgullosa de no haber recurrido al alcohol. Me dio mucho gusto que hubiera permitido que las lágrimas cumplieran su función: sacar la tristeza que se había acumulado dentro de su cuerpo.

Kayleigh odiaba lo impredecibles que eran sus sentimientos y la manera de sufrir su dolor la dejó sintiéndose "vulnerable y pequeña... Tengo una gran cosa negra y entumecida en mi pecho que me sofoca". Yo me preguntaba si había una herida emocional previa de la cual no me hubiera hablado: los mecanismos de defensa que al parecer ella había desarrollado cuando era joven la dejaron sintiéndose atrapada y reducida, y su manera para manejarlo era desconectarse para así sacarlo todo. Me pregunté qué entorno pudo desencadenar la construcción de estas férreas defensas, pero también estaba consciente de que era muy pronto como para abarcarlo en nuestras sesiones. No obstante, el mecanismo de reflejar lo que me decía estaba funcionando.

Nuestra relación crecía aparentemente, aunque permanecía ambivalente al confiar en mí: ese tema todavía la "asustaba". Le avergonzaba revelarme sus sentimientos más sinceros y admitió que tenía miedo de que después la hiriera de alguna manera. Le sorprendía que ella misma se hubiera comprometido a venir cada semana; era algo inusual en ella. Pero justo en el momento en que empecé a tener confianza de que había desarrollado mecanismos de afrontamiento ella se descarriló. Perdió peso y me dijo que quería "desaparecer". Más frágil que nunca, se sentía "sola y abrumada. Bebo todas las noches". El alcohol (un depresivo) bloqueaba su miedo temporalmente, pero también la sumergía en un ciclo aterrador.

Una mañana llegué a la oficina y ella estaba sentada en el piso afuera de mi consultorio, estaba en un mar de lágrimas. Lloró durante toda la sesión y no dejada de decir: "No encuentro una razón. Quiero lastimarme". Casi no hice contacto visual y sentí cómo me ponía más y más ansiosa, mientras buscaba qué responderle y de una manera que ella pudiera asimilar. Después de media hora me preguntó si podía irse, quería gritarle que por supuesto que no, pero le dije: "A mí me encantaría que te quedaras para que juntas podamos buscar una manera de ayudarte, pero si quieres irte, puedes hacerlo, ésa es tu decisión". Se fue.

Me dio pánico. Me preocupaba muchísimo que fuera a quitarse la vida. Inmediatamente llamé a mi supervisor y acordamos un plan: era prioritario confirmar quién estaba cuidando a Darel y, la próxima semana que me viera con Kayleigh, nos enfocaríamos en trabajar en conjunto para mantenerla a salvo. Le haría preguntas clave, como: ¿Tienes pensamientos suicidas? ¿Qué tan preocupados deberíamos estar al respecto? ¿Consideras que necesitas ayuda médica o ser hospitalizada por tu propia seguridad? Me sentía más tranquila al tener preparada una estructura en mi cabeza que me permitiera trabajar constructivamente con ella. Sin embargo, después de que le marqué para preguntarle sobre Darel sin recibir respuesta alguna, me preocupé muchísimo. No era típico de ella no enviar algún tipo de respuesta; cuando ella sentía que no podía hablar, enviaba un mensaje. Le marqué al día siguiente y pasó lo mismo; mi ansiedad aumentó. Le volví a marcar el lunes y, para mi alivio, Kayleigh contestó. Le dije que había estado muy preocupada por su seguridad y la de Darel debido a nuestra última sesión. Me contó que el viernes se tomó una sobredosis, pero le marcó a un amigo y éste la llevó al hospital, donde le hicieron un lavado estomacal; al siguiente día la dieron de alta. Al ver su estado de angustia, sus papás cuidaron a Darel toda esa semana, pero no tenían ninguna idea de que ella llegaría al punto de tomar una sobredosis. Me preocupó que en el hospital no le organizaron citas o evaluaciones psiquiátricas. Acordamos vernos el miércoles.

Yo estaba agradecida de tener a Keith, mi desafiante y genial entrenador de kickboxing. Nos vemos todos los miércoles: le di de patadas, golpes y codazos con todas mis fuerzas. Cuando él me pegaba fuerte yo se lo devolvía con más fuerza. Grité groserías y había algo en la manera en que maldecía que lo hacía reír. Debido a todo el miedo y la tensión que se acumulaban dentro de mi cuerpo necesitaba algo que golpear; la satisfacción que me daba sentir cómo la energía de mi cuerpo atacaba era una descarga muy buena, como si hubiera metido a la regadera mis entrañas aplastadas.

Kayleigh llegó gris y encogida el siguiente miércoles. Le hice saber lo preocupada que estaba y cuánto lamentaba que ella estuviera sufriendo tanto; asimismo, le dije que era un alivio que estuviera a salvo. Volví a preguntarle por Darel y me dijo que todavía estaba con sus papás y que lo estaban cuidando bien. Las dos platicamos sobre lo que ella entendía de por qué había tomado una sobredosis. Me dijo: "Siempre he tenido ese gen adictivo con la comida, bebida y las drogas. Detienen el dolor". Me explicó que su propósito no era morir; la sobredosis fue una forma de detener el dolor. "No lo soportaba… Podía ver décadas por venir sin Mitchell. Es como si mi cabeza estuviera sumergida en el agua y yo la subiera para respirar, me doy cuenta de lo agradable que es, siento el aire fresco en mis pulmones, pero luego pienso en la muerte de Mitchell y me jala hacia abajo." Yo quería que ella estuviera segura de que yo haría todo lo posible por apoyarla, pero que tendría que ser un esfuerzo en equipo: teníamos que trabajar en conjunto para mantenerla segura. Quería que supiera que por mucho que me preocupara, era responsable ante ella, pero no de ella. Esto quería decir que yo tenía una responsabilidad profesional de trabajar en su beneficio, pero que yo no era, ni podía ser, responsable de sus acciones o de las decisiones que tomara en su vida. Le pregunté si podíamos generar un acuerdo de no suicidio para ella con el objetivo de ingresar algunos números de emergencia en su celular a los que pudiera llamar cuando se sintiera en una situación suicida. Mi corazón latía con fuerza porque seguía preocupadísima por ella. Le pregunté si todavía tenía pensamientos suicidas; se cubrió la cara y me dijo que tenía miedo de "caer en ellos". Le dije que tenía miedo por ella y le pregunté si había algo más que debíamos hacer para protegerla a ella y a Darel y me dijo que estaba de acuerdo con hacer una consulta con su médico de cabecera, a quien llamé durante nuestra sesión. Kayleigh tomó la decisión de quedarse con Darel en casa de sus padres mientras estaba en crisis. Necesitaba que su mamá la cuidara; en esos momentos ella se volvía joven e infantil y su adultez no era la suficiente como para poder cuidarse. Prometió contactarme si se volvía a sentir suicida y yo le devolvería la llamada tan pronto como pudiera. Le expliqué que tal vez no podría marcarle de inmediato, pero que estuviera segura de que iba a responderle. Antes de irse, nos abrazamos y me susurró: "Agárrame la mano". Le prometí que sí.

Después me enteré de que fue a ver a su médico ese mismo día. Él le recetó algunos medicamentos y le pidió que lo fuera a ver una vez a la semana durante un mes; también hizo una cita conmigo para que pudiéramos hablar sobre nuestro cuidado conjunto de ella.

Kayleigh pasó por unas semanas inestables mientras esperaba a que sus medicamentos surtieran efecto. Oscilaba entre permitirse estar bien y mal, con días buenos y otros malos. El permitirse estar bien era un paso importante ya que, hasta este punto, ella no se había dejado descansar de su angustia porque pensaba que era una traición a su amor por Mitchell. Asimismo, conocí más sobre su relación con sus padres: la amaban, pero no sabían cómo hablar con ella; como resultado de esto, ella sentía que ellos no la "conocían" de ninguna manera. Obviamente, ellos eran buenas personas y habían hecho más que demostrar su compromiso con ella y Darel desde la muerte de Mitchell; de hecho, Kayleigh no habría seguido adelante de no ser por ellos. No era como si ellos no le demostraban amor; más bien, lo que pasaba es que ellos no podían articular sus emociones con palabras, así que demostraban su amor con acciones. Para una persona tan sensible como Kayleigh eso no había sido suficiente. Por primera vez, Kayleigh se dio cuenta de que la falta de recepción de su amor, por parte de su padre en particular (el que no lo haya apreciado o disfrutado expresamente), era lo que la había hecho sentir frágil. Su hermano Pete era su salvavidas: con él, ella podía ser abierta y expresiva.

La perturbación de Kayleigh se había vuelto contagiosa: me sentía afectada y cada vez era más difícil permanecer estable emocionalmente. Se me ocurrió la idea de integrar un objeto pequeño, uno que ella pudiera guardar en sus bolsas y que representara todo lo que ninguna de las dos podía hacer por completo (un objeto en concreto que cargaba un contenido terapéutico abstracto). Le gustó la idea. Le di una piedra especial que yo tenía, era un cuarzo brillante que cabía en la mano. Kayleigh la tomó y empezó a rodarla con las manos, a apretarla. Acordamos que la trajera en su bolsillo. Mucho tiempo después me dijo que la sacaba con frecuencia y la jugaba con sus manos, sentía sus orígenes térreos y ancestrales y la conexión que tenía con nuestras sesiones. En la jerga terapéutica lo llamamos un "objeto transicional" y éste funcionó para ella.

Empezó a ir a sesiones de Alcohólicos Anónimos, la apadrinaron y empezó a ver algo de valor en la filosofía del "Dejar ir, dejar a Dios actuar" (el aprender a rendirse ante nuestra voluntad individual para así recuperarse). A pesar de que Kayleigh era muy tímida como para decir una palabra, o incluso su nombre, el escuchar a las personas de su grupo le ayudó a escucharse a sí misma. Platicamos sobre su crisis, lo cerca que estuvo de la muerte y sobre cómo este evento nos asustó a las dos. Nos preguntamos si podíamos identificar las señales de advertencia con tiempo de anticipación: ¿Cómo podría protegerse? Me dijo: "Sentí la acumulación durante varios días, una tempestad en todo mi interior". Le hice dos preguntas: "¿Había un punto en el que me pudiste haber alertado con mayor anticipación? ¿Puedes tener esto en mente para el futuro?", y ella estuvo de acuerdo con avisarme.

Llegamos juntas a entender que su trastorno tenía una narrativa y que la estaba volviendo "un poquito loca". En su corazón, Mitchell seguía vivo y ella lo había abandonado; a pesar de que ella sabía perfectamente que él estaba muerto. Este odio por haberla dejado se apoderaba de todo lo demás en su vida. En cierta manera, sentía que si se enojaba lo suficiente, si luchaba lo suficiente, si gritaba lo suficiente, lo recuperaría. Pero en cuanto empezaba a sentirse mejor, estos pensamientos la empujaban hacia la desesperanza, ya que volvía a percatarse de que él no volvería y era casi como si su pérdida se repitiera una y otra vez. Su imagen de vida sin él era una de "total oscuridad" y, en esos momentos, ella dejaba de comer, de estar acompañada, de trabajar, de preocuparse por su hijo; todas las actividades relacionadas con una mujer completamente funcional.

Noté que Kayleigh era de esas personas que nacieron con mucha sensibilidad (como si fuera por la vida sin una capa de piel). Esto, más la falta de apertura emocional de sus padres, la dejó vulnerable y expuesta ante las dificultades de la vida. De cierta manera, Mitchell actuó como esa capa de piel protectora que le faltaba y que necesitaba; ahora que él no estaba, se sentía más indefensa que nunca. Lo que para la mayoría sería un incidente molesto (como el dejar tu tarjeta de crédito en la tienda), para Kayleigh se vivía como un desastre y caía en un ciclo de recriminación y de vergüenza del cual le tomaba días salir.

Nuestro trabajo en conjunto avanzaba con lentitud. Para ella era difícil permitirse confiar en la vida nuevamente —a veces pretendía que no le importaba nada y su actitud se tornaba pendenciera y de "a la mierda la vida"—, pero esto no era lo que en realidad sentía. Le preocupaba que si se permitía dejar de sufrir, perdería la imagen de Mitchell que estaba dentro de ella. Leía sus mensajes una y otra vez y besaba su foto para expresar cuánto lo extrañaba. Las dos nos sentimos aliviadas cuando establecimos un acuerdo clave sobre cómo se adaptaría a su pérdida, sobre cómo encontraría maneras para vivir con todas las complejidades y contradicciones de su duelo. Se percató de que no debía de recuperarse por completo o de que no tenía que ser dichosamente feliz; podía estar enojada y triste, pero se podía dar permiso de pasarla bien con Darel, quien se estaba desarrollando muy bien. Ella tenía la libertad de moverse entre el enojo y la felicidad, algo así como saltar sobre charcos al caminar.

Meses después estaba más tranquila, sobria, trabajando y desarrollando "buenos hábitos". La receta terapéutica que realizamos juntas consistía en salir dos veces a correr, dos sesiones de meditación y en escribir una vez por semana en su diario. Con el tiempo, su depresión ansiosa se redujo con la combinación del atletismo, la meditación y la escritura, por lo que pudo renunciar a todos sus medicamentos (la investigación sobre esta combinación es tan sólida que podría incluirse en las guías de los institutos de salud). Una amiga suya que es policía (de las pocas amigas que me mencionaba) le platicó sobre el acrónimo JFDI (*Just Fucking Do It*, algo así como "¡sólo hazlo!"). Las siglas la hacían reír y le daban una especie de empujón; la tenía como la imagen de fondo en su celular.

Fue en esta temporada que me enteré del señor Wooley, su profesor de matemáticas y la pieza faltante del rompecabezas de la infancia de Kayleigh. Mientras exploraba con ella el origen de su mantra de "soy una estúpida" se revirtió a la edad de nueve años justo frente a mí y me contó la historia con indecisión. Moría de vergüenza mientras lo recordaba. En la mayoría de las clases de matemáticas, el profesor Wooley le pedía ir al frente del salón y le hacía una pregunta. Sin importar lo fácil que la pregunta fuera, ella no podía responderla, pero no porque no fuera lista, sino porque estar expuesta de esa manera tan agresiva la abrumaba por completo. "Me quedaba parada, ahí, idiotizada. Él se esperaba. Parecía que dejaba pasar años y luego gritaba y me mandaba de regreso a mi pupitre en llamas. Lo hacía todo el tiempo." Esto hubiera afectado a cualquiera, pero sobre todo a alguien tan sensible como Kayleigh, quien no estaba preparada para lidiar con eso. La mamá de Kayleigh se fue a quejar, pero no hicieron nada. Conforme empecé a asimilar las consecuencias causadas por el acoso del profesor Wooley, me enfurecí. La humillación por la que pasó Kayleigh la acompañaba a diario: cualquier interacción tenía el potencial de hacerla sentir estúpida, como cuando tenía nueve y pasaba al frente de la clase. Ella pensaba que le herraron "Estúpida" en la frente y tenía que superar ese miedo antes de poder emitir una palabra ante alguien. Nuestro odio mutuo por el profesor Wooley, a quien empezamos a llamar "Profesor Cabrón", se volvió un punto importante de conexión entre las dos.

En este momento, nos encontrábamos al final de nuestro segundo año de trabajo en conjunto y Kayleigh afrontaba la siguiente fase de su vida con cierta confusión. Ella sabía que no podía detener el tiempo, pero seguía sintiéndose mal por involucrarse en la vida normal. De alguna manera quería estirar sus brazos y juntar el pasado con el presente en un solo abrazo.

Miró hacia arriba y dijo, como si se dirigiera a Mitchell: "¿Me perdonas si decido seguir adelante?" Platicamos sobre reconocer y confiar en que ella podía tener un contacto con Mitchell en cualquier momento, porque él estaba dentro de ella. Kayleigh entendió que no tenía que dejar de amarlo ahora que él estaba muerto; pero ahora tenía que aceptar por completo que él ya no estaba. La realidad de su muerte todavía la afectaba en momentos inesperados. Dio un profundo suspiro y me susurró: "El otro día tuve que completar un formulario sobre mi familiar más cercano. No sabía a quién debía poner... No soy la 'otra' persona de nadie". Me percaté de que empezaba a usar algunos colores, no eran colores llamativos, pero ya no era negro. Éste era un aspecto de su nueva realidad, una que la encaminaba con lentitud hacia un futuro diferente; no el futuro que ella había planeado, pero uno en el que ella todavía podía tener una vida.

Kayleigh me dijo que quería que en sus sentimientos hubiera orden y pulcritud, quería tenerlos tan bien organizados como su cajón de calcetines. Pero la vida es sucia, complicada e impredecible y ella odiaba la falta de control. También estaba de luto por la versión de sí misma de cuando estaba con Mitchell. Cuando él entró en su vida y la amó, ella cambió: se sentía "más grande por dentro y feliz, súperfeliz, ah, nunca voy a volver a ser tan feliz". Reconocimos que ella nunca volvería a ser la misma, pero podría dirigirse con éxito hacia otra versión de ella.

Un día Kayleigh me sorprendió y me dijo que quería platicar sobre qué hacer con las cenizas de Mitchell. Éstas se encontraban en una urna que puso junto a su cama, por dos años. Los papás de Mitchell querían esparcirlas en el parque donde jugaba futbol. Ella estuvo de acuerdo, ya que era un lugar donde pasaban mucho tiempo juntos. Una parte de ella no quería deshacerse de las cenizas, pero había otra parte que sentía que era lo correcto. Nuestra plática tomó el patrón, ahora muy familiar, del *push and pull* (atracción y empuje). Unas semanas después me anunció que ya había tomado la decisión y que lo iba a hacer. La familia puso la fecha y contactó a los amigos cercanos de Mitchell. Platicamos sobre cómo decírselo a Darel. Ahora ella ya sabía que debía decirle la verdad, que él era siempre curioso

y que si ella sacaba el tema, podía seguir el rumbo que él esta-
bleciera y le permitiría preguntar lo que quisiera y que no debía
darle información que él no quería saber a la fuerza. Ella le dijo:
"Como sabes, cuando papá murió, su cuerpo dejó de funcionar;
ya no podía sentir nada, su corazón ya no latía, así que pusimos su cuerpo en una caja especial de metal que se pone muy
caliente, hasta que ese calor quema su cuerpo y nos deja con
cenizas que son pedazos pequeños de sus huesos. Nosotros nos
quedamos con esas cenizas y ahora vamos a ir a esparcirlas en un
lugar muy especial". Sonaba algo violento, pero Darel, como la
mayoría de los niños, no era tan delicado ante la muerte como
lo son los adultos. Hizo muchas preguntas: ¿Qué tan caliente
se ponía la caja? ¿Por qué ese lugar era especial?... y al final de
la plática Kayleigh empezó a contarle historias chistosas de su
papá. La ceremonia fue sencilla: su papá esparció las cenizas;
Kayleigh no reunió las fuerzas para hacerlo. Hubo un silencio y
después todos cantaron un himno evangélico, lloraron, rieron,
cantaron. Fue la decisión correcta.

A Kayleigh le iba bien en el trabajo, pero ahora estaba en
otro puesto, lo que despertó a una parte de sí que no estaba
vinculada con Mitchell. Salía con frecuencia, pero, a pesar de tener la presión de salir con otros hombres, ella no estaba lista para
eso. Sus reuniones en Alcohólicos Anónimos se volvieron una
parte significativa de su vida: empezó a hablar y la conectaron
con personas nuevas, lo que cimentó su confianza. Por la forma
en que saludaba esos días, noté que se sentía diferente: parecía
como si se acercara a ese "hola" con una gran sonrisa.

El dolor todavía la golpeaba, pero ahora poseía las herramientas para contactar a su interior y tranquilizarse. Me dijo:
"Antes no podía levantarme si no veía su rostro, pero ahora
cuando me concentro puedo ver su sonrisa y con eso es suficiente". Ella era una mujer tan amorosa y encantadora que no
me gustaba la idea de que estuviera sola: "Quiero ver que otra

vez te amen". Me sonrió (ya no con esa sonrisa nerviosa de nuestra primera sesión, sino con una bastante brillante) y me dijo que todavía estaba locamente enamorada de Mitchell; no quería serle "infiel". Escuché su "no" vehemente y me dije que esta parte de su vida podría quedarse en pausa por siempre. Tal vez nunca vuelva a presionar *play*, pero deseé que sí. Su felicidad era Darel, quien ahora tenía cuatro años, era muy platicador y estaba lleno de vida.

Parecía que cada vez había menos de qué hablar entre nosotras: su vida estaba más ocupada y ella era más feliz. Por supuesto que Kayleigh no habría dicho que estaba feliz, pero tenía más energía, se permitía enorgullecerse de sí misma por haber sobrevivido a lo que temía que la matara. Hace poco se rio con un compañero del trabajo de una forma en la que no se reía desde hacía años; "literalmente lloré de la risa". La niñita acosada dentro de ella ya no tenía tanto miedo y ya no necesitaba de mi mano.

Stephen

---

tephen era un hombre alto y de talla grande, un profesor eminente en Biología de 62 años. Se le dificultó subir las escaleras a mi consultorio, y cuando llegó tenía la cara roja y le costaba trabajo respirar. Llevaba puesto un saco de tweed con un corte hermoso y zapatos de gamuza perfectos, demostrando su sentido de la moda.

Pero no se trataba de un hombre que quisiera ir a terapia o que incluso pensara que la terapia le podía ayudar. Su familia se lo pidió: "Necesitas ayuda". Su hermana estaba preocupada de que trabajara obsesivamente o que recurriera a atracones de comida o borracheras (un ciclo destructivo que él usaba para anestesiar el shock y el dolor causados por la muerte reciente de su esposa). Fue su hermana quien me llamó y me preguntó si podía verlo, pero le dije que él debía agendar su cita. Luego él hizo una cita para una sesión de evaluación y ahí fue cuando me contó su historia.

Jenni, la esposa de Stephen, murió traumática y repentinamente a causa de un accidente automovilístico seis meses antes. Ella fue al supermercado y, cuando regresaba a casa, su coche se derrapó por el hielo y chocó contra un muro. Si el accidente hubiera pasado unos metros antes o después de ese punto exacto, tal vez habría sobrevivido. Un acto aleatorio y común de la muerte en la vida. Su osteoporosis selló su muerte cuando sus frágiles huesos se rompieron debido al impacto.

Él estaba en el trabajo cuando le marcaron del hospital para decirle que su esposa había sufrido un accidente. Cuando él llegó, lo llevaron a un cuarto pequeño, frío y húmedo para decirle que ella había muerto. Después lo llevaron al cuarto donde estaba el cuerpo, pero no pudo acercarse a ella; sólo pudo llegar a la puerta.

Me estremecí por la crueldad en el "¿Y si...?": el que una sencilla tarea doméstica pueda acabar con la vida de alguien. Stephen hablaba con voz baja, no me veía y jadeaba entre sus oraciones. Hablaba en tercera persona, como un observador que veía a un conocido. Me pregunté si él era tan distante en todos los aspectos de su vida. Parecía el tipo de persona que tiene tatuado "Sólo quiero una vida tranquila" en la cara.

Pude imaginarme su terror cuando me contó: "Marcarle a mis hijos fue la peor cosa que he hecho en mi vida. Todavía escucho los gritos de Andy. Sonaba como un animal". Sus hijos volvieron a casa por unas semanas después del funeral, pero cuando se fueron Stephen se encontró regresando a casa del trabajo y, la mayoría de las noches, recurriendo a una botella de vodka. "En el trabajo me siento envuelto por una neblina." Podría ser que su trabajo actuara como una distracción y cuando era fin de semana y estaba en casa, sin esa neblina que cubría el horror, recurría a excesos de comida y de alcohol. Mientras me platicaba de este patrón, él miraba hacia el suelo y me pregunté si tenía miedo de que yo lo estuviera juzgando y no quería reconocer eso en mi rostro. Sentí la soledad y el miedo detrás de su comportamiento y le dije que seguramente ese adormecimiento parecía una mejor opción que sentir el dolor. Asintió y me pareció que al menos estaba asimilando algo de lo que le decía.

Al estar sentada frente a él me sentí emocionalmente enorme, como si mi capacidad de expresarme y sentirme lo pudieran abrumar. Asimismo, estaba un poco intimidada por su inteligencia académica; como estaba consciente de que mi complejo personal es no ser inteligente, tenía que ser cuidadosa de no distanciarme de él. No obstante, ese sentimiento de intimidación permaneció dentro de mí y la distancia entre nosotros no disminuyó: me encontré intentándolo demasiado, haciéndole muchas preguntas; cosa que para mí siempre es una señal de que algo no funciona bien.

Durante las primeras sesiones tenía la curiosidad de conocer qué tipo de relación había tenido con Jenni. ¿Cómo era ella? ¿Qué extrañaba de ella? Al preguntárselo, esperaba ayudarlo a encontrar una manera para relacionarse con ella a través de sus recuerdos. Me enteré de que era muy atractiva. Se conocieron a mediados de sus veintes y salieron por muchos años, durante los cuales ella quería casarse con él, pero él no estaba seguro. Conforme me lo contaba, por primera vez se percató de que ésta era una zona de ruptura que se desarrolló a lo largo de toda su relación: ella resintió ese paso del tiempo (se tomó "mucho tiempo" para casarse con ella y luego "mucho tiempo" para decidir tener un hijo).

Cuando me encontré empatizando con ella por ser mujer, puse los pies de nuevo en la tierra para estar junto a Stephen. Claramente él había sido ambivalente, pero esto había pasado por sus ganas de hacer las cosas "con seguridad y lógica". Él quería ganar el dinero suficiente como para estar acomodados cuando se casaran. Pero tuvieron problemas para concebir a su segundo hijo y ella también le echó la culpa por eso.

De cierta manera, él se sentía aliviado de ya no vivir con Jenni, ya que cuando regresaba a casa ya no tenía que hablar con ella. Jenni lo criticaba con frecuencia por su aumento de peso a lo largo de los años y se había alejado físicamente de él en la última década; él siempre sintió que no era lo "suficientemente bueno" para ella y que ella estaba decepcionada y que le aburría. Él se sentía culpable por eso, pero lo que extrañaba en realidad era que los cuatro estuvieran juntos, como una familia. Ella organizaba la vida familiar y era su centro: festividades, cumpleaños, fines de semana. Conforme se acordaba de aquellos días, sentía cómo sus emociones burbujeaban con intensidad en su sistema, a pesar de todos sus esfuerzos para suprimirlas. En voz baja le dije lo doloroso que debe ser. Pero él no cayó en eso: emitió un "bah" y rápidamente cambió de tema. Al verlo apretar su puño con fuerza, me lo imaginé como un niño de seis años enterrándose las uñas en la palma de la mano. En este punto ya no podía presionarlo más, sólo haría que duplicara sus defensas, pero le di un jalón de orejas. Mientras más vulnerable se sentía, más surgía el "profesor intimidante".

Stephen tenía dos hijos: George (de dieciocho años y en la universidad) y Andy (de veinticuatro y ya trabajando en el sector tecnológico y viviendo con amigos). Le pregunté cómo les iba: "A los chicos les va bien, de hecho, les va increíble". En ocasiones lo llegaban a visitar el fin de semana y, cuando iban, los tres se iban a ver un partido de su equipo de futbol, comían juntos y platicaban de todo (excepto, obviamente, de su madre). La familia tenía la cultura de evitar todo lo difícil, de esconderlo debajo de un tapete muy grueso. Stephen me dijo que el lema familiar era: en boca cerrada no entran moscas. Le pregunté a Stephen qué pensaba que podría pasar si hablaban sobre Jenni, si se asomaban a lo que había debajo del tapete. Se puso rojo y le salió una lágrima; me susurró: "Una vez que empecemos a estar tristes, no vamos a parar". Me mostró un poco de su lado vulnerable, algo que nos permitió a los dos comprender un poco más por qué necesitaba bloquear el dolor. Empecé a sentir cómo tenía más simpatía por él y me di cuenta de que era un hombre de su época: muchos hombres de su generación no tienen un vocabulario para hablar sobre sus sentimientos y ulteriormente se les dificulta entender esa idea; algunos ni siquiera saben cuándo se sienten tristes. Le sugerí que salieran juntos a caminar y platicar, como familia. Eso no es tan intenso como sentarse para hablarlo, ya que hay menos contacto visual y hay algo en el movimiento de caminar juntos que aporta una especie de liberación emocional. Le sugerí empezar la plática diciendo algo como: "Me acuerdo de cuando su mamá…" Estuvo de acuerdo en que era una sugerencia práctica y útil y me comentó que podía imaginarse aplicándola cuando caminaran hacia el bar. En ese breve momento de conexión, pareció que él había encontrado un conocimiento nuevo sobre sí en relación con los demás. Después me dijo que sí les funcionó como familia y que estaba seguro de que la volvería a usar.

Al inicio de cada sesión, a Stephen le tomaba un poco de tiempo recuperar el aliento, gracias a las escaleras, y luego otro rato para que estuviera presente. Bueno, "medio presente"; el surgimiento de sentimientos difíciles que eliminó con rapidez era un patrón familiar. Todavía conocía muy poco sobre lo que había detrás de su mecanismo de defensa; puede ser que ya conociera su historia, pero todavía no sabía cómo era su mundo interior; sólo podía hacer inferencias de lo triste, confundido, enojado, impotente y vacío que se sentía. Su ambivalencia hacia su esposa se reflejaba en su ambivalencia hacia nuestras sesiones, ya que no podía verme con regularidad porque su agenda necesitaba ser flexible. Yo soy más relajada en este aspecto que muchos otros terapeutas, pero con él tuve que externar si era una manera de mantener un pie en el consultorio conmigo y el otro pie afuera. Él no estuvo de acuerdo: "No, no, sólo se trata de la organización práctica de mi agenda. No interprete nada más al respecto".

Quería saber si él todavía se encontraba dentro de su ciclo de arduo trabajo, seguido de comilonas y borracheras los fines de semana, pero no quería apenarlo, ni ser como una madre para su yo de seis años que siempre anda detrás de él viendo qué hace. Mi suposición fue que probablemente seguía atorado en el mismo patrón. Para poder acortar la distancia entre nosotros necesitaba encontrar alguna experiencia mutua y reconocí que Stephen era similar a mí en un periodo de mi vida en el que casi no escuchaba a los demás y todo el tiempo estaba en modalidad impasible. Me fue útil, a veces hasta esencial, adoptar este comportamiento; el error fue aplicarlo universalmente ante cualquier situación, por ejemplo: era necesario cambiar a un estado emocional distinto para que una relación íntima evolucionara. Le pregunté a Stephen qué mecanismos de defensa usó cuando era niño y se enfrentaba a dificultades. Me dijo que era del norte, a pesar de que no se le notaba ningún acento norteño; asimismo, venía de una familia de clase trabajadora y su madre, de ascendencia irlandesa y católica practicante, era enojona y dominante. Su padre era del noreste de Inglaterra y trabajaba como constructor, era muy bueno, ansioso, silencioso y amoroso, pero era alcohólico. Era la crianza clásica de los hombres que blindan sus sentimientos, sobre todo los sentimientos relacionados con mujeres. Mientras más entendía esto, más podía empatizar con él y apreciar su brillantez y su vulnerabilidad, sin que sus escudos protectores me desalentaran.

Stephen era el producto de una generación cuyos padres vivieron la Segunda Guerra Mundial y cuyo principio capital era "El que escatima la vara odia a su hijo". Su liberación le llegó cuando fue a la escuela, cuando descubrió el poder de su cerebro; tenía pocos amigos, pero se le facilitaba el trabajo y le iba muy bien en los exámenes. Aprender le emocionaba y seguía siendo su fuente principal de placer. Podía pasar días investigando ensayos y siguiendo una idea hasta su conclusión lógica. No le gustaba dar clases en lo particular, pero en ocasiones se sorprendía placenteramente cuando se cruzaba con un alumno inteligente. Al verlo platicar sobre su tema, me di cuenta de lo que no había visto: que aquí es donde residía su yo emocional. Amaba su campo; su corazón estaba en la vida de su mente intelectual.

Stephen no sabía cómo acceder a su yo emocional, ni quería hacerlo. Podía ver en sus ojos que sólo pensar en eso prendía todas sus alarmas. Cuando le pedí que cerrara los ojos, respirara y se concentrara en una imagen dentro de su cuerpo, no vio nada; él no podía lograr eso en lo más mínimo. Y yo me sentí como una idiota por sugerirlo. Él no podía entender esto mejor de lo que yo podía entender su campo de experiencia, la Biología.

Su gran liberación era ver y seguir el futbol. Cuando era niño jugaba mucho y era muy bueno, pero esa habilidad ya se había ido. Sin embargo, ir a los partidos era su terapia semanal. Stephen le dedicaba tanta pasión al futbol que no podía ni pensar en dedicarla a otros dominios. Cuando hablaba sobre su equipo, con chapas en los cachetes y enérgico mientras me describía algún partido en especial, podía ver más de él que en cualquier otro momento. Era lo que más lo unía con sus dos hijos y les daba un sentimiento conmovedor de pertenencia y de intimidad.

Hubo un momento durante una sesión en el que me dijo: "Me ofrecieron bastante dinero para un trabajo en Estados Unidos, pero el proyecto no me interesa y el dinero no significa nada. Yo quiero comprar el tiempo y eso no es posible". Le dije que me parecía una metáfora significativa y me sonrió con ojos enternecedores. Definitivamente, la muerte de Jenni había roto su ilusión de que la muerte era algo que sólo les pasaba a los demás. Ahora era muy sensible ante su propia mortalidad y finalmente se había percatado del valor de su propia vida. Me dijo: "Me aseguraré de vivir cada momento de mi vida" y luego citó a Goethe: "Me sumergiré con valentía al meollo de la vida".

Vi a Stephen de forma intermitente en aproximadamente diez sesiones, hasta que me dijo, para mi asombro, que había empezado a salir con alguien: una mujer sudamericana que conoció a través de un sitio de citas por internet. Me sorprendió que tuviera citas a través de internet; no era algo que esperaría de él. Sé que las investigaciones demuestran que los hombres tienden a intentar seguir con su vida y reemplazar a su esposa que murió, mientras que las mujeres tienden a pasar por un duelo más largo, pero siempre me vuelvo a sorprender cuando me confronto con lo diferentes que son las reacciones de los hombres y las mujeres. De ninguna manera Stephen había terminado su luto a su esposa por veintisiete años: hacía menos de un año que ella había muerto. Pero aquí estaba, al inicio de una relación nueva. Con una emoción silenciosa por ésta, parecía tener más energía y estar bastante impresionado de sí mismo.

Me di cuenta de que estaba cediendo ante mis propios prejuicios y que me había predispuesto un poco por haber escuchado tantas veces la misma historia: los hombres reemplazan y las mujeres lo sufren. No obstante, mientras lo veía desde mi asiento, me sentí contenta por él. Me percaté de que había estado solo desde hacía bastante tiempo, de hecho, desde años antes, cuando su esposa seguía con vida. Stephen no había tenido contacto físico con ella por casi una década y el contacto que tenían sonaba a los gestos indiferentes y mecánicos de la costumbre. No importaba si esta nueva mujer sería algo de largo plazo o no; ella estaba despertando una vida nueva en él, tanto física como emocionalmente, y ahora él tenía esperanza de una manera que nunca antes había tenido. Existe un tipo de intimidad que sólo el sexo puede crear, donde el pensamiento racional se suspende y los instintos animales toman el control. A través de esta mujer, Stephen podía conectar con una versión más joven de sí y ojalá lo haya hecho sentirse liberado. Ahora había una gran posibilidad de que así fuera. A menudo he visto lo transformadora que puede ser una relación amorosa: personas que parecían estar recubiertas con una frágil armadura pueden brillar intensamente ante la novedad de ser amadas.

Nunca supe qué fue de Stephen, porque nunca volvió. A veces me pregunto qué ha sucedido con él y me acuerdo de ese hombre alto, rechoncho y brillante que se iluminaba más ante las ideas que ante las personas.

Reflexiones

L a mayoría de nosotros quiere encontrar una pareja con quién construir una vida significativa y, como pareja, vivir los placeres y las dificultades de la vida. Amar siempre es riesgoso y requiere confianza personal y en el otro para mantenerlo. Sin embargo, cuando las parejas se comprometen (ya sea a través del matrimonio, de una cohabitación o de una unión civil) la muerte no suele ser algo en lo que piensan, definitivamente no hasta que son muy mayores.

Pocos eventos son tan dolorosos como la muerte de la pareja. Es la muerte del sueño de un futuro imaginado, así como de la vida actual juntos de esa pareja. Es el final de una serie de circunstancias mutuas: la compañía y la seguridad y el estatus económico pueden verse afectados por un cambio indeseado. Muchas personas se definen en relación con sus parejas y subsecuentemente, cuando esa pareja muere, tienen miedo a desmoronarse. Su duelo es emocional y físico y afecta gravemente la estabilidad de su mundo. Uno de los aspectos más dolorosos de perder a una pareja es tener que ser un padre o madre soltera.

Caitlin, Kayleigh y Stephen vivieron la muerte de su pareja, pero ahí es donde sus similitudes se acaban. Sus reacciones se definieron por una combinación de muchos factores: no solamente la composición genética, el tipo de personalidad y los eventos alrededor de la muerte desempeñan un papel en esto, sino también la historia de lo que les había pasado en su vida y los sistemas de creencias y de expectativas que surgieron como su resultado. Sus relaciones con sus parejas influyeron en la magnitud de sus pérdidas y en el curso que sus duelos tomarían, aunque el apoyo que tuvieron disponible también influiría en lo bien que se las arreglarían después de la muerte.

*La diferencia en cantidades y actitudes entre los hombres
y las mujeres*

En mi práctica, he visto a más mujeres cuyas parejas murieron que a hombres. Esto no es un reflejo real de las estadísticas. En 2015 la Encuesta Intercensal demostró que en México habitan 4.4 millones de viudos por 12 y más años, es decir, 4.7% de la población dentro de este rango de edad. De esta cantidad, 21.77% eran hombres y 77.28% mujeres. Las mujeres suelen buscar apoyo social después de perder a un ser querido, mientras que los hombres confían más en sus propios medios para superarlo.

Es importante señalar que la terapia no es de ninguna manera la única forma de apoyo. Platicar con amigos, escribir un diario, pintar… no importa el camino, lo importante es encontrar una forma para expresar el duelo.

La diferencia en la actitud ante el duelo según la edad

La generación que nació antes de los sesenta no suele buscar terapia cuando pierden a su pareja, ya que se criaron para ser autodependientes y para ver toda enfermedad mental como una debilidad.

Cuando la muerte se amolda dentro de la idea general de la expectativa de vida, curiosamente los hombres de más de ochenta años parecen sufrir más por su pérdida y les toma más tiempo recuperarse que a las mujeres de una edad similar. Mi suposición es que las investigaciones de los próximos diez años demostrarán que los hombres que actualmente están entre sus veintes y cuarentas serán más propensos a buscar terapia cuando sean mayores (algo que ya puedo ver clínicamente, porque el número de hombres jovenes que me visitan ha aumentado).

La diferencia en el duelo cuando la muerte llega después
de una larga vida o cuando una vida breve es interrumpida

Estadísticamente, la mayoría de las muertes de parejas ocurre cuando las personas vivieron una larga vida. La pareja sobreviviente suele sentirse muy triste, pero reconoce que no fue una tragedia, ya que llegó dentro del rango normal de vida. Incluso puede haber un alivio cuando alguien que estuvo enfermo durante mucho tiempo finalmente muere, sobre todo cuando habían sufrido y ese dolor por fin había terminado. La pareja también puede sentir alivio porque ya no tendrá que asumir el rol de cuidador con todos los límites a la libertad individual que eso conlleva.

Cuando la pareja que muere es más joven el duelo puede ser más intenso: la pareja con vida también lamenta el futuro que esperaban tener juntos, así como su pérdida. Si es una muerte repentina, el nivel de angustia se magnifica todavía más. Incluso cuando la pareja es mucho mayor una muerte repentina puede provocar esa misma intensidad en la pérdida.

El impacto físico en la pérdida

Aquí encaramos una verdad incómoda: los dolientes tienen mayor índice de sufrir una enfermedad cardiaca que la población en general. Un doliente es seis veces más propenso a tener una enfermedad cardiaca, en comparación con el promedio nacional; lo que le da más crédito a la idea del "corazón roto". Investigaciones recientes demostraron que las parejas sobrevivientes eran 66% más propensas a morir dentro de los primeros tres meses después de la muerte de su pareja. Esta información es respaldada por desarrollos nuevos en nuestro entendimiento actual de la fisiología y de la química celular, las cuales demuestran que cuando se toman células vivas de una persona que estuvo en duelo, éstas funcionan con menos eficacia que las células vivas tomadas de una persona que no estuvo en duelo.

Los hombres en duelo

En mi experiencia, es muy común que los hombres en sus cincuenta y tantos, así como los que son mayores, sean reacios a buscar apoyo. Los estudios demuestran que al no reconocer su dolor, enojo y confusión, los hombres tienen mayores tasas de enfermedades, tanto físicas como mentales, y posteriormente caen en depresión a causa de su duelo. Asimismo, los hombres tienen un índice de mortalidad mayor durante los primeros dos años después de un duelo que en el caso de las mujeres. Un estudio reciente en salud mental habla sobre las dificultades que enfrentan los hombres mayores al acceder al apoyo psicológico y sugiere diferentes métodos para abordar el problema.

Como se mencionó en la historia de Stephen, los hombres suelen empezar relaciones nuevas dentro de un año posterior a la muerte de su pareja. Cuando esto no ha sido así, los viudos que pasaron por el duelo durante tres años o más se encontraron más amargados que antes de su duelo.

La importancia del apoyo social

La conexión social y el apoyo emocional son benéficos para el bienestar de hombres y mujeres. La tendencia en las mujeres de ser más abiertas y expresivas es un elemento de curación significativo; las mujeres suelen tener una mayor red de amigos, lo que les da una ventaja psicológica. Los hombres no obtienen el apoyo que necesitan a través de sus amigos, ya que no les ofrecen ayuda.

En términos económicos, los hombres ganan sustancialmente más que las mujeres y, por lo tanto, las mujeres suelen sufrir una presión económica mayor durante el duelo que los hombres. Ellas podrían tener que mudarse de su casa, lo que afecta la vida escolar y las amistades de sus hijos, o tal vez tengan que buscarse un trabajo, lo que puede ser muy difícil para una madre soltera a causa de los problemas asociados con la crianza de los hijos.

Las drogas y el alcohol

Es muy común que los dolientes incrementen el consumo de alcohol y drogas para anestesiar el dolor causado por el duelo. Podemos estar conscientes del mal hábito que representa, pero de todas maneras lo hacemos. Tal vez todavía no hemos comprendido por completo que el alcohol es en sí mismo un depresivo; ni que cuando estamos dolientes, somos particularmente vulnerables ante la adicción a las drogas debido a que nuestros mecanismos comunes de defensa no funcionan tan bien como de costumbre. Tomar drogas o alcohol para medicar la depresión sólo la va a empeorar. Aquellos que sufren de ansiedad y depresión tienen el doble de probabilidades de volverse tomadores empedernidos o problemáticos. Es común que las personas con depresión también tengan una adicción a las drogas o al alcohol y se ha encontrado que frecuentemente un duelo sin resolver es la raíz de este mal hábito.

La línea de separación entre alguien que toma mucho y un adicto es muy difícil de establecer, pero sus actitudes respectivas hacia la bebida o la droga son las que marcan la diferencia. La relación principal de un adicto es con su droga de preferencia y ellos *usan* el alcohol/droga porque piensan que no pueden funcionar sin éste/ésta. Los controla. Un tomador empedernido puede emborracharse o beber mucho con regularidad y puede volverse dependiente, pero todavía piensa que tiene el control. En ocasiones la adicción proviene de familia y puede haber una predisposición genética, mientras que otros creen que es un tipo de personalidad; sin embargo, el factor más probable de su transmisión por generaciones es el condicionamiento: los niños aprenden de sus padres que beber o tomar drogas es una forma aceptable para lidiar con las dificultades.

Sin importar la razón por la cual se usan en exceso, las drogas y el alcohol aumentan el riesgo de malos resultados en el doliente y, como consecuencia, en sus hijos y a veces hasta en varias generaciones descendientes. Una adicción puede evitar que las personas acepten la realidad de su situación. Esta determinación absoluta a no enfrentar la realidad es lo que evita que las personas superen su duelo y vivan su vida al máximo.

El sexo y las relaciones

La necesidad de sexo de Caitlin y Stephen era una respuesta biológica saludable ante la muerte y es, aparentemente, un impulso para generar vida nueva. Las personas en duelo suelen tratar de conectarse con su lado erótico como un intento para alejarse del sentimiento de falta de vida. Nuestro impulso sexual es nuestro lado juguetón y creativo que busca vitalidad y lo impredecible. Asimismo, puede ser una fuente de comodidad para aquellos que quedaron sintiéndose solos o apartados de los demás; para las personas es muy común querer abrazar fuertemente a alguien cuando la fragilidad de su mundo amenaza con oprimirlas.

Por un lado del espectro, el sexo por consuelo es un comportamiento insensato. Las personas pueden involucrarse en esta práctica como una manera para dejar de sentir, o tal vez, debido a que la vida ahora se siente peligrosa de todas formas, tienen la tentación de poner a prueba ese peligro. Al otro lado del espectro se encuentra dejar de tener sexo por completo. He trabajado con muchas personas que lo han hecho. Tal vez se sienten físicamente exhaustas; tal vez se sienten culpables de sentir cualquier tipo de placer. Algunas personas hasta sienten que el difunto las observa y no les permite forjar una relación con alguien nuevo.

Para aquellos que sí lo superan, la mayor complicación a la que tendrán que enfrentarse se relaciona con sus hijos. Una relación nueva inevitablemente causa un impacto en los hijos, sin importar si son jóvenes o mayores; un resultado exitoso para todos dependerá de cómo se lleva la transición. A menudo he visto a hijos adolescentes o, incluso, adultos a los que les cuesta aceptar a una persona nueva en la vida de su padre o madre sobreviviente. La hija de veinte años de una doliente resumió los conflictos que ocurren al decir: "Quiero que mi papá sea feliz y Sarah me cae bien, pero siento como si él le estuviera siendo infiel a mi mamá. ODIO que se acueste en la cama de mi mamá, que esté en el cuarto de mi mamá y me dan ganas de gritar cuando la veo cocinando en la misma cocina". Ella demostraría su descontento yendo a su recámara y quedándose ahí hasta que la novia nueva de su papá ya no estuviera en la casa. Se requiere de bastante sensibilidad por parte del padre o la madre que enfrenta estas circunstancias, así como de mucha paciencia y persistencia:

ni de sucumbir ni de explotar cuando el hijo pida que la pareja nueva sea sacrificada a la memoria del padre fallecido. El padre con vida puede intentar hacer algo que siga esta línea: "Estoy en una relación con Julia y no tienes poder para detener eso, pero sí entiendo lo mucho que te molesta. Pensemos juntos en qué podría ayudar. Por ejemplo: pasar momentos especiales nosotros dos juntos, así como cosas que tal vez podríamos hacer con Julia…"

La muerte marca el fin de una vida, pero no termina una relación, y los sobrevivientes suelen luchar para resolver lo que pareciera una contradicción sin solución. Necesitamos tener una mejor comprensión de nuestra capacidad, como seres humanos, para tener varias relaciones, para tener a la vez a nuestros amores tanto del pasado como del presente en nuestro corazón. La solución del duelo no es un regreso a la misma vida de antes ya que no hay vuelta atrás. Más bien es, como me lo dijo una esposa doliente, un tipo nuevo de normalidad. Los amigos y familiares no pueden apresurar este proceso al tratar de "juntar" al viudo o viuda con alguien y organizarles una relación nueva. Sin importar las buenas intenciones, esto suele acabar en un desastre, ya que la recuperación y el ajuste puede tomar mucho más tiempo que el esperado.

Del mismo modo, los amigos pueden ser críticos y sentenciosos si consideran que su amigo/a superó la muerte de su pareja demasiado rápido y sale con alguien antes de que haya pasado un tiempo "aceptable". Tomarse el tiempo para escuchar a los amigos explicar su punto de vista es una mejor opción que alejarse de ellos por enojo. En el duelo no existe lo correcto y lo incorrecto: necesitamos aceptar la forma que el duelo tome, tanto en nosotros como en los demás, y encontrar las fuerzas para vivir con esa aceptación.

CUANDO MUERE UN PADRE

La vida de los muertos perdura en la memoria de los vivos.
—MARCO TULIO CICERÓN

Brigitte

Platiqué mucho con Brigitte por teléfono antes de que nos conociéramos. Ella era una abogada de cincuenta y dos años cuya madre había muerto repentinamente a causa de un paro cardiaco. Con enojo, me dijo que todos no dejaban de decirle que necesitaba "ayudarse" y que ella no tenía la menor idea de qué querían decir con eso. Reconocí lo molesto que es el hecho de que te digan que necesitas apoyo, pero agregué que algunas personas se pueden beneficiar de recibir un empujón por parte de un amigo, de alguien que puede verlas con mayor claridad que con la que ellas se ven a sí mismas. Esa larga llamada telefónica también abordó el control, tanto el mío como el suyo. Ella quería conocer cómo trabajaba. ¿Qué tipo de terapia usaba cuando trabajaba con mis pacientes? ¿Si ése le iba a ayudar? ¿Cómo "sabía" que yo la podía ayudar? (No lo sabía.) Además, encontrar una fecha que nos acomodara a las dos fue toda una lucha. Mis problemas con el control aparecieron cuando Brigitte no dejaba de pedirme una cita para la tarde-noche, pero yo no trabajo por las tardes. Pensé: "¿Qué parte de 'no trabajo por las tardes' no entiende?" Sus preguntas me irritaban porque creía que me estaba presionando para ver cuáles eran mis límites. También me imaginé que ella se estaba peleando con la idea de si debía darse permiso de buscar ayuda: probablemente ella no quería ser una de esas personas que necesita recurrir a la terapia. Después de seis meses de llamadas intermitentes, pudimos conocernos.

Brigitte no se veía para nada como yo me la había imaginado. Era más pequeña y vestía impecablemente, tenía el cabello largo y de color café y estaba peinada a la perfección y tenía las uñas pulidas. No pude evitar preguntarme cómo lograba todo ese cuidado personal si trabajaba tanto, además de que cuidaba a un hijo. Ella estaba nerviosa, pero se sentaba derecha; sólo el golpeteo de sus dedos demostraba su ansiedad. Estaba feliz de conocerla por fin y de tener la oportunidad de tratarla más. Sentí mucho respeto por su valentía al pedir ayuda cuando era lo opuesto a su método normal de superación, lo que me demostraba en cuánto dolor se encontraba. Con la intención de darle claridad, algo que podría ayudarla a calmar su incertidumbre, le volví a decir cómo trabajaba: mis tarifas, el número de sesiones bajo contrato, las evaluaciones, mi toma de notas, la confidencialidad y la única razón por la cual infringiría esa confidencialidad (si ella estaba bajo peligro de lastimarse a sí misma o a alguien más, me vería obligada a contactar a su médico de cabecera).

Me veía vigilante y con ojos caídos; le tomaría algo de tiempo para poder confiar en mí. Le pedí que me platicara sobre ella. Ella nació en Alemania y era la hija única de un ingeniero y de su esposa, los cuales habían trabajado alrededor del mundo. Desde los dieciséis años, Brigitte se educó y vivió en el Reino Unido. Sus papás se retiraron aquí. Tenía un acento muy leve y elegía sus palabras con cuidado. Le preocupaba su padre y amaba a su esposo, Tom, y a su hija, una adolescente a quien le puso el nombre de su madre, Zelma.

Brigitte estaba en el trabajo, afortunadamente no en un tribunal, cuando le marcó su padre para decirle que su mamá se había colapsado y que necesitaban ir al hospital de inmediato. Era un viaje de cuatro horas. Me platicó sobre el pánico que sintió en el viaje por tren, sin saber si su madre seguía con vida; luego corrieron al hospital y los llevaron a lo largo de corredores con luces brillantes, se perdieron, y finalmente entraron en un cuarto vacío y clínico, donde pudieron ver a su madre. Había muerto. "Se veía como mi mamá, pero ella ya no estaba ahí. No era ella. La toqué, pero estaba fría. Había muerto dos horas antes." Me di cuenta de que ella temblaba y se percataba de que la frialdad de la muerte seguía en su cuerpo. Me hablaba en piloto automático: no había una conexión entre su cerebro y su corazón. Era como si me estuviera contando una historia de algo que le había pasado a otra persona.

Debido a que fue una muerte súbita, se tuvo que realizar una autopsia forense; la idea de esto la molestó. Pero después de la autopsia el cuerpo de su madre seguía intacto y Brigitte se sintió bien de haber visto a su madre antes de su entierro. "Me senté junto a ella. No fue por mucho tiempo. Le di un beso en la frente y platiqué con ella." Brigitte puso la rosa favorita de su madre en el ataúd, la vistió con su mejor vestido y le puso calcetines, porque "siempre tenía los pies fríos". La familia organizó todo para que llevaran el cuerpo de su madre a casa antes del funeral: "Queríamos que pudiera ver el jardín una vez más". Optaron por un ataúd cerrado de mimbre y toda la familia fue a despedirse de ella. Brigitte no podía recordar bien el funeral: pasó como un sueño. Deseó haberlo grabado. Todos no paraban de decirle: "Lo haces muy bien" y "Eres muy valiente". Ella no se sentía valiente; sentía como si estuviera fuera de sí misma, viendo una película surreal de la que quería despertar, sólo para poder encontrar a su madre de nuevo con vida.

A lo largo de varios meses descubrí lo excepcionalmente cercanas que eran Brigitte y su madre. Hablaban diario, en ocasiones varias veces al día. Su madre le mandaba mensajes cada mañana y todas las tardes. Me trajo a la mente una imagen de la lactancia materna, pero no la externé para no avergonzarla; pero me dio una manera útil para simbolizar lo cercano que era el vínculo entre ellas. Su mamá era por quien había trabajado, por quien buscaba el éxito. Cuando a Brigitte le pasaba algo bueno, siempre se lo contaba primero a su madre. Noté que se le dificultaba encontrar las palabras para expresarse; parecía que una parte de ella bloqueaba las palabras. Con indecisión, intentó decir "la", y luego gritó "la extraño", como si decir esas palabras y encarar la verdad la pudieran quebrar; pero conforme sacaba sus palabras y sus lágrimas se dio cuenta de que ese quebrantamiento al que le temía era un tipo de apertura, una liberación.

Poco después me dijo con un tono rebelde, como de niña: "Debería de ser mi mamá la que me consuele en estos momentos", y miró hacia mí. Yo sabía que no era una sustituta. Nadie podía serlo. Sé lo aterrador que es sentirse tan necesitado y, por lo tanto, sé lo importante que es aprender la mejor manera de consolarnos a nosotros mismos.

Durante una sesión, Brigitte me dijo que el día anterior dio unos aullidos primitivos y que eso la había asustado, pero para mí sonó como si por fin hubiera empezado su proceso del duelo. Ella tenía miedo de extrañar tanto a su madre por el resto de su vida. Como la aprobación de su madre había estado detrás de todo lo que hacía, ya no encontraba el significado o el valor en nada de lo que lograba. Escuché en varias ocasiones que el gran orgullo de su madre, su mirada y su abrazo amoroso la motivaban para ser exitosa. Ella ya no estaba segura de en qué cosas creía realmente para sí misma.

Brigitte no podía estarse quieta. Aceptaba trabajo aunque sabía que no tenía tiempo para hacerlo. Investigamos qué la incitaba a hacerse esas jugadas inesperadas, más bien a castigarse. La respuesta tenía que ver con el control. Cuando ella no trabajaba, no tenía control: pensaba en su madre y la buscaba constantemente. Tenía miedo de perder la habilidad de evocarla en su memoria, de poder olvidarla. Extrañaba con intensidad su presencia: escuchaba una y otra vez los mensajes de voz de su madre y anhelaba meterse dentro de su teléfono y encontrarla. Tenía atorada en su interior una furia por la muerte, una furia silenciosa, y no tenía la menor idea de cómo liberarse de ésta. Brigitte no podía ir a los lugares a donde había ido con su mamá; no reunía las fuerzas suficientes para pasar junto a un Starbucks, Zara o su restaurante preferido en el barrio. Trazaba rutas de distracción para evitar esos lugares. Cierta música, como la ópera, la tranquilizaba, pero otros tipos de música la acercaban a la desolación. Cuando sí podía dormir, se despertaba bañada en lágrimas. Tenía que forzarse a salir de la cama, porque encarar el día parecía abrumador; sólo salir a correr eliminaba lo intenso del dolor, así que lo hacía todas las mañanas.

Brigitte sentía que había una división entre quien había sido cuando su mamá estaba viva y esta nueva versión de ella que no tenía una madre. La Brigitte que existió antes había muerto con su madre. Su esposo, Tom, le decía con frecuencia que él la cuidaría, pero él no reemplazaba a su madre. Empezaba a sentirse frustrado con ella; quería de vuelta a la antigua Brigitte. Sin embargo, ella estaba segura de que su versión anterior nunca regresaría y la nueva Brigitte le gritaba a su esposo repetidamente. Ella actuaba como si su pérdida le diera derecho a comportarse de la manera en que quisiera porque estaba sufriendo, y este derecho eclipsaba cualquier necesidad que tuviera su esposo. Esto lo hacía sentir enojado y a la vez era indiferente hacia ella. Y así se la llevaban, atrapados en un ciclo repetitivo de dolor. Brigitte también era impaciente con su hija, Zelma, quien estaba resentida y extrañaba a su madre. Zelma le dijo a Brigitte que estaba siendo "patética", lo que le dolió mucho. Brigitte empezó a llevar a su hija a la escuela para tratar de mantener su relación por un buen camino, pero Zelma no le hablaba y Brigitte, nuevamente, terminaba gritándole.

Cuando ya llevábamos varias semanas de terapia, Brigitte se describió como "caída en desgracia por el duelo"; no la había hecho una persona mejor, sino que más bien había sacado al "monstruo" dentro de ella. Para mí era importante ayudar a Brigitte para que integrara estas versiones diferentes de sí misma ya que, aunque ella sentía como si su antigua yo estuviera muerta, yo no opinaba lo mismo: para mí la muerte de su madre solamente había sacado aspectos de su personalidad que ella nunca había experimentado y que definitivamente no eran bienvenidos. Era como si las diferentes configuraciones de ella hubieran cambiado, como un camaleón, según el entorno o la compañía en donde se encontraba. Estaba la niña desolada, la gran abogada, la madre y esposa amorosa y la esposa y madre irritante, impaciente y gritona.

Luego por fin pudo escarbar lo suficiente como para sacar a su yo adolescente, la "gorda en el sillón". Fue gracias a este descubrimiento que nuestra relación empezó a crecer. A menudo le comentaba que se denigraba a sí misma con mucha frecuencia y que esto era una parte tan integral de ella que ni siquiera se daba cuenta de que lo hacía. Yo la llamaba su "vocecita juzgona" y ésta era implacable al criticarla. Mientras más explorábamos, llegamos a conocer mejor a la Brigitte joven. Cuando iba a la escuela no había sido popular y la molestaban por ser gorda; su única protección era el trabajo duro y sacar buenas calificaciones en los exámenes. Esa versión de sí misma le daba vergüenza, a pesar de que le sirvió de mucho en ese entonces y todavía le ayudaba. Un día me mostró una fotografía de cuando era joven, me sentí muy conmovida y me provocó ternura. Era irreconocible en comparación con la Brigitte de hoy: con una sonrisa brillante, cabello lacio, lentes y gorda. "La gorda en el sillón" se transformó en una frase breve que podíamos usar cuando se atacaba a sí misma. Era doloroso atestiguar cómo odiaba y pateaba a "la gorda en el sillón". Reconocimos que ella nunca le diría a un amigo, o incluso a un extraño, todas las cosas malas que se decía a sí misma; la maldad brotaba como un murmullo continuo y de baja intensidad, pero que era muy corrosivo y desgastante. Mi objetivo era que se percatara de que era una mujer de valor y que merecía tanto respeto como amor.

Brigitte amaba mucho a su esposo Tom y siempre el amor de su esposo por ella había sido la fuente de crecimiento en su seguridad al reducir la poderosa presencia de su yo adolescente. Él se sintió atraído físicamente por ella, amaba su cuerpo, disfrutaba de verlo así como de tocarlo y hacerle el amor. Esa conexión había sido el soporte de su relación. Pero desde la muerte de su madre ella no quería tener sexo con él. Él respetó eso durante los primeros meses, pero ahora su frustración había crecido y se transformó en enojo. Esto se debía a que él la amaba (el odio no es lo opuesto al amor; es la indiferencia), pero ella era muy egocéntrica como para notarlo. La reacción de Brigitte fue distanciarse todavía más de él. Como respuesta, él la sermoneaba: le decía que tenía mucha suerte de tenerlos a él y a su hija, de pasar una vida juntos, de cómo a su mamá no le gustaría que ella actuara de esa manera. Él sólo lograba alienarla más y la dejaba sintiéndose más incomprendida que nunca. Asimismo, ella sentía como si su madre siempre estuviera cerca de ella, viéndola, lo que imposibilitaba el sexo.

Después de hablarlo más, le hice notar su mandíbula apretada a causa de su enojo con Tom, así como a esa niña pequeña que sólo quería que su mamá la abrazara y la consolara. El dolor del duelo era lo que mantenía a su madre cerca y de ninguna manera estaba lista para renunciar a lo único que la conectaba con ella. Platicamos acerca de cómo podía mantener ambos aspectos de sí misma simultáneamente. No tenía que alejar a Tom para estar cerca de su madre; podía moverse entre las dos relaciones.

La naturaleza tan absorbente de su trabajo la distraía, pero también la dejaba exhausta: "Las exigencias imparables en mi trabajo y en casa son difíciles y cuando Zelma hace un berrinche de adolescente ¡me dan ganas de también hacer uno!" Estaba harta de ser siempre la que se enfrentaba a las cosas, de ser siempre en la que se podía confiar; la idea de tener un colapso le parecía atractiva. Le pregunté por su habilidad para decir que no. Si ella tenía un "no" en específico en el que creía y confiaba, uno que pudiera protegerla de hacer lo que no quería hacer o de lo que no tenía tiempo para hacer; así su "sí" se transformaba en uno positivo y enérgico. Brigitte entendió el concepto de los límites y las ventajas de los "sí" y los "no" claros y decididos, pero en este punto ella no podía implementarlos en su vida. Pude ver que decir que sí y ser capaz y de tener confianza eran partes de su identidad y que no sería capaz de adaptar eso con el objetivo de acomodar mejor sus necesidades hasta que fuera más fuerte.

La capacidad de Brigitte de ser generosa y amorosa al mismo tiempo era muy escasa. Le disgustaban sus sentimientos de odio y resentimiento hacia Zelma, pero en lugar de lidiar con ellos los proyectaba en la misma Zelma. "Mi hija me hace enojar… es su culpa." Cuando la reté amablemente, sugiriendo que ahí había una proyección, me calló. Sintió que la estaba criticando y usando "jerga de terapia" impenetrable al hacerlo. Me pareció justo. Le dije que en nuestra relación era importante que ella se molestara conmigo y que después pudiéramos hablar sobre eso y reparar cualquier ruptura. Recordé que los buenos desacuerdos son centrales para el progreso y, aunque parezca contradictorio, que generan resultados positivamente creativos.

Los resultados de la autopsia demostraron que la madre de Brigitte tenía las arterias atrofiadas y que su muerte era algo

inevitable. Esto le puso fin a los "¿Y si?" circulares. Regresó al
hospital donde su madre falleció para agradecerles a los ciru-
janos y a las enfermeras por sus cuidados; ella caminó por los
pasillos tomando la mano de su padre por primera vez después
de la muerte. Fueron juntos a visitar su tumba y ambos lloraron.
También le sucedieron otras cosas que la animaron: un día en el
metro se le salieron unas lágrimas y un desconocido, un hombre joven, le dio amablemente un pañuelo. Un pequeño acto de
bondad que la dejó marcada, que la alentó.

Brigitte seguía sintiéndose devastada por la muerte de su
madre, pero estaba consciente de que su familia y sus amigos
creían que ya debería de irlo superando, que el dolor debería de
presentarse con menor intensidad y en menos ocasiones con el
paso del tiempo. Ellos ya no le querían platicar sobre su madre.
Esperaban que ella estuviera "bien", de vuelta al ruedo, feliz
y saliendo; cosas que ella desde luego no podía hacer. Como
resultado de toda esta situación, se alejó de ellos y sufrió una
soledad fría y terrible que la azotaba por oleadas y dejaba cada
partícula de su cuerpo agotada. Cuando me platicaba sobre su
madre solía llorar. A las dos les gustaba la ropa y pasaban mucho
tiempo juntas de compras, viendo y probándose cosas las dos.
A pesar de que su madre era una mujer aventurera y de que vivió
en varios países debido al trabajo de su esposo, se había dedicado
principalmente al rol tradicional de esposa y madre. Pero quería
otra cosa para Brigitte y le había inculcado la importancia de
ser independiente, algo que podría lograr a través del trabajo, la
profesión y de usar su cerebro al máximo.

Brigitte pasó una triste Navidad; los recuerdos felices
de las antiguas Navidades la obligaron a confrontar su nueva
pérdida. Además, estaba en camino hacia el aniversario de la
muerte como tal; para Brigitte esto era terrible. Los olores evo-
cativos, el clima, la cuenta regresiva... Brigitte se sentía como
si el tiempo regresara y tuviera que revivir cada momento de

la muerte de su madre. Su ansiedad se transformó en ataques de pánico que la debilitaban todavía más, por lo que tuvo que pedir días de descanso en el trabajo. Al final, el aniversario de la muerte no fue tan malo como temía: se la pasó con su papá y fueron al cementerio juntos, en realidad no hablaron ni se movieron, sólo estuvieron sentados y recordaron y le brindaron un poco de tiempo a su madre.

El duelo de Brigitte tuvo un impacto en otra de sus relaciones y esto le causaba una angustia leve, pero continua. Su compañera del trabajo más cercana, una abogada con quien había compartido todo el estrés y los éxitos de ser una madre trabajadora en un puesto tan demandante había sido "una mierda" al reconocer su pérdida. "Cuando mamá murió, Danielle me dijo algo vacío, como 'Lamento tu pérdida', pero desde esa vez no ha emitido ninguna otra palabra. No me ha preguntado cómo me siento, ni ha mencionado el nombre de mi mamá. Ahora ni quiero verle la cara. Solíamos ser tan cercanas: siempre nos aparecíamos en la oficina de la otra; ahora ya ni nos hablamos. La extraño, pero estoy enojada con ella." Le pregunté a Brigitte qué estaba dispuesta a hacer para reparar ese distanciamiento y me dijo que nada. Su enojo se agudizaba porque ella sentía que "ni siquiera debería estar pensando en ella, no le quiero dar de mi atención, pero cada vez que voy al trabajo me molesta". Brigitte obstruía cualquier propuesta de conciliación, a pesar de que era obvio que extrañaba mucho a su amiga. No obstante, ella no tenía la energía para luchar por esta amistad en ese momento. Deseé que cuando empezara a sentirse mejor hiciera un esfuerzo para arreglarlo, pero también sabía que muchas amistades se habían ido a pique porque alguien no quería, no podía o simplemente no sabía cómo responder al duelo.

Al inicio de una sesión nos reímos después de que le dije lo formal que se veía, y me contestó: "Mientras más mal me siento, mejor me visto". Esa risa nos demostró una de las verdades básicas: a veces necesitamos tener hábitos activos para que nos ayuden a levantarnos y a salir al mundo. La confianza de Brigitte en su habilidad para trabajar efectivamente era frágil, a pesar de que en realidad su éxito en el tribunal no había mermado.

Por las noches ella solía llorar con frustración, lágrimas de enojo en la oscuridad, y casi vuelta loca por el estrés de hacer malabares entre sus funciones de madre, esposa y abogada. Me dijo: "Necesito una esposa, una maldita ama de casa que sea buena para eso". Asentí apasionadamente con la cabeza: sí, sí necesitaba una, vaya que la necesitaba. Actualmente en el mundo hay una epidemia por estar ocupado, y Brigitte mostraba la versión más intensa de eso. Su teléfono, el cual estaba herméticamente pegado a sus manos, personificaba a la perfección esa falsa idea de que estar ocupado es tener poder. Todos los días hacía sus compras por ahí, compraba boletos para viajar a Estados Unidos, organizaba sus citas y platicaba con personas de todas partes del mundo. Sin embargo, al revisarlo constantemente, ella apagaba sus sentimientos, así como los mensajes emergentes de malestar de su cuerpo; toda ésta era información que necesitaba escuchar. Le daba un sentimiento engañoso de eficacia, como de que ella podría ser capaz de lograrlo todo si sólo estuviera atenta a todo lo que su pantalla le lanzaba. Dedicarle toda su atención al teléfono significaba que la parte de ella que necesitaba para soportar la impotencia, la falta de poder y la incertidumbre se había atrofiado. Le sugerí que hiciera un ejercicio de relajación a través de una aplicación de meditación. Me miró como si le hubiera hablado en chino y dijo: "¡No tengo tiempo para hacer eso!"

Si esto no era suficiente, Brigitte también estaba preocupada por su padre y estaba exhausta por ir a visitarlo con frecuencia. Odiaba ser impotente al intentar ayudarlo, y ver su tristeza y duelo intensificaba el suyo. No obstante, el beneficio inesperado fue que ahora se sentía más cercana a él. Su padre siempre fue una persona reservada y distante y eso no había cambiado; pero pasar tiempo juntos y hacer cosas sencillas como cocinar y hacer las compras les había permitido forjar una compañía que ella encontraba reconfortante.

Con el tiempo, su relación con Zelma tuvo algunas mejoras. Brigitte reconoció que había estado en tanto dolor que no había sido capaz de ver que su hija también estaba en duelo por la muerte de su abuela. Brigitte la vio llorar en el funeral, pero, con tan poca energía emocional de sobra, había pasado por alto hablar con su hija sobre cómo podría sentirse. Pocas veces Brigitte reconoció que estaba un poco celosa de Zelma porque ella todavía tenía a su mamá, mientras que la suya ya no estaba presente. Cuando escuchó cuánto había amado su hija a su abuela, se sintió más cercana a ella y eventualmente encontraron maneras de compartir su amor: iban a su casa juntas y cuidadosamente elegían sus platos preferidos, se los llevaban a casa, los lavaban y los ponían en las repisas de la cocina. A pesar de la angustia adolescente y del duelo, descubrieron que todavía podían divertirse juntas y hacer las cosas que Brigitte hacía con su mamá.

Es difícil precisar cuándo es que el duelo se hunde y la vida emerge: a veces la transición se acerca silenciosamente con el paso del tiempo; a veces se puede sentir como un cambio abrupto. En los meses siguientes Brigitte se encontró eligiendo activamente hacer cosas positivas, lo que me demostró que estaba lista para enfocarse nuevamente en la vida. Cuando Brigitte faltó a tres sesiones seguidas debido al trabajo y a otros compromisos, me di cuenta de que en realidad estaba funcionando de mejor manera y que podía mantener el amor de su madre con ternura dentro de sí, hablar con ella y hacerle preguntas, mientras se involucraba activamente con el mundo sin ella. Casi al final de una sesión hicimos una hermosa visualización en la que iba a un lugar seguro dentro de sí para que la cuidaran y también para sentirse tranquila. Esto le permitió aprovechar a la madre dentro de sí, en lugar de a la niña trastornada por el duelo.

Después de pasar un buen verano, llegó con un corte de cabello nuevo y con las noticias de que ya se sentía más cercana a Tom.

Sentí que ahora ya habíamos hecho todo lo que Brigitte necesitaba hacer. Ella había desarrollado un centro interior con fuerza emocional y poseía ideas concretas sobre cómo apoyarse a sí misma. Ambas tomamos el final de nuestra relación con gusto. El espacio de seguridad que creamos dentro del cuarto de terapia le permitió a Brigitte resolver y entender sus sentimientos; ahora ella podía crear este lugar de seguridad por sí sola cuando la pérdida de su madre reapareciera y fluyera, como sabíamos que lo haría.

Max

Max tenía veintinueve años, pero se veía más joven. A pesar de haber nacido en Estados Unidos, había vivido en el Reino Unido los últimos doce años. Cuando su padre se casó con su tercera esposa se mudaron aquí. Max era alto y guapo, tenía un físico atlético, facciones marcadas y ojos azules intensos. Se encorvaba, como si quisiera verse más pequeño; sin embargo, desbordaba energía (subió corriendo a mi consultorio). Tenía rapada la mitad de la cabeza y podía verle un tatuaje que le trepaba por el cuello; del otro lado de su cabeza, su cabello dorado rojizo estaba suelto.

Noté lo vieja que era cuando me encontré pensando en querer arreglarlo y hacerle un "buen corte". Sacó a flote a la madre en mí, pero yo necesitaba seguir siendo su terapeuta. Él era músico, pero trabajaba como DJ para pagar los gastos y ocasionalmente le salían presentaciones donde tocaba la guitarra.

Fue su ruptura con su novia, Mina, lo que trajo a Max a mi consultorio. Sonaba como a una relación horrible y destructiva. No tenía ninguna duda de que él también hizo de las suyas para terminarla; pero conforme lo escuchaba me sorprendí por su

nivel de disfunción. Me pregunté por qué demonios siguió con
ella. Todo empezó tres años antes y estuvo repleto de amor y de
emoción. Pero cuando los primeros meses color de rosa se terminaron se transformó en algo tóxico y manipulador. Max hacía
todo lo posible para recibir el afecto de Mina y ella lo rechazaba.
Luego, cuando él menos se lo esperaba, ella lo seducía, pero rechazaba sus besos y sólo quería sexo duro y brusco. Él sentía que
ella lo controlaba a través del sexo. Constantemente, él intentaba
ver cómo podía volver a hacerla tan amorosa como lo fue al inicio.
Él ensayaba conversaciones con ella en su cabeza una y otra vez,
y recibía un poco de esperanza, lo que lo enganchaba de nuevo,
pero esto era seguido inmediatamente de un severo rechazo.

Un día Max le echó un vistazo a escondidas a su celular
y descubrió que ella les pagaba a extraños para tener sexo con
ellos. Luego ingresó a su cuenta de webcam y pidió ese mismo
servicio, a lo que me dijo: "Me excitaba". Él nunca le dijo a
ella que sabía que esto sucedía. Él empezó a revisar sus correos
obsesivamente, en un ciclo adictivo del cual no se podía libe-
rar. Cuando le pregunte si la relación le parecía abusiva, la pregunta ni siquiera tuvo sentido para él. Me miró con inocencia,
y me dijo: "¿A qué te refieres? Es divertida". Incluso cuando
me contó que ella lo dejó por otro, él seguía fantaseando con
cómo recuperarla. Quería tener un bebé con ella. Él sabía, en
cierto nivel, que ella sólo lo lastimaba, pero en otro nivel se
engañaba y se decía que si la recuperaba todos sus problemas
se solucionarían. Fui muy directa con él y no tuve pelos en la
lengua: su relación era de adicción y autolesión. Sus acciones
encajaban con el patrón de comportamiento de un adicto: nada
era suficiente; seguía a pesar de saber que era malo para él, pero
no podía detenerse; él pensaba que si encontraba las palabras
mágicas que la sedujeran ya todo estaría bien. Cuando se fue
asintió pensativamente, pero yo sabía que él ya estaba planeando
cómo recuperarla desde antes de cerrar la puerta.

La raíz del comportamiento de Max se me hizo clara cuando escuché sobre la muerte de su madre. Vivían en Colombia; él tenía cuatro años y medio y sus hermanas seis y nueve. Unos ladrones entraron a robar a su casa y su papá los persiguió. Su mamá los siguió y, cuando se agachó para recoger algo que se cayó, los ladrones se voltearon y le dispararon directamente al corazón. Max no tiene recuerdo de esto; de hecho, no tiene ningún recuerdo real de su madre en lo absoluto. Me contó que sentía mucha envidia de sus hermanas (era injusto que ellas la pudieran recordar y que él no). "Haría lo que sea… Sólo quiero ir a comer con ella. Un almuerzo. Eso es todo, un almuerzo. Tomarnos una cerveza… pero, este, no sé qué le gustaría comer o beber. Tal vez le gustaría tomarse un vino." Era demasiado conmovedor que él quisiera hacer algo tan mínimo como eso, el tipo de cosas que la mayoría de los hijos crecidos dan por hecho. Para Max, esto hubiera sido la mayor riqueza en el mundo.

Su vida después de ese trágico evento fue turbulenta y fragmentada. Su padre se volvió a casar al siguiente año, lo que agregó una hijastra a la familia. Pocos años después se divorció y su familia no volvió a estar en contacto con su madrastra. Su tercer matrimonio fue con una inglesa y ella llevaba las cuentas en la familia. Juntos tuvieron dos hijos, dos hermanastros para Max a quienes él amaba y odiaba de igual manera. Odiaba con todo su corazón a su madrastra. Ni él ni sus hermanas mayores fueron bienvenidos en su casa. La gota que derramó el vaso fue cuando transformó su recámara en un cuarto de visitas.

El papá de Max lo amaba, pero era caótico e inconsecuente. Sonaba al tipo de hombre carismático a quien las personas quieren por su carisma, pero cuya debilidad les hace daño real a quienes lo rodean. A pesar de que la muerte de la madre de Max fue inusualmente violenta, los comportamientos posteriores de su padre fueron muy típicos: involucrarse en nuevos matrimonios, moverse constantemente de lugar a lugar y mantener una distancia entre él y su hijo. Esta falta de seguridad fomentó el anhelo adictivo de Max por amar a alguien; Max eligió a la persona con menos probabilidades de darle lo que ansiaba.

Le pregunté a Max qué quería obtener de su trabajo conmigo. Él no lo sabía en realidad: "¿Tal vez sentirme mejor?" Él quería que yo le dijera lo que necesitaba; se sintió como si creyera que yo le podía dar la guía para vivir. Me di cuenta de que su "no saber" era similar a la vergüenza que siento cuando me pierdo en el coche porque no sé leer los mapas, una vergüenza por mi incompetencia. Sentí cómo le atraía que lo sentara, volverme mandona y decirle cómo "arreglar su vida". Para empezar, eso significaría ya no mandarle correos largos y desesperados a su exnovia (él ya no tendría contacto con ella de ningún tipo). Me parecía que en realidad no sabía cómo cuidarse, no sabía qué era bueno y qué malo, y no tenía bases en su toma de decisiones. Parecía decidido a buscar exclusivamente el placer y huía rápidamente de cualquier cosa incómoda, diciendo entre risas: "Eso se siente horrible". Pronto tuve claro que lo que en realidad necesitaba ofrecerle era apoyo para sentirse seguro y terapia, lo que le permitiría desarrollar sus propios recursos.

Pocas semanas después llegó diciendo: "¿No sería terrible que muriera en mi camino a verte?" Él se movía en su bicicleta sin casco, zigzagueaba fuera de control entre los coches y estuvo muy cerca de tener un accidente. Reconoció que él tomaba riesgos consigo mismo con frecuencia: "Soy un oportunista. Soy súper oportunista". Luego me enlistó todo su catálogo de accidentes graves con automóviles y de accidentes cercanos; sonaban como un peligro alarmante.

Con una mezcla de alivio y de miedo, le dije a Max que estaba preocupada y molesta. Le pregunté si se retaba a sí mismo de cierta manera, pero su única respuesta fue reírse y decir: "Soy un idiota". Luego dijo: "Necesito a alguien que me cuide".

Mientras comprendíamos el significado profundo, ninguno de los dos dijo una palabra por un rato, después él me dijo que podía sentir a su madre dentro de él y que todavía sentía con intensidad la tristeza de haberla perdido. Me pregunté si estaba bien que yo fuera su reemplazo por un rato.

La mejor forma de ayudar a Max parecía ser descubrir qué pasaba debajo de esa mente tan ocupada y de sus comportamientos obsesivos. Le sugerí hacer una visualización. Max cerró sus ojos y se vio a sí mismo "en un limbo gris, muy solo, desesperanzado". Cuando le pregunté qué podría necesitar para estar a salvo en ese lugar, me dijo que no podía imaginarse un lugar real feliz. Pocos segundos después empezaron a caerle lágrimas, dio el primer paso hacia crear un "lugar seguro" al imaginarse una pradera con un arroyo y un puente. Le pedí que respirara, que se quedara con sus sentimientos; parecía que éstos se movían a través de su cuerpo con tranquilidad y atenuación. Me dijo que vio una imagen de su madre, sorprendentemente real, que platicaba con sus amigos. Él no podía acercársele, pero le susurró "ey". Me conmovió mucho ese "ey"; su conmoción se quedó en mi cabeza durante mucho tiempo. Encapsulaba la añoranza de su vida y la ausencia de su madre en sólo una sílaba.

Max siempre llegaba a tiempo y nunca olvidaba la fecha, algo curioso en una persona desorganizada. Llegaba saltando por las escaleras, lleno de energía, y se echaba en la silla, deslizándose sobre ésta, riendo de manera seductora y juguetona. Nos dimos cuenta rápidamente de que todas las acciones que realizaba estaban motivadas por una gratificación instantánea, pero el resultado solía ser un fracaso a largo plazo. Recordé una cita de Annie Dillard ("Como pasamos nuestros días es, por supuesto, como pasamos nuestra vida") y le pregunté a Max cómo pasaba su día. Usualmente se despertaba tarde y holgazaneaba: "Soy un gran holgazán. Prácticamente pierdo mi tiempo todo el día. Por dentro me siento como un holgazán". Antes de darse cuenta, llegaba la noche y, al no haber hecho nada, sólo le quedaba tener la esperanza de que el siguiente día fuera más productivo. Cualquier oferta divertida generaba un "sí" instantáneo. Algunas noches él era DJ, pero su sueño era ser músico y no estaba componiendo.

Los sentimientos de Max manaban en fragmentos. Me diría: "Puedo empezar a llorar justo ahora porque me doy cuenta de que todo lo que me digo que haga, no lo hago; hay un hueco enorme y no sé qué mierda hacer con él. Ahora me siento horrible", reiría y luego se cubriría la cara con su sudadera, como si intentara esconderse de mí. Le pregunte: "Si no estuvieras riéndote ¿qué estarías haciendo?" Él se congeló. "Llorar." Poco a poco empezó a ser evidente lo mucho que trabajó durante toda su vida para dejar de sentirse triste y para que su padre dejara de sentirse triste.

Max seguía enviándole correos a Mina. Platicamos sobre lo difícil que era para él aceptar que la relación se había terminado. Dije en voz baja: "Aceptar la realidad, lo contrario del sueño, puede ser la parte más difícil del duelo en este caso", y vinculamos esto a su madre, cuya muerte él tampoco había sido capaz de aceptar.

Conforme Max hablaba, él entendía que el dolor era su único conducto a su madre y que cuando no lo sentía era como si la hubiera abandonado. Entre lágrimas, me dijo que ya era bastante malo que su mamá hubiera sido asesinada; no merecía que además de eso la abandonara. Asimismo entendía, en un nivel más profundo, que a partir de su muerte él tomó el rol de hacer a todos felices al ser divertido y alegre. Ser quien arregla todo en la familia había sido un trabajo tan duro por tanto tiempo que le costó la conexión con su propia identidad en el proceso.

La semana siguiente Max estaba lleno de alegría. "Después de que platicamos la semana pasada sobre no ser capaz de hacer las cosas y abandonar a mi mamá me fui a casa y empecé a escribir notas y fue un cambio real, fue muy muy raro en los días siguientes. De repente empecé a sentir que eso de 'no sentirse lo suficientemente bueno' no es la situación en la que estoy ahora y, de hecho, ¿por qué yo habría de ser peor al hacer algo que alguien más hace? Me ha hecho sentir muy capaz". La sesión había liberado su energía y él se sentía increíble.

A pesar de ese cambio en su entendimiento, en las siguientes semanas se sintió abrumado por una gran ansiedad que agobiaba a todos los demás sentimientos; no dormía y, por primera vez, se preocupaba por el dinero y el futuro; tenía una visión en la que estaba solo y en aprietos por no tener dinero por el resto de su vida. Fue a cenar a casa de un amigo (encendieron la chimenea y los niños comieron pollo rostizado) y le pareció ordinario y especial a la vez. Pocos días después me mandó un mensaje: "Todo se trata del amor". Se dio cuenta de que eso era lo que él quería: una familia, una vida adecuada. Sin embargo, en este momento parecía inimaginable que él pudiera construir una vida así.

La tensión de Max crecía más y más porque todo lo que hacía tenía la garantía de que no le daría lo que quería. No recibía ni daba amor y no había ninguna oportunidad a la vista. No podía dejar de escribirle a Mina y se acostaba con personas que no le gustaban. La mayoría de sus días no eran constructivos: no realizaba nada y apenas le alcanzaba para vivir con lo poco que ganaba en sus presentaciones. La música era su mejor calmante; tenía una lista de reproducción con canciones específicas que lo reconectaban y restituían consigo mismo. Cuando lograba ponerse a escribir música o incluso a escucharla, se sentía más tranquilo. Pero en ocasiones la música tenía el efecto opuesto: "¿Sabes cómo es cuando algo comienza a gustarte tanto que empiezas a odiarlo?" Un poco de estructura en su día a día ayudó a estabilizar su turbulencia interior, la cual se activaba con el recuerdo de la pérdida de su madre; nuestro trabajo se centró en eso.

Le pedí a Max que trajera fotografías de ella. Me llevó una imagen muy glamorosa de su madre parada bajo un árbol y la acariciaba con su pulgar mientras me hablaba de ella. Él intentaba encontrarla dentro de sí, pero sólo podía encontrar espacio donde ella no estaba ("el espacio vacío con forma de mamá en mi corazón"). Se dio cuenta de que todos sus comportamientos habían sido intentos de llenar ese espacio: "Le arrojaba cualquier cosa: sexo, drogas, diversión, fiestas, sólo quiero llenar ese pinche espacio". Con todas estas cosas girando en ese torbellino en su interior, no era ninguna sorpresa que le costara enfocarse. Y, como de costumbre, mientras me describía lo grande que fue esa pérdida, se rió, hizo un comentario desdeñoso y logró escaparse de sí. Le dije que había notado que él hacía esto. Pero no era yo quien debía traerlo de vuelta a sí. Este patrón protectivo se construyó durante veinticinco años y no era mi función el romperlo prematuramente, aunque yo esperaba que ése fuera el camino que estábamos tomando.

Desde el inicio, Max me dijo que era un buen investigador. Se embarcó en una misión al estilo Sherlock Holmes para tratar de obtener la mayor información posible sobre su madre. Tuvo una conversación frustrante con su papá, quien en realidad no pudo atar ningún cabo, aunque sí le recordó a Max que el hombre que mató a su madre nunca fue capturado, lo que hizo que Max perdiera el control por algunos días. Todo esto le era muy familiar a Max: amaba a su papá y sabía que no era una mala persona, pero él no podía evitar el sentirse enojado por su pasividad e indiferencia. Se me antojaba darle una buena sacudida a su padre.

A pesar de que tenía celos de los recuerdos de sus hermanas, platicar con ellas sobre su madre le ayudó a obtener una mejor idea de cómo fue ella. Ellas le contaron las historias de lo que recordaban: cuando hacía picnics, cuando cantaban una canción de "te amo" todas las noches. Ellas recordaron que cuando iban juntos de compras o a caminar él iba bien arropado en un cargador para bebé sobre la espalda de su madre. Conforme obtenía más recuerdos, se ponía contento y emocionado por el descubrimiento de más y más piezas del rompecabezas. Pero luego fallaba al seguir las pistas que lo conducían a los amigos y familiares de su madre. No podía terminar una tarea. Max nunca dejó de observar y buscar, pero no pudo obtener la satisfacción de haber completado esto a partir de lo que encontró; se quedó atorado en la caza.

El dolor de estar en duelo por la muerte de su madre empezó a emerger lentamente y se volvió muy intenso. Me describió que tuvo "unos días catastróficos. Nunca había sentido algo igual; es lo más bajo que he estado en mi vida. No podía ver ninguna luz en mi vida otra vez, era completamente desalentador. Me sentí frenético y muerto". Había un tipo de liberación al permitirse sentir tan triste, al desalentarse a más no poder. No obstante, sí vio que estaba haciendo algo que no solía hacer: hablar con sus amigos. Usualmente era un libro cerrado (no recibía ni daba confidencias), pero para su sorpresa sus amigos no pudieron haber sido más atentos. Luego, pasó por fases en las que estaba por soltarse a llorar y otras en las que de hecho lloraba, algo que odiaba, pero que luego le empezó a gustar ya que le ofrecía una especie de liberación.

Me dijo: "Para mí es muy familiar sentir ese malestar y salir corriendo y siempre sentirme separado y fuera de lugar y correr, ése es mi lugar de descanso principal. Lo que es una mierda". Me pregunté si podríamos encontrar un lugar seguro dentro de sí donde no necesitara de alguien más. Nuestro mejor camino para lograrlo con Max era a través de la visualización. Me describió una imagen de su corazón como "magullado y destrozado"; luego, para nuestra sorpresa, me dijo que podía visualizar que se estaba recuperando, volviendo a crecer y nuevamente volviéndose "regordete y rosa". "Es muy pequeño, no es el corazón de alguien de veintinueve años, es muy joven." Me pregunté si de casualidad era el corazón de él mismo a los cuatro años, cuando su madre murió. Él quería mantenerlo a salvo y dejar que creciera. Pero el meollo del asunto es que necesitaba a otra persona para hacerlo crecer; no podía crecer solo. Él no podía visualizar quién podría ser esa persona; no había nadie. Me ofrecí, pero no funcionó: él podía sentir cómo se resistía a muchas personas en las que pensaba. No podía confiar en nadie, así que tenía que crear a alguien dentro de sí. Después descubrió que podía encontrar a su madre en "una forma espiritual" y eso le funcionaba. Se trataba de una imagen con la que él debía de trabajar a solas, lo que también era muy poderoso para él.

En las semanas siguientes Max ganó fuerzas y por fin pudo ver lo mucho que Mina le hacía daño. "Tuve una pequeña epifanía mientras iba en la bicicleta, lo cual suele pasarme. Me creo consciente e inconscientemente situaciones en las que me lastimo. Ella me lastima y el dolor me lleva directo a ese lugar con mi mamá." Parecía como si alguien le hubiera apagado un interruptor en su cabeza y fue capaz de dejar de verla. Le tomó tiempo reconfigurar el espacio que le dejó su falta causada por ese "busco lo que no puedo encontrar". Se sintió liberado y quería encontrar a una novia nueva, pero decidió que primero debía darse un tiempo para sí (por primera vez).

Max empezó a enfocar su energía en su trabajo. Tenía una resolución nueva: menos "pereza" y más hacer. Se nos ocurrió un plan: él trabajaría durante cinco bloques de cincuenta minutos diario y habría descansos de diez minutos entre cada bloque para darse una recompensa, y la última recompensa sería la mayor. Dichas recompensas iban desde tomarse un buen café hasta hacer un crucigrama, ver deportes o descargar una canción nueva. El que los cincuenta minutos fueran una referencia a la hora de terapia fue algo que establecimos entre los dos. El plan funcionó: trabajaba con regularidad y se sentía más constante; todo esto sin perder su toque de ligereza, ese brillo que lo hacía tan agradable.

Sabíamos que por ahora nuestro trabajo estaba terminado y el cierre de las sesiones tenía un sabor agridulce (provocaba una tristeza, pero también un orgullo por todo lo que habíamos logrado). Las últimas palabras que Max me dijo resumieron todo: "Lo que no podía hacer era encontrar algo que rellenara ese espacio con la forma de mi mamá. Relaciones, mujeres, drogas, diversión... nada podía rellenar ese hoyo, porque no eran y nunca serían lo que yo quería que fueran. Ahora, en lugar de vagar en busca de algo, me sujeté a mi madre y la puse en mi interior; se siente como si ella estuviera ahí. A veces digo: 'Ok, mamá', es hora de ayudarme; sí uso el hecho de que ella se encuentra ahí adentro. Ya no siento como si la estuviera buscando en lo absoluto... Siento que valgo mucho más como ser humano y ya siento menos la necesidad de tener que hacer un esfuerzo, que estoy bien por ser lo que soy".

Él estaba más que bien por ser sí mismo.

Cheryl

Cheryl no tenía ningún placer en la vida, ni en su matrimonio, ni en su trabajo. Su madre había muerto dos años antes por una enfermedad cardiaca, pero ella no había conectado los puntos entre cómo se sentía y la muerte de su madre. Le pregunté qué quería obtener al venir a verme. Me contestó: "Me quiero sentir mejor. Siento como si viviera dentro de una cápsula oscura". Al tenerla sentada frente a mí fui consciente de nuestras similitudes, así como de nuestras diferencias: una mujer negra de cincuenta y cinco años, bienhablada y de buen vestir. ¿Sería capaz de llegar a conectar con ella? ¿Qué había debajo de su oscuridad? Ella describió esa oscuridad como "un espejo sólido sin reflejante o como un tumor. Ahí es donde vive todo lo malo de mí. No la soporto. Quiero deshacerme de ella".

Le pregunté qué fue en particular lo que la trajo a verme. Parte de su problema fue que descubrió que estaba enojada en su trabajo. Como jefa de enfermeras del pabellón pediátrico debía ser paciente y ella sentía cómo su temperamento era cada vez más difícil de controlar. El día antes de llamarme tuvo una terrible experiencia con un niño llamado Teddy, quien gritó que no varias veces mientras ella trataba de inyectarlo. Le dieron ganas de agarrarlo y agitarlo y apenas logró salir de ahí a tiempo. Ésa fue la señal para sí misma de que necesitaba cambiar, hacer algo diferente. Cuando platicó con su esposo Jason, él le sugirió ver a un terapeuta.

La vulnerabilidad de Cheryl estaba cubierta por una fragilidad que podía desencadenar un ataque breve e intenso. Intenté imaginarme cómo fue vivir dentro de esa cápsula oscura durante tanto tiempo y vi lo difícil que sería para cualquier persona comunicarse con ella. Uno de los errores en el diseño de la naturaleza, y es cruel decirlo, es que cuando sentimos dolor, comúnmente emitimos mensajes que dicen "aléjate" o nos enojamos y rechazamos a los que nos rodean, lo que sólo produce la respuesta contraria a lo que en realidad queremos y necesitamos profundamente: ser amados.

Le pedí a Cheryl que me platicara más sobre esa cápsula oscura. "No lo sé, cuando me despierto me siento tan sombría. Tengo que obligarme a mí misma para pararme y el día se avecina como algo tan largo. Sólo tengo que convencerme de hacer cada cosita, me convenzo de vestirme, de limpiarme, de desayunar; porque si viera a mayor distancia no podría pararme de la cama. Mira [me mostró una lista], tengo que escribirlo: 'pararse… vestirse…' Lo único que me hace llegar al trabajo es aprender poesía. Una revista me dio esa idea y ahora cuando voy sentada en el metro me aprendo algunos versos cada mañana. Es la única manera en la que me puedo distraer para llegar al trabajo." Era evidente lo deprimentes que eran sus días. Pero también me demostró que instintivamente hacía la lucha para seguir adelante y que tenía una capacidad para la disciplina que le serviría mucho. La poesía me recordó a la cita de Nietzsche que dice: "El arte nos entierra un picahielos en el corazón". Necesitaba saber más sobre esa cápsula oscura. Pero primero necesitaba saber más sobre qué otra persona estaba en su vida.

Cheryl me platicó acerca de las personas que le importaban, aquellos que le eran cercanos y que la ayudaban a salir de las dificultades. Tenía a su esposo, Jason, y a su mejor amiga, Donna. Ella no repitió el error de su madre, de elegir a un hombre violento e impredecible; Cheryl no veía a su padre desde que tenía seis años, cuando su familia tuvo que huir de él. Era una decisión consciente e inteligente; Cheryl era una mujer inteligente emocionalmente que había tomado decisiones para sí. El tipo de personalidad de Jason era opuesto al de su padre: callado, amable y muy racional; él no le ofrecía ninguna excitación, pero ella ya había visto cómo lo "excitante" puede salirse de control y su presencia la centraba. Jason estaba genuinamente interesado en Cheryl: cuando le preguntaba cómo le fue en su día, él en realidad quería escuchar lo que ella le diría. Los dos compartían las tareas domésticas y él cocinaba mucho mejor que ella. Me contó con una sonrisa cómo tarareaba cuando él preparaba la cena. Ella lo amaba por su estabilidad. "Él da los mejores abrazos en el mundo. No soy muy fanática de los abrazos, pero él me sostiene con tanta fuerza que me da fortaleza."

Cheryl conoció a Donna en la escuela. Ella no era como Cheryl: alegre, platicadora y extrovertida. Reían juntas y se veían casi todos los fines de semana. Como Cheryl sólo tenía hermanos varones, ella consideraba que Donna era la hermana que nunca tuvo. Su amistad se construyó con recuerdos de ellas pintándose las uñas a los cuatro años, riéndose de su primer beso como adolescentes, entrando a la adolescencia y casándose. Donna podía molestarla y decirle sus verdades, algo que nadie más podía hacer. Donna también amaba a la mamá de Cheryl: tuvo una función muy importante en su vida. Ella lloró en el funeral de su mamá y se ponía sensible cuando Cheryl platicaba de ella. Sin embargo, después de la muerte de su madre había mucho de lo que Cheryl no había platicado; no porque no pudiera, sino que porque no sabía cómo hacerlo.

Ella me contó que la relación con su madre había sido de diligencia. "Éramos como una familia de la televisión que se veía bien por fuera, pero en la que por dentro sólo había afecto real ocasionalmente." Desde que su padre abusivo los abandonó, cuando Cheryl tenía seis años de edad, no había tenido contacto con él de ninguna forma y no tenía casi ningún recuerdo de su presencia. Su madre era feligresa y ambiciosa con sus tres hijos, instándolos para que se aplicaran a fondo en el colegio. "Murió muy triste. Era de la 'vieja escuela' y tuvo ese aire orgulloso por sí misma durante toda su vida, pero falleció con cosas guardadas. Cuando ella estaba de tu lado era un amor, un amor luchador. Es fácil olvidarlo ahora, pero mi mamá tenía la idea, cuando llegó a Inglaterra a sus dieciocho años, de que era la 'madre patria'. Tenía mucho respeto por el país, pero cuando llegó aquí había muchos prejuicios. Era muy joven cuando se casó con 'la bestia', como ella lo llamaba, pero nunca platicaba sobre sus problemas; ella decía: 'No me gusta que la gente se meta en mis asuntos' y simplemente seguía su camino."

La mayor parte del tiempo Cheryl estaba silenciosamente enojada y rara vez me veía a los ojos. Le conté de los dobles mensajes que recibía de ella ("cuídame" y "aléjate") y que sentía que me estaba empujando y jalando, y luego se hacía la de oídos sordos. En cuanto a entender lo que podía de sus comentarios, le hice saber que platicar sobre nuestra relación podría ser intimidante y que no la obligaría a hacerlo; al mismo tiempo, si ella era honesta conmigo, yo no la iba a atacar. Me miró y, sólo por un momento, conectamos: la primera base para nuestra relación. No obstante, en las siguientes semanas ella nunca se salió realmente de este patrón; me platicaba con detalle sobre su trabajo y casi nada más. Estaba consciente de que veía a la "Cheryl de televisión" que era un reflejo de esa "familia de televisión" sobre la cual me había platicado antes. Sin embargo, ocasionalmente había revelaciones sobre lo que yacía debajo de esa máscara protectora.

Gradualmente obtuve destellos de la historia de su familia. Cuando escaparon de su padre su hermano mayor fue a una institución de cuidado infantil durante seis meses, porque el alojamiento que su madre encontró no era lo suficientemente grande como para albergarlos a todos. Pero su madre trabajó duro en una fábrica de galletas, y hasta después de que ahorró lo suficiente como para mudarse su hermano pudo unírseles. Fue un entorno difícil para su madre, quien sufrió durante su infancia, ya que no fue criada por su propia madre. Empecé a comprender mejor las causas de la firmeza de su madre, la cual fue un mecanismo necesario de supervivencia. En nuestras sesiones juntas, reconocimos que Cheryl amaba y respetaba a la madre que tuvo, pero también estaba en duelo por la madre que hubiera preferido tener: una más amorosa y sensible.

Cheryl se había peleado con sus hermanos por el funeral de su madre. Ellos eligieron sus propias lecturas y rechazaron las de ella, algo que en ese momento se sintió como "la única cosa que importaba, pero ahora todo está bien". A pesar de ese conflicto "estamos bien y nos llevamos bastante bien". Su mamá les pidió: "Quiero que me echen al fuego; nadie va a andar sacando mis huesos", y ellos cumplieron su deseo.

En ocasiones Cheryl se salía de su cápsula con explosiones de vitalidad, sobre todo cuando platicaba sobre su hijo de catorce años, Jackson. Luego me miraba y me sonreía y yo podía sentir cómo mi pecho se expandía por el amor de ella hacia él. Como la mayoría de las madres, para ella fue muy difícil ver la tristeza que su hijo sentía por la muerte de su abuela; ella lo sintió como algo "intolerable". Instintivamente, ella sintió la necesidad de bloquear su tristeza para poder pedirle que estuviera bien, así como su madre le hubiera dicho a ella. Reconocimos que este instinto maternal para calmar a menudo está "programado" en las madres, pero su aspecto negativo es la represión de los sentimientos complicados en sus hijos.

Cheryl se obsesionó con los eventos que sucedieron desde el primer paro cardiaco de su madre hasta su muerte. Al decirme: "Siento que debí hacer más", las palabras salieron de su boca con largos suspiros desde lo más profundo de su pecho. Sentía una opresión en la garganta "como si tuviera un bloque de piedra". Mientras se desprendían capas y capas de ansiedades causadas por sus errores, una rabia ardiente emergió para atacarla. Revisó cada tratamiento y cita cual médico forense, sobre todo aquellos en los que no estuvo presente. Como enfermera sentía que debía saber más, pero como enfermera pediátrica de hecho conocía muy poco sobre las enfermedades cardiacas en adultos. Además nunca platicó con su madre sobre morir, por miedo a "atraer las malas energías", creyendo supersticiosamente que si se pronunciaba la palabra "muerte", los espíritus se despertarían y llevarían a la muerte de visita con su madre. Habían platicado sobre las fiestas por venir, los planes para Navidad, y ni una vez mencionaron la posibilidad de que la madre pudiera morir.

Cheryl decía cada vez más cosas que demostraban una mayor conciencia de su nueva realidad. Empecé a ver más de ella y a ver la fuerza que su furia silenciosa reprimía. Al ser incapaz de visualizar a la madre de Cheryl o imaginarlas juntas, le pedí que me trajera fotografías o cualquier cosa que pudiera brindarme una imagen más clara. Llegó con una mochila llena de cosas de su familia: bellas fotografías de ella y de sus hermanos cuando eran pequeños, así como el broche y la bufanda preferidos de su madre. La mochila estaba sobre su regazo mientras me contaba sus recuerdos familiares de cuando se fueron de vacaciones a Jamaica a ver a su influyente abuela. Pude sentir el orgullo que sentía por su madre al crecer mientras me describía su vida y cómo su madre se esforzó tanto para darle las oportunidades que tenía. Sus ojos brillaban mientras hablaba.

Inconscientemente tomó la bufanda y la olió: se abrumó por completo. Empezaron a caer lágrimas de sus mejillas. Hundió su rostro en la bufanda, la olió repetidamente y lloraba y se secaba las lágrimas en un movimiento rítmico que realizaba cada pocos minutos. Como una magdalena de Proust, el olor del perfume de su madre la llevó de vuelta al pasado, a cuando se sentaba en su regazo y cantaban canciones y le enterraba su rostro en el pecho. Nuestro primer sentido es el olor de nuestra madre, desde antes de que podamos enfocar la vista y verla con claridad; algunos piensan que también es el último sentido que tenemos antes de morir.

A partir de este punto, nuestro trabajo se desarrolló con mayor facilidad y con notable rapidez. En total sólo la vi seis sesiones, pero fueron las suficientes: era como si estuviera esperando a ser liberada. Cheryl redescubrió a su madre que la amaba como mejor podía. "Pensé que si bloqueaba su amor, bloquearía el dolor... No me permitía vivir... el lado oscuro que conozco tan bien, mientras que este sentimiento de felicidad es como un amigo nuevo. Es como si respirara oxígeno por primera vez después de bastante tiempo, oxígeno puro que no está contaminado con algo. Estoy encontrando al yo que perdí por tantos años."

Cheryl era mucho más extraordinaria de lo que las dos habíamos pensado al inicio. Cuando reía, brillaba el sol, tenía una risa profunda, vibrante y resplandeciente. Ella conectó consigo misma, como hija y como madre. Le di un abrazo y, mientras las dos llorábamos, sentí como si también llorara por todas las hijas que intentaron dar lo mejor de sí pero que fracasaron de alguna manera.

Reflexiones

Generalmente los primeros rostros que nuestros ojos observan cuando nacemos son los de nuestros padres. Las primeras manos que sostenemos son las de ellos. Cada relación que tenemos está, de alguna manera, relacionada con las bases que sentaron nuestros padres. Durante nuestra infancia, ellos crean el entorno que nos formó y puso en marcha nuestra predisposición natural por lo bueno o lo negativo. Sus modos de ser psicológicos, sus creencias, sus actitudes, sus comportamientos, sus presencias y sus ausencias; absorbemos todo eso como si fuéramos una esponja.

Cuando muere un padre nos afecta inevitablemente, y la intensidad de lo que sintamos dependerá de la relación que experimentamos. Como con Brigitte, podríamos sentir que la persona que nos amaba más en la tierra ha muerto, dejándonos totalmente devastados. O tal vez podríamos sentirnos aliviados de que ya terminó una relación que siempre fue decepcionante e hiriente. Podríamos tener sentimientos complejos de amor y de odio, de alivio y de culpa. Sin duda esto nos pone en contacto con nuestra propia mortalidad, ya que somos los siguientes en la fila para morir.

Las personas sobre las que escribí son muy diferentes entre sí, lo que demuestra que las reacciones de las personas ante la muerte son tan diversas como sus personalidades. Elegí a Cheryl y a Brigitte porque es fácil, espero, que los hijos adultos puedan identificarse con sus historias y porque sus ejemplos pueden asegurarles a los demás que por lo que están pasando no es anormal, sino sólo la experiencia natural y universal del duelo.

Elegí a Max porque me fascinaba la extraordinaria fuerza que la influencia de su madre tenía sobre él, a pesar de que sólo la conoció cuando era muy pequeño. Su historia ilustra cuánta atención debemos ponerles a los niños en duelo para asegurarnos de que no sufran por el resto de su vida. Muchos adultos creen erróneamente que proteger a los niños es mejor que decirles la verdad; lo cierto es que es al contrario.

Tanto Brigitte como Cheryl tenían su vida familiar asegurada en la que podían confiar, pero recibieron algunos golpes durante sus duelos y creo que éste fue el factor más importante para su recuperación. La mayoría de las personas tiene muchos deseos de estar en una relación, de que su vida tenga significado y de tener algo de autonomía; deseos que a Cheryl y Brigitte se les cumplieron. Sus familias fueron el contrapeso extra que necesitaban para superar el dolor causado por sus duelos.

La crianza conflictiva de Max quería decir que él no sabía estar en una relación amorosa "normal", ni que tenía un lugar seguro al cual ir fuera de nuestras sesiones. Sus empleos, sus hábitos, sus conexiones… a todo le faltaba consistencia y, en el caos consecuente, le era mucho más difícil resistir el dolor. Sus intentos por encontrar a su madre dentro de sí podrían sonar mucho a algo que sólo pasa en terapia, pero el uso creativo de los sueños y del pensamiento mágico ha permeado en nuestra cultura por mucho tiempo, así como en otras culturas del mundo. Paul McCartney, quien perdió a su madre, Mary, a los catorce años, se inspiró en un sueño donde la veía para escribir la canción "Let It Be" (las letras que se dirigen a la "Mother Mary" en realidad son una referencia literal, no bíblica).

Cuando Brigitte le puso calcetas a los pies de su madre, por miedo a que pasara frío, demostró lo que muchos sienten después de perder a alguien a quien aman: que de alguna manera están vivos. A pesar de que los dolientes saben que éste no es el caso, actúan como si lo fuera. Por ejemplo, Brigitte seleccionó el pastel preferido de su madre para su velorio, a pesar de estar completamente consciente de que su madre no estaría presente para comerlo. Los patólogos, médicos forenses y doctores deben estar más conscientes de las sensibilidades de los dolientes en este aspecto para medir sus palabras y acciones con base en esto.

El duelo en los hijos adultos

Investigaciones actuales demuestran que la experiencia común de los hijos adultos en duelo incluye alejamiento de los amigos, pérdida de interés en actividades que antes disfrutaban, expresar el enojo o los sentimientos de culpa y alteraciones en el sueño. Las reacciones como el llanto, extrañar a sus padres y sentirse preocupados por pensar en ellos pueden continuar por largos periodos de tiempo después de la muerte y son completamente normales.

La muerte anticipada

Los estudios demuestran que el "tipo" de muerte tiene un impacto en la reacción al duelo que tiene un hijo adulto. Para algunos, padecer periodos largos de tiempo en los que anticipan la muerte sin tener la oportunidad de abordar las emociones o los temas que surgen en relación con su padre o madre puede agudizar su ansiedad.

Para otros, una muerte anticipada puede verse más como una forma natural y menos estigmatizada de morir, lo que potencialmente puede hacer que el proceso del duelo sea un poco más fácil. Asimismo, anticipar la muerte de un padre o una madre puede darle tiempo a un hijo adulto para prepararse, lo que les permite hacer uso de sus recursos psicológicos. Superar una muerte puede ser menos doloroso cuando no se rechaza la oportunidad crucial de despedirse.

La muerte repentina

Una muerte repentina puede hacer que los hijos adultos sientan que la muerte no fue justa y que el sentimiento de impotencia, parte del duelo en la mayoría de las personas, se magnifique. Los estudios demuestran que quienes sufren de esta forma pueden creer que no están superando bien la pérdida, a pesar de que lo que están viviendo es completamente normal.

La diferencia entre la muerte de una madre
y la de un padre

Investigaciones muy interesantes muestran que los hijos adultos pueden tener una mejor relación con sus madres que con sus padres, como resultado de opiniones compartidas, mayor cercanía emocional y mayor estabilidad de las madres. Por lo tanto, esto sugeriría que la pérdida de una madre tendría un efecto más profundo en la hija adulta que la muerte del padre.

No obstante, las investigaciones demuestran que la muerte de un padre puede tener un impacto mayor en los hijos, con estudios que demuestran mayores síntomas de depresión y menor bienestar psicológico en los hijos, en comparación con las hijas. A pesar de que el estudio encontró que tanto los hijos como las hijas presentaban menor bienestar psicológico, se descubrió que las hijas también se involucran en actividades como beber en exceso y que tienen una autoestima más baja.

Lo que esta investigación me dice es que el padre con el que más nos identificamos generará un mayor impacto en nuestros sentimientos de pérdida. Tengo mis dudas sobre el informe del consumo excesivo de alcohol en las hijas... es probable que ya hayan empezado a asumir algunos de los comportamientos "masculinos" más típicos.

El padre y la madre mueren dentro de un periodo de cinco años

En caso de que ambos padres mueran dentro de un periodo de cinco años, los estudios demuestran que esto tiene un efecto similar tanto en hijos como en hijas. Cada género reportó menor autoestima y menor bienestar psicológico. Las hijas demostraron mayores síntomas depresivos y los hijos demostraron una disminución en su salud general. Por sentido común, hacer el duelo de dos padres dentro de un periodo breve de tiempo intensifica los sentimientos de la pérdida: una muerte nueva siempre evocará a la anterior, sin importar cuán eficientemente se hizo el duelo de esa primera pérdida.

La muerte de un padre o una madre y las relaciones existentes

Todos sabemos que cuando estamos sufriendo las personas que nos son más cercanas son obligadas a sufrir con nosotros. Los estudios lo demuestran: existen más incidencias de abuso marital, ebriedad y relaciones extramaritales, así como conflicto entre hermanos, después de la pérdida de un padre o madre.

Despedirse

Brigitte y Max nunca pudieron despedirse de su madre y Cheryl no pudo aprovechar por completo el tiempo que pasó con su madre. No creo en el concepto de "cierre" (la idea de que puede haber un cierre completo o finito cuando alguien muere) porque no creo que seamos seres tan mecánicos como esa idea lo insinúa; pero tener la oportunidad de decir todo lo que necesitamos a nuestro padre o a nuestra madre es una comodidad vital antes y después de su muerte. Tomarnos fotografías con ellos, grabar sus voces, generar recuerdos positivos, todas estas cosas se vuelven sumamente apreciadas después de que mueren. En mi experiencia, los clientes que a veces se sienten culpables de que se recuperaron bastante rápido después de la muerte generalmente hicieron su duelo mientras uno de sus padres moría.

El enojo

El enojo es una de las reacciones más reconocidas ante la muerte. Brigitte evidentemente la sentía, y en el caso de Max y Cheryl el enojo burbujeaba justo debajo de la superficie. Yo entiendo al enojo como una expresión primitiva del dolor, algo así como "Ay, me estás lastimando ¡Deja de lastimarme!" La pregunta clave es cómo lo expresamos mejor sin causarnos daño o dañar a los que nos rodean.

Los estudios demuestran que reprimir el dolor puede conducir a la depresión. Sin embargo, mientras que ventilarlo puede sentirse satisfactorio y empoderador, esto sólo conduce a más enojo; no proporciona una salida. El enojo por un duelo no es el mismo que el enojo de cuando estamos atorados en el tráfico o de cuando alguien dice algo que nos molesta. Puede ser muy penetrante e interponerse ante todo, causándoles daño a nuestros sentimientos positivos. De acuerdo con los estudios, los hombres suelen ventilar el enojo, lo que puede ocasionar violencia, y las mujeres suelen reprimirlo, lo que puede generar depresión.

Cuando trabajo con clientes enojados les ayudo a manejarlo al sugerirles adoptar medidas constructivas sobre lo que los irrita cuando les sea posible (esto quiere decir que van a explicar afirmativamente por qué están enojados, sin enfurecer). O, si no pueden externarlo, pueden escribir sus sentimientos en un diario para detener la debilitante sensación de que el enojo los controla y no al revés.

Cuando no es posible tomar una medida constructiva, el enojo se puede descargar sanamente de tres formas:

- La primera es el deporte. Suelo sugerir hacer deportes competitivos si se trata de alguien que quiere tomar este camino, ya que puede resultarle más satisfactorio que otros tipos de ejercicio para sacar el enojo acumulado. No obstante, otras personas eligen el atletismo o la bicicleta y lo encuentran muy útil.
- La segunda es la risa. Ésta es muy difícil de lograr cuando estamos en un duelo, pero es muy restauradora. La risa es incompatible con el enojo: detiene las ideas que alimentan la furia.
- La tercera son las técnicas de relajación, como la meditación y los ejercicios de respiración.

Una serie de técnicas puede funcionar bien si se practica con regularidad. La siguiente toma aproximadamente una hora para realizarse:

- Escribir durante diez minutos en un diario sobre todo lo que nos da vueltas en la mente.
- Correr durante veinte minutos.
- Meditar durante diez minutos.
- Ver o leer algo divertido durante veinte minutos.

El sistema familiar

A menudo he visto que cuando alguien muere el sistema familiar se conmociona. El esposo y la hija de Brigitte, por ejemplo, querían que las cosas siguieran igual, pero eso no es posible cuando un miembro importante de la familia muere. Los mitos y roles familiares suelen cuestionarse y las luchas familiares existentes se intensifican.

Los sistemas familiares "cerrados" no tienen una comunicación abierta y honesta entre sí. En ellos hay menos confianza y los temas tabú no se pueden afrontar por miedo a que haya represalias. La familia de Max tenía un sistema evidentemente cerrado, y éstos conducen a más dificultades después de una muerte.

En un sistema "abierto" existe confianza y, por lo tanto, hay una mejor comunicación. Cada integrante de la familia puede hacer preguntas sin miedo a que surja una pelea o de que lo critiquen; por ejemplo, se pueden discutir los asuntos económicos, así como las circunstancias de una muerte o cómo se sienten al respecto. No se esconden secretos y la transición hacia la nueva realidad que siempre sigue a una muerte puede superarse sin que todo el sistema se fragmente o se colapse.

El apoyo a
niños dolientes

sta sección describe, en líneas generales, las necesidades
de un menor cuyos padres fallecieron, pero sus principios
pueden aplicarse a todas las muertes, ya sea a la de un
abuelo/a, un hermano/a o la de un amigo/a.

Debido a que nuestro conocimiento sobre la salud mental
de los niños ha aumentado, también lo ha hecho nuestra preocupación por responder de manera más efectiva a los niños
dolientes. El comentario más común es que "los niños son sor-
prendentes; solitos se recuperan" y ahora sabemos que pueden
ser fuertes. Sin embargo, su fortaleza es como la de los adultos,
porque no puede crecer sin apoyo.

La edad del menor y su etapa de desarrollo determinará el
contexto para su entendimiento de la muerte y del morir. Para
los niños que son muy pequeños la muerte es un concepto abstracto y no entienden que es algo permanente, mientras que los
niños que ya van en la primaria entienden esa irreversibilidad;
los adolescentes suelen darse cuenta de que la muerte complica los conflictos de la adolescencia con los que están lidiando.

Decir la verdad

Todos los padres con los que he trabajo, comprensiblemente, quieren proteger a sus hijos del sufrimiento. Parece que decirles la verdad no es lo correcto, ya sea que se trate de información sobre su padre que está muriendo o, por ejemplo, detalles relacionados con el funeral. Parece muy triste o aterrador, pero los estudios demuestran que los niños sienten que esa protección es más bien una exclusión. Como resultado, cuando esos niños crecen, podrían tener un resentimiento con su padre o madre toda la vida.

El mensaje que quiero presentar consistentemente en este libro es que *los niños necesitan recibir tanta información como los adultos y ésta se debe brindar con un lenguaje concreto y apropiado para la edad*. Lo que los niños no saben suelen inventarlo, y lo que inventan puede ser peor que la verdad, ya que su imaginación puede ser ilimitada y evocadora. La verdad, sin importar lo difícil que sea, es mejor que una mentira y significará que el niño puede confiar en su padre. Es importante recordar que los niños absorben información del entorno: pueden escuchar una conversación o, peor, pueden escuchar partes de una conversación y se sentirán alerta por la aflicción de los adultos que los rodean. Tener un conocimiento concreto que explique lo que observan y poder entender cómo y por qué es central para su bienestar.

Los estudios demuestran que las madres suelen ser cariñosas y poner atención a su hijo después de la muerte de su pareja y debemos estar conscientes de que los padres sobrevivientes necesitan apoyo extra.

Los niños pequeños

He visto que a los niños muy pequeños, en particular, se les protege de los eventos que se llevan a cabo alrededor de una

muerte; suelen decirme: "No van a extrañar algo que no conocen". Tanto mi experiencia como las investigaciones publi-
cadas demuestran lo contrario. Los niños muy pequeños suelen
entender que hay angustia en el padre sobreviviente, y eso los
perturba. Tras una muerte, los niños muy pequeños pueden pri-
varse de un cuidador consistente y ser enviados de un lado al otro
con diferentes cuidadores, lo cual también es muy perturbador
para ellos. Los niños sin esos recuerdos experimentan esa ausencia como un bloque dañino cuando llegan a la adultez. A menos
de que se genere una identidad plena y rica del padre fallecido,
el niño sufrirá de dicho vacío; el padre sobreviviente necesita
construir una imagen del que ha fallecido a través de historias
y de objetos que actúen como un recurso valioso que el niño
pueda consultar por el resto de su vida.

Explicar que alguien murió

Darles malas noticias a los niños es sumamente difícil y los padres se pueden sentir "mal" al hacerlo, pero es importante que
no se mezclen los sentimientos con los hechos. Pídele a otro
miembro de la familia o a un amigo cercano que te acompañe en
ese momento para cuando se te dificulte encontrar las palabras.
Elige una habitación silenciosa y colócate físicamente cerca del
niño. Es útil advertir que estás por darle malas noticias, por lo
que puedes decir algo como: "Tengo que darte una noticia muy
triste…" Después de eso, da la noticia de la manera más sencilla
y directa posible: "Papá murió esta mañana…" Cuando se trate
de niños pequeños explica qué es la muerte: "Cuando alguien
muere su cuerpo deja de funcionar. Su corazón ya no funciona
y no se mueve, así que su cuerpo está quieto y callado. El cuerpo de un muerto no puede sentir dolor". Puede ser que poco
a poco tengas que contar la historia completa, conforme pasa el
tiempo; por ejemplo, se le puede decir a un niño que su padre

murió, pero las circunstancias de su muerte se pueden compartir posteriormente. Sigue el camino que el niño establezca: si quiere conocer más al respecto dile la verdad, pero sé cuidadoso de no llenarlo de información en una sola vez. Confirma que el niño entendió correctamente y dale tiempo para que digiera toda la información. Permítele hacer preguntas y, si hace la misma pregunta una y otra vez, lo mejor es repetir la misma respuesta; como sucede con los adultos, no se trata necesariamente de que no entendió (aunque podría ser que sí), sino que se trata más bien de que le toma tiempo asimilar la idea de la muerte y en ocasiones la repetición es necesaria.

Ver el cuerpo

Comprensiblemente, a muchos de nosotros nos aterra ver el cuerpo inerte de alguien a quien amamos, y sentimos enfáticamente que sucede lo mismo con los niños. Sin embargo, necesitamos tener un recuerdo en el que nos podamos enfocar para saber, de una manera innegable, que la persona murió y que no volverá. Ver el cuerpo muerto puede ser una forma de ayudarle a un niño a enfrentar esa realidad y que empiece a darle sentido a lo que pasó. No hay reglas, excepto que no se le debe obligar al niño a hacer algo que él no quiere hacer. Menciona el tema abiertamente, responde con honestidad y enfatiza que el niño puede cambiar de decisión en cualquier momento. El padre debe ser el primero en ver el cuerpo, para que puedan juzgar si es apropiado que el niño lo vea; luego, pueden preparar a su hijo diciéndole cómo se ve su madre o padre, cómo es la habitación, quiénes son las otras personas y qué va a pasar. Llevar flores o una carta para dejársela a su padre muerto puede ser consolador y hace que el niño sienta que contribuyó con un regalo especial. Éste puede ser un paso significativo en su comprensión de la muerte si se da con un apoyo cariñoso y mucho consuelo en ese momento y posteriormente. Es importante demostrarle, más que decirle, al niño qué puede ser apropiado en estas circunstancias; por ejemplo: si tú tocas primero el cuerpo o le das un beso, le demuestras al niño que es algo que él también puede hacer.

Ir al funeral

Podemos asumir que los niños saben qué es un funeral y para qué sirve, pero, a menos que los niños hayan ido a uno antes, es poco probable que tengan idea alguna de lo que va a suceder. Incluso si los niños muy pequeños van al funeral y no tienen recuerdos de éste cuando son mayores, podrían sentirse agradecidos por haberlos incluido; nunca he conocido a un niño que se arrepienta de haber ido a uno. Al platicarle al niño sobre el funeral, primero explícale su propósito y qué es lo que probablemente suceda. Esto se determina según la cultura y la religión, pero una forma sencilla para describirlo que aplica siempre es: "Cuando alguien muere le hacemos una ceremonia especial que se llama funeral. Como papá murió, le vamos a hacer uno. Nuestros familiares y amigos más cercanos vendrán con nosotros y juntos recordaremos la vida de tu papá. Su cuerpo va a estar dentro de una caja especial que se llama ataúd; recuerda que él está muerto y ya no siente nada. En el funeral vamos a… (menciona el proceso). Al final del funeral llevaremos su cuerpo a un panteón, cavaremos un hoyo muy profundo y colocaremos el ataúd con papá en su interior. A esto se le llama una tumba. La tumba tendrá el nombre de papá para que todos sepan dónde lo enterramos".

Cuando se platique sobre la cremación se deberá hacer con sensibilidad y dependerá de la edad del niño, ya que puede preocuparles la idea de que quemen el cuerpo de su padre. Es importante reafirmar que los muertos no sienten nada. Una forma de decirlo es: "El cuerpo de papá se transformará en cenizas en un crematorio. Las cenizas se pondrán dentro de una vasija que llamamos urna, y ésa la vamos a llevar a..."

A muchas familias les fue útil visitar la iglesia o el cementerio un día antes del evento para que el niño tenga una idea de cómo será y pueda imaginárselo, de este modo no estarán abrumados el día que suceda. Grabarlo en video o en audio puede ser un recurso valioso para el niño cuando sea mayor.

Los niños que protegen a los adultos

Así como nosotros queremos proteger a los niños, ellos también quieren protegernos al no demostrar lo consternados que están. Cuando pasan de un estado triste a uno alegre, normalmente con rapidez, podrían hacerlo para ocultar su tristeza. Para el padre es útil establecer un tiempo especial, por ejemplo antes de la cena, para ver qué siente su hijo en realidad.

Las rutinas habituales

La incertidumbre que acompaña la muerte de un padre puede afectar mucho a los niños y nuestro deseo de consolarlos al permitirles comportamientos que normalmente no aceptaríamos es completamente entendible. La línea entre el consuelo y la disciplina es difícil de establecer, pero como guía general es mejor apegarse a las rutinas habituales, así como a la disciplina normal, tanto como sea posible. Cuando hay límites y estructuras familiares implementados, es más probable que el niño se sienta sano y salvo.

Los instintos de supervivencia

Los estudios demuestran que los hijos de padres en proceso de morir tienen un impulso instintivo para sobrevivir, por lo que se acercan al padre sano y se alejan de aquel que está por morir. Su pregunta predominante es: "¿Quién me cuidará?" Puede ser que hagan preguntas que parezcan algo insensibles, como si sólo se preocuparan por sí mismos y no por el padre agonizante, cosas como: "Si mamá no puede llevarme a la escuela, ¿quién me *va* a llevar a la escuela?" Éste es su mecanismo de supervivencia empezando a activarse y no es más que una respuesta natural y reflexiva a su situación. Es útil fomentar activamente a los niños para que permanezcan cerca de su padre enfermo, al alentarlos a hacer cosas pequeñas, pero consideradas, como untarles crema en las manos, leer historias juntos o hacer listas con sus canciones preferidas. Esto no sólo mejora la autoestima del niño, sino que también les provee recuerdos en los que estaban cerca de su padre en proceso de morir, lo que los protege de sentimientos de culpa por haberse alejado de ellos demasiado pronto.

Los niños y adolescentes en duelo

Cuidar a un niño puede ser muy difícil cuando el mismo padre sufre. Sin embargo, la calidad del cuidado es clave para que el niño se adapte saludablemente a la muerte de su padre o madre. De acuerdo con estudios, cuando el entorno de un niño le permite expresar abiertamente a su cuidador sus emociones respecto a la muerte, sufren de menos síntomas del duelo depresivos e inadaptados. Mientras más pronto se le dé el apoyo apropiado al niño, mejor se podrá adaptar; en cambio, mientras más tiempo tome ese apoyo, mayor será el riesgo de sufrir efectos dañinos.

Aprender a hacer el duelo a través de observar a los adultos que lo rodean

Los niños aprenden a vivir el duelo a través de los adultos que los rodean. Si ven que sus padres expresan su tristeza y continúan con sus tareas, verán que es posible hacer lo mismo; de la misma forma, si nunca ven a sus padres afligidos, seguramente reflejarán ese comportamiento o se confundirán con sus propios sentimientos de tristeza y tendrán la duda de si es posible demostrarlos abiertamente. Los adultos suelen sentirse emocionalmente jóvenes mientras están en su duelo y quieren que alguien los cuide; encontrar su propio apoyo es esencial para la crianza exitosa de sus hijos.

Una imagen que suele usarse con adultos en duelo es que su duelo es como caminar a través de un río: es incesante y cada paso requiere de mucho esfuerzo. La metáfora que suele usarse para el duelo de los niños es que es como saltar a los charcos al caminar. Cuando están tristes, saltan al charco y lloran, se vuelven introvertidos o se enojan mucho. Luego, una vez que se tranquilizan, salen del charco y continúan felizmente con su camino.

Debemos observar el comportamiento de los niños para ver cuándo necesitan de nuestro apoyo, ya que su habilidad para expresar cómo se sienten con palabras puede ser limitada (aunque a veces son sorprendentemente claros). Tal vez no sólo estén enojados o tristes, sino que también hagan regresiones, duerman mal o pierdan el apetito. Necesitan recordar que son amados y que tienen a alguien que los cuida; sus reacciones no tienen nada de malo, sin importar cuál sea (desde estar preocupados hasta jugar felizmente).

Los adultos jóvenes

Los hijos de Stephen eran adultos jóvenes cuando su madre murió y es importante saber que, sin importar lo viejos que somos, cuando nuestro padre o madre muere nos sentimos muy jóvenes. Es tan importante apoyar a los adultos jóvenes como a los niños pequeños, pero sus necesidades a menudo no son reconocidas.

El duelo con el paso del tiempo

Los niños suelen enfrentar el duelo por sus padres en diferentes etapas de su vida, ya que su entendimiento del concepto de la muerte cambia conforme su desarrollo cognitivo avanza. Los cumpleaños o eventos importantes en su vida harán que vuelvan a entrar en contacto con su madre o padre muerto y ellos tendrán que volver a trabajar su pérdida. No es como muchas personas lo perciben, de que el duelo todavía no fue enfrentado, más bien lo que pasa con el duelo es que es un proceso que dura toda la vida y que tiene diferentes implicaciones en distintas etapas de nuestra vida.

Los conceptos de la muerte contra los que los niños pequeños luchan

Para entender por completo el concepto de la muerte (que es permanente, irreversible y universal) un niño debe tener aproximadamente ocho años. A pesar de que a todos los niños se les debe explicar la muerte con un lenguaje preciso y apropiado para su edad y con el uso de términos claros, en el caso de los niños pequeños, aunque se haga de esta forma, siguen sin comprender su permanencia. Conforme crezcan, empezarán a entender la muerte de una manera distinta y necesitarás adaptar la explicación de acuerdo con esto.

Se cree que la mayoría de los niños que están en sus últimos años de primaria o cuando están por entrar a la adolescencia ya tienen la habilidad cognitiva de entender por completo el carácter definitivo de la muerte. Esto también quiere decir que ya entienden por completo la enormidad de su pérdida y, por lo tanto, necesitarán de un buen apoyo que los ayude a superarlo.

La reacción retardada/ausente ante la muerte de un padre o madre

Algunos niños que viven la muerte de un padre o madre demuestran muy poca molestia. Los estudios sugieren que la expresión del duelo de hecho sólo está atrasada y que su reacción tendrá lugar después, con estudios que demuestran que esto puede pasar hasta dos años después de la pérdida. Para proteger a los niños de sufrir como lo hizo Max, un padre puede (si no se encuentra muy débil por su propia pérdida) ayudar a provocar que el niño exprese su duelo de diversas formas, como leer libros de historias apropiadas juntos o hacer libros con recuerdos o álbumes fotográficos; también existen paquetes y libros que se pueden comprar a través de organizaciones como Child Bereavement UK. Si esto es muy difícil o parece que no funciona, se sugiere mandar al niño con el terapeuta de la escuela o buscar el apoyo de una organización que ayude a afrontar la pérdida. Se ha encontrado que los niños que reprimen intencionalmente sus pensamientos o sentimientos relacionados con la muerte tienen un riesgo mayor a desarrollar síntomas psiquiátricos, por lo que es importante intervenir por el bien del niño.

CUANDO MUERE
UN HERMANO

Los que son amados no pueden morir, porque amor significa inmortalidad.

—EMILY DICKINSON

Ruth

Todavía tengo el recuerdo vívido del día en que Ruth entró a mi consultorio por primera vez. De altura media, delgada, con cabello castaño y ondulado y con ropa casual, se sentó con confianza y me miró directamente con sus ojos cafés. Quería conocer cómo trabajaba, cuánto duraría cada sesión y, sobre todo, si yo podría ayudarla. Sonrío al recordarla porque encontré que este acercamiento me fue muy estimulante, en vez de abrumador. Me parecía agradablemente honesto encontrar a una mujer que quería saber si venir a verme valdría la pena; estableció de inmediato la dinámica de poder. Ella no era el tipo de mujer que estaría agradecida con cualquier cosa; Ruth tenía que asegurarse de que obtendría lo que quería.

Rápidamente me enteré de bastantes cosas. Ruth tenía cuarenta y seis años y era judía. Fue a verme porque su medio hermano, Daniel, había muerto en un accidente automovilístico tres meses antes; asimismo, ella había perdido varios bebés durante el embarazo y cada uno le dejó su marca. A pesar de que la muerte de su medio hermano fue lo que la condujo a mí, no era ahí donde yacía la mayoría de su dolor. La relación entre ellos fue ambivalente. Él era el hijo ilegítimo y secreto de su padre y su existencia se dio a conocer a la familia sólo un año antes de la muerte de su padre. La pieza central con la que tendríamos que trabajar primero era la relación de Ruth con su padre, quien había muerto hacía más de una década, pero su duelo por él seguía intacto y puro; él le había dejado una red enmarañada de cosas buenas y malas que tenía que desenredar.

Casi al final de una de nuestras primeras sesiones noté que su humor cambió. Mientras discutíamos el número de sesiones disponibles, empezó a verse asustada; su voz bajó y sus palabras se volvieron más lentas. Le noté una expresión de vulnerabilidad que no me había mostrado. Con voz suave, le comenté que me parecía que algo le estaba afectando y logró decirme que estaba "preocupada de caer en un hoyo" mientras debía actuar como si todo estuviera bien. La idea de ese hoyo me era horriblemente familiar, así como pretender que todo estaba bien, y podía darme cuenta de que eso la aterrorizaba. Quería transmitirle una curiosidad compasiva sin ser muy insistente. Ella asociaba ese hoyo con una imagen en específico: ella de chiquita sentada como bolita sobre una roca, temblando. Parecía ser el fondo de un pozo profundo. Esperaba que alguien llegara y la encontrara, pero esa persona no llegaba. Yo supe que tendría que sentarme con ella al fondo de ese pozo tan frío y solitario. Le hice saber que podía verla allí y le pregunté qué necesitaba de mí: ¿quería que yo me quedara con ella o que la guiara a la salida? Estaba temblando y tenía la cabeza hacia abajo, con el mentón tocando su pecho; por un rato no pudo decirme nada. Entendí su posición congelada y su silencio, tratar de encontrar las palabras, pero de alguna manera imposibilitada de poder sacarlas. Le recordé que no teníamos ninguna prisa: teníamos todo el tiempo de esa sesión o el de las siguientes para que me pudiera responder. Su vida había sido una en la que la presionaban constantemente a responder y en la que otros la hacían dar el salto. Justo cuando nuestro tiempo estaba por terminarse, susurró: "Quédate conmigo", y le dije que lo haría.

Curiosamente, en las semanas siguientes no pudo volver a visitar ese pozo sin palabras; prefería mantenerse en su versión articulada. Poco a poco aprendí más de su historia. Su papá era promotor immobiliario. Cuando él era niño, durante la Segunda Guerra Mundial, fue llevado a un campo de concentración. Fue el único sobreviviente de su familia y llegó a Inglaterra al final de la guerra. Conforme Ruth me platicaba la historia, me quedó claro que en su cuerpo se encerraban algunas de las experiencias traumáticas de su padre. Este trauma transgeneracional significaba que no tenía la habilidad para controlar su ansiedad y su agresión. Se atemorizaba con facilidad y sentía que el desastre siempre estaba cerca. Este trauma se desarrolló de varias maneras en su vida, pero la más peligrosa era su búsqueda temeraria de peligro por su necesidad de sentir la intensidad y también para demostrar de una forma que ella merecía estar viva. No podía confiar en la vida.

Ruth me contó que su vida se sustentaba en cuatro pilares: sionismo, feminismo, socialismo y judaísmo, pero que ahora los cuatro habían "colapsado". Pude sentir la pasión y el compromiso que les dedicaba a esas creencias y cómo Ruth las había desarrollado para mantenerse intacta. Estaba muy consciente de la desolación que se dio después del despertar de éstas. Esos cuatro pilares ya me eran familiares y, a pesar de que estaba consciente de que proporcionan una estructura intelectual sólida y un sentimiento de identidad, también sabía por experiencia que las construcciones abstractas no le ayudan necesariamente a nadie a trabajar sus sentimientos, lo que explicaba la soledad en ese frío pozo en el que solía sentirse atrapada.

En las siguientes semanas escuché a Ruth escupir listas de experiencias complicadas y a veces desastrosas de su pasado. Perdió la virginidad a los quince y la violaron dos veces cuando tenía diecisiete. "Pasé mis treintas con los ojos cerrados, saliendo con hombres que no estaban disponibles y luego mi papá murió y cuando me di cuenta todos mis amigos estaban teniendo bebés." Luego llegó la muerte accidental de su medio hermano. ¿Cómo había terminado así y cómo podía cambiar su situación? Cada decisión que tomaba estaba marcada por un tortuoso "¿debería hacerlo?" al que Ruth no le encontraba una respuesta.

Cuando llegaba a cada sesión anunciaba un encabezado. Una mañana entró y dijo: "Todo está en el control". Ruth ansiaba tener control con todas sus ganas, pero el eczema desafiaba sus intentos de erradicarlo. Lilith, la figura mitológica en el judaísmo, también conocida como "la reina de la noche", era muy influyente para ella; "estallaba" cuando se sentía controlada. Este arquetipo se presentaba en todos los aspectos de la vida de Ruth y apenas se estaba dando cuenta de cómo la había influenciado: no tenía problemas para encontrar empleo, amigos, novios, pero luego sentía que éstos la controlaban y se volvía destructiva en contra de ellos. La pérdida de estas relaciones le había dejado "cráteres quemados" en su interior. Esta tristeza era nueva para mí, ya que antes había escuchado más a la narradora enojada; este lado más suave y con menos seguridad me provocaba ternura. Conforme ella exploraba estos patrones destructivos, empezó a darles sentido. Reconoció que fue "demasiado apegada" a su padre. Sin embargo, la presión constante de tener que ser una hija buena y obediente le había sacado su lado rebelde.

Empezó a ser evidente qué tanto Ruth se había atacado a sí misma. Se privó de todas las cosas que quería en realidad (un hogar, un esposo e hijos) y era como si ella hubiera tirado esos cuatro pilares alrededor de su cabeza. Hablaba sobre los "agresores" y los "psicópatas en su cabeza" y luego reía. Reconoció sus polaridades ("ir sólo detrás del éxito o el fracaso, y luego caer en la tristeza") y que era adicta a lastimarse psicológicamente.

Como un intento de entender su motivación subyacente y posiblemente inconsciente, le pregunté: "¿Y qué obtienes de esto?" Atípicamente, Ruth pensó su respuesta por un momento y se percató de que esto le había costado una especie de protección inadaptada desde que era muy joven: "Tenía que mantenerlos bien, por lo que tenía que ser mala". Había transformado la manera en que pensaba que sus padres la veían en la manera en que ella se veía a sí misma. Por ejemplo, cuando sus papás la regañaban por romper un vaso de vidrio, un accidente típico en los niños, no sentía que romper el vaso fuera malo, sino que ella era una niña mala. Con el paso de las semanas y de los meses, Ruth se permitió ser humana; ni malvada, ni heroica. Vulnerable, sí; con errores, también, pero era una mujer poderosa que se había sacado de un hoyo muy profundo.

Parecía que la terapia funcionaba efectivamente en el caso de Ruth. Yo buscaba seriamente establecer la confianza y aceptar y valorar conscientemente lo que Ruth trajera al consultorio. Cuando yo era amable con ella, se abría y dejaba salir el dolor de sus pérdidas, a veces en la forma de ruidosos estallidos de sentimientos y otras veces como sollozos atorados en su garganta. Me dijo que al vivir el dolor sentía "una riqueza que es mejor que la insensibilidad" y me expresó: "¡Por fin estoy viva!"

Todo esto tomó tiempo. Había periodos llenos de vacío en los que me contaba historias terribles y atroces sobre el Holocausto que me perseguían entre las sesiones. Las sacaba de mi sistema con salidas a correr y mis clases de kickboxing; también escribía en mi diario y utilizaba técnicas de *mindfulness* cuando no podía sacar su historia de mi cabeza. El encabezado de una de nuestras sesiones fue: "¿Tienes los hombros suficientemente fuertes como para cargar el peso del aborto, pérdidas durante el embarazo y el Holocausto al mismo tiempo?" Sentí cómo mi mandíbula se tensaba y conscientemente tuve que dejar de rechinar mis dientes. Sin embargo, noté que podía sentarme con ella y escuchar cómo las experiencias con la muerte que su padre vivió en el campo de concentración se filtraron dentro de ella como si fuera un veneno, "matando la posibilidad de generar una nueva vida... mis bebés".

Llegamos a entender que durante su infancia Ruth intentó bloquear el terror y el miedo que su padre le transmitió, que de hecho la adormecían, pero esto la distanció de partes de sí misma que le informaban qué necesitaba emocionalmente y le bloqueó la habilidad de tener relaciones íntimas, lo que la dejó sintiéndose muerta por dentro. Ya en la adolescencia, ansiaba sentir cualquier cosa que fuera mejor que la nada, pero las decisiones peligrosas e insensatas que tomaba la llevaron a sufrir terribles consecuencias como resultado.

Estudios israelíes me brindaron mucha información sobre la transmisión transgeneracional de traumas que los hijos de los sobrevivientes del Holocausto experimentaron: dificultades en la salud mental y una mayor vulnerabilidad a enfermedades y problemas digestivos suelen ser problemas comunes. Ruth se había apropiado de la culpa de sobreviviente de su padre: ese sentimiento de vergüenza perdurable por estar vivo, cuando millones habían muerto. Su trauma estaba muy presente, a pesar de que los eventos habían tenido lugar hacía décadas; asimismo, era responsable de su incapacidad para moderar ya sea su ansiedad o su enojo. Por ejemplo, su padre saltaba como si le hubieran disparado cuando alguien azotaba una puerta; se encontraba en un estado constante de alerta ante una amenaza esperada. Ruth sentía que su padre la había puesto en un doble lío: por un lado, él le insistía que saliera al mundo y que fuera exitosa, para honrar a todos a quienes él amaba y que ya no estaban con vida; por otro lado, le pedía que se quedara en casa, cerca de él y que no lo abandonara.

En una sesión importante, finalmente empezó a aceptar que ella no era completamente culpable de sus acciones y vio, quizá por primera vez, que podía sentir compasión por sí misma y por su padre. Estaba asombrada al darse cuenta de que no tenía que seguir castigándose o buscando el peligro en cada esquina.

En su siguiente sesión, Ruth no podía creer lo diferente que se sentía: más ligera, como si le hubieran quitado un peso de encima. Se preguntó si podía confiar en ese sentimiento, pero llegó a la conclusión de que podía hacerlo: en realidad sí se sentía mejor. "Mis voces se calmaron. Ahora me susurran de vez en cuando, pero ya no son tan ruidosas." Le pregunté por estas voces en su cabeza y me dijo que ahora ya podía ignorarlas para que no interfirieran con sus actividades del día.

Con el paso del tiempo los sentimientos de Ruth se volvieron menos intensos. Todavía estaba lidiando con sus temas centrales (la muerte de su hermano, sus embarazos interrumpidos y la relación con su padre), pero ahora ya existía un movimiento en estos temas. Podía expresar más su enojo con su padre y ser más clara respecto a sus propias necesidades. Después de la muerte de su padre, acordó gestionar su empresa de bienes raíces, pero profesionalmente no le interesaba en lo más mínimo. Después de muchas discusiones largas con su madre, algunas de las cuales terminaron en berrinches de Ruth, ambas acordaron vender las propiedades. Para Ruth, éste fue un cambio radical: externamente generaba un espacio y una distancia entre ella y su padre, e internamente se permitía confiar en su criterio y actuar acorde a él. Una vez que este gran problema ya no la atormentaba, tenía más libertad para hablar con mayor profundidad sobre la muerte de su hermano, Daniel; sobre el dolor y la pérdida de tanto potencial y el hecho de que siempre habría cosas que ella nunca sabría.

Cuando Ruth pensaba en Daniel, su sentimiento principal era la tristeza desesperada. Lloraba por el futuro que él nunca tendría y por la relación que nunca tendrían. Ella no lo conoció tan bien ya que sólo lo vio algunas veces y no tenía una idea real de quién era o cómo era. Se preguntó si era buena idea comunicarse con la madre de Daniel, pero como era normal para ella, tomar una decisión nunca era una acción directa. Lo pensaba una y otra vez, una y otra vez: ¿Sería una traición a su madre conocer a la amante de su padre? Finalmente se dijo: "Daniel no hizo nada malo; él fue una víctima desde el minuto en que nació. Quiero conocer a su madre por él; él es *mi* hermano".

Después de que Ruth y la madre de Daniel se reunieron, ella se sentía peor, aunque ya tenía más información. Daniel se pasó la vida deseando que su padre lo reconociera; cosa que nunca pasó. Él fue un chico inteligente y sensible, pero su autoestima se vio gravemente afectada por la existencia de su "padre oculto", lo que lo llevó a ser un extraño en su escuela y en la mayoría de las situaciones sociales. Se convirtió en alguien solitario. Daniel y su madre fueron al funeral del padre de Ruth, pero se sentaron hasta atrás para no ser reconocidos y pasar completamente inadvertidos. La muerte de Daniel en un accidente automovilístico reflejaba su nacimiento: repentino, no deseado, accidental.

Al final, Ruth y yo acordamos que la historia de su padre era complicada, cuando se tocaba el aspecto de la repartición de culpas; ella no podía simplemente culpar a su padre cuando existían tantas circunstancias atenuantes; después de todo, él también fue una víctima. Dado lo que le había pasado, él hizo lo que pudo para vivir su vida. No obstante, le transmitió algunos de sus daños a sus hijos, tanto legítimos como ilegítimos.

En nuestra última sesión, Ruth me dijo: "La terapia es como usar una lupa: a veces es exhaustivo, pero me hizo ver todas estas cosas que no habría visto de otro modo. A pesar de que podría hacer esto toda mi vida, porque es una gran ayuda, tal vez es mejor que salga de terapia y me permita vivir en el mundo".

Mussie

Cuando Mussie entró al consultorio, me intimidé; no era un miedo de me fuera a lastimar, sino un miedo de que yo lo hiriera, ya que era exactamente el tipo de hombre que por instinto alejo de mí cuando tengo esa posibilidad. Usaba ropa de diseñador, un reloj grande y caro y hablaba a todo volumen con un fanfarroneo muy masculino. El dinero era el centro de su sistema de valor: cuánto dinero tenía, qué tan grande era su departamento, qué tan impactante era su coche. Cuando me pagó, contó billete por billete hasta llegar a la cantidad, lo que para mí se sintió como si le estuviera pagando a su prostituta.

De huesos grandes y altura media, Mussie estaba en sus veintitantos. Su padre era iraní y se había divorciado de su mamá, de origen inglés. Sonreía mucho, lo que era contrastante con la tristeza en sus ojos. Vino a verme porque su hermano menor, Hashim, se había quitado la vida cuatro meses antes al dispararse mientras estaba de visita en casa de su mamá durante el fin de semana de su cumpleaños. Fue totalmente inesperado. Hashim, tres años menor que Mussie, estaba en su último año de la universidad, y Mussie creía que Hashim se había vuelto paranoico porque fumaba mariguana, probablemente skunk, durante la preparatoria y la universidad. Mussie decía que su hermano no se quitó la vida porque las cosas estuvieran mal, sino que lo hizo por su adicción a las drogas, las cuales "lo volvieron psicótico".

Hashim llegó a la casa de su mamá en un pésimo estado, veía imágenes paranoicas y estaba seguro de que había personas persiguiéndolo. Su madre estaba preocupadísima y al siguiente día tomó sus precauciones y lo llevó a urgencias para que le realizaran una evaluación psiquiátrica. Un especialista lo recibió y le recetó medicamento, y le dio una cita para la semana siguiente. Esa tarde, mientras su madre cocinaba la cena, Hashim encontró la llave del armario con la pistola (su padre era un entusiasta de los tiros y dejó su rifle de caza para que sus nietos lo usaran), tomó el arma y se disparó en la cochera.

Detrás de su pavoneo, Mussie estaba bloqueado por el shock. Se imaginaba escenas terribles del disparo a pesar de que no lo vio. No podía ni empezar a entender cómo era posible que su hermano hubiera hecho eso; no hubo aviso alguno. Mussie se acordaba una y otra vez de la última conversación que tuvieron por teléfono: él iba manejando, así que estaba un poco distraído, por lo que le dijo a Hashim que le llamaría luego. Cuatro horas después, Hashim estaba muerto. Cada vez que pensaba en esa última llamada quería ponerle un final distinto, uno en el que persuadía a su hermano para que se tranquilizara y en el que detenía sus pensamientos suicidas. Mussie estaba atrapado en el tiempo, no podía ver hacia el futuro: sentía que un disparo había destruido su vida, así como había tomado la de su hermano. Su madre, quien ya sufría mucho de ansiedad, apenas operaba; después de escuchar el disparo y encontrar a su hijo muerto, le diagnosticaron trastorno por estrés postraumático. Mussie me contó que su papá, quien se había vuelto más devoto del islamismo en años recientes, estaba avergonzado y sólo podía expresar una furia intensa.

Yo estaba consciente de que cuando Hashim se suicidó, Mussie no sólo sintió que había perdido a su hermano, sino que, en cierto modo, también a sus padres. Su madre le dijo: "Lo tuve en mi vientre. No puedes comparar mi pérdida con la tuya". Sus padres consideraban que sus duelos eran superiores al suyo, lo que quería decir que él sentía que no era válido sentirse así. Ahora había tomado el papel de actuar como el padre de su madre, quien pasaba los días en un cuarto oscuro. Sus reacciones ante el aislamiento de su madre eran variadas y contradictorias: resentimiento, protección, cariño y enojo. Sus amigos le preguntaban por su mamá, pero nadie le preguntaba cómo se sentía él, lo cual lo alienaba aún más.

Había una distancia entre nosotros y necesitaba encontrar la manera de eliminarla. El suicidio es un trabajo perturbador. En el pasado reciente, las religiones organizadas del mundo consideraban que el suicidio era un pecado, pero actualmente las iglesias cristianas y el judaísmo cambiaron su punto de vista; en el islam sigue estando prohibido. Las personas que se quitaban la vida no se sepultaban en tierras consagradas y la familia del difunto era rechazada por la sociedad, repudiada y avergonzada. Yo tenía claro que no me sentía sentenciosa en esa forma, me sentía muy triste, compasiva y sencillamente muy apenada de que hubiera pasado algo tan devastador. Por experiencia, sabía que este trabajo sería largo. Los sobrevivientes de un suicidio pueden estar llenos de una mezcla tóxica de sentimientos: una culpa abrumadora, enojo terrible, desesperanza, impotencia, desesperación, furia, vergüenza, arrepentimiento y todos los "¿y si...?" que su cabeza pueda imaginar.

Curiosamente, fue Mussie quien empezó a construir esa conexión entre nosotros al llamarme "Jules" cuando llegó a su cuarta cita. Pocas personas me dicen así, pero quienes lo hacen están entre mis mejores amigos, así que tal vez esto me molestó, pero el adaptar mi nombre fue como si él hubiera tomado posesión de éste. Había algo en la autenticidad de esto que me hizo ignorar mis juicios y me permitió ser más amigable; a partir de este punto, empecé a ver a Mussie como era en su interior.

Una vez que entendí qué era lo que motivaba, lastimaba y preocupaba a Mussie, era difícil juzgarlo, es más, a cualquiera. Similarmente, una vez que se dio cuenta de que podía confiar en mí y que no tenía que hacerse de un personaje, la armadura que al inicio me puso en desventaja cayó. Lo vi como un joven inteligente, sensible y herido que, como me enteré en breve, tenía grandes mecanismos de creatividad y de crecimiento que le permitían volver a enfocarse en la vida.

Parecía que el dolor se colocaba sobre Mussie como si se tratara de una piedra enorme encima de su pecho que le cortaba los sentimientos o conexiones. Veía cómo apretaba la mandíbula, tratando de luchar inconscientemente contra el dolor. Le pedí que me platicara más sobre ese dolor, que cerrara los ojos y que respirara profundamente para adentrarse en él. Me dijo que el dolor era agudo en su pecho; sólo veía negro, solamente un espacio negro que luego se transformó y aparecieron picos rojos que se volvieron lava derretida, la cual se extendía hasta él. Hablé delicadamente para poder comunicarme con él y le pregunté qué diría la lava si pudiera hablar. Mussie me dijo: "No escupe más que veneno y furia". Respiró un poco más profundo y empezaron a caerle lágrimas de los ojos. La lava que veía se transformó en un caldero hirviendo en furia. Luego, Mussie pasó a una imagen de sí mismo sobre la cima de una montaña, donde gritaba: "Ardo de enojo; soy una supernova".

La física no es mi fuerte, así que investigué qué era una supernova y descubrí que era "la explosión de una estrella gigante, posiblemente causada por un colapso gravitacional, en la que la luminosidad de la estrella aumenta hasta veinte magnitudes y la mayor parte de la masa de la estrella sale disparada a gran velocidad; a veces deja un núcleo extremadamente denso". Eso definitivamente me dio una idea clara de la devastación que consumía a Mussie por dentro: era tan grande y aparentemente ineludible como un hoyo negro. Me pregunté cómo lo veían sus amigos y familiares: ¿Como alguien insensible o como alguien que estaba por explotar? ¿Eso significaría que se alejarían todavía más de él?

Me percaté de que no sabía cómo era Hashim o cómo era la relación entre los hermanos. Sabía que "Hash era tímido y pensativo, un pensador profundo". Mussie me mostró una fotografía donde los dos se abrazaban. Noté que parecían hermanos, pero Hashim era más pequeño, regordete y miraba al piso. Mussie fue el típico hermano mayor: dominante y mandón. Hashim era el hijo preferido de su padre; era más obediente, Hashim "era el inteligente", mientras que Mussie era un extrovertido sociable. Ahora albergaba sentimientos terribles de culpa y de falta de merecimiento por ser el hermano que quedó con vida. Éstos se revelaron particularmente con su padre, quien pensaba que nunca sería lo suficientemente bueno: "No soy Hash y nunca lo seré". Yo estaba consciente de cómo la pérdida pone todas las relaciones existentes bajo una lupa y a menudo muestra sus grietas y fisuras.

Hashim se hizo de varios amigos en su corta vida. Mussie me contó: "Cuando mi hermano murió, era muy lindo recibir a sus amigos. Llegaban a la casa, se tomaban un café, nos ayudaban con la casa; era como si trajeran un poco de él con ellos. Eran las únicas veces en las que mi mamá salía del cuarto". A veces subían al cuarto de Hashim y ponían su música y pasaban el rato. A Mussie le encantaba eso; era una manera de estar cerca de él que no lo arrinconaba contra su dolor. Encontraba que unas cosas le molestaban: "Cuando las personas se ponían emotivas junto a mí, terminaba calmándolos y eso me alteraba. A veces todos estaban llorando y yo pensaba 'y éstos quiénes son; ni siquiera los conozco'. Yo no lloraba; estaba demasiado conmocionado. Todo eso me pareció desequilibrante". Ya había escuchado historias similares en varias ocasiones. Recibir a amigos (mantenerse cerca, ser servicial pero no demasiado y no llorar ni lamentarse) es muy tranquilizante. Lo que suele ser complicado para las personas es recibir a amigos que lloran tanto que terminan viéndose en la obligación de animarlos.

Con el paso de las semanas surgió una imagen más clara. Su padre dejó a su madre cuando Mussie era un niño; muchos de los años siguientes estuvieron plenos de discusiones violentas y de caos. A los doce, "a Hash le dio tos. Era una tos fuertísima; tan grave que no podía ir a la escuela, así que sólo estaba en el sillón, completamente delicado e intolerante al ruido y perdió peso. Su estado regía la casa". Mussie consideró que esto era tanto irritante como muy molesto. En su desesperación, su madre mandó a Hashim de un especialista a otro, pero ninguno era de ayuda; hasta seis meses después, cuando un especialista les dijo crudamente que él no tenía nada malo físicamente y que sus síntomas eran psicosomáticos. Su padre rechazó este dictamen, reduciéndolo a loqueras de psicólogos, y consideraba que todos debían ponerse a rezar más. Su madre logró encontrar a un buen psicoterapeuta para niños y dentro de los siguientes seis meses sus síntomas disminuyeron. Volvió a la escuela. Lo que Mussie entendió fue que Hashim sufrió de una ansiedad de separación después de que su padre se fue; el "amor especial" que su padre tenía por Hashim era el centro de su mundo interno y se había roto al irse. Hashim no había platicado sobre eso antes porque tenía miedo de perder a su madre si le decía lo mucho que extrañaba a su papá.

Mussie intentaba seguir con su vida; estaba decidido a que la muerte de su hermano no lo definiría. Trabaja en la ciudad como un asistente de transacciones en capacitación. Su jefa no le agradaba; era una mujer que, según él, no lo respetaba lo suficiente y que le hacía encargos personales muy molestos.el trabajo era inconsistente, pero tenía que reconocer que de cierta forma no le pedía demasiado: "Es todo con lo que puedo lidiar". Le proporcionaba los beneficios de tener una estructura y le permitía alejarse de sí mismo, aunque fuera por una hora cada vez que iba. A menudo y completamente sin aviso, una ola de algo que se sentía como terror lo golpeaba, "a veces tres veces en un día y a veces no llega por algunos días" y sentía como si se estuviera volviendo loco. Le aseguré que esto era algo normal cuando se tenía una pérdida por muerte traumática, aunque se sintiera como si fuera locura. Aprendió a respirar para calmar esa sensación, pero cuando eso pasaba, acababa sintiéndose cansado y constantemente ansioso.

Nuestras sesiones eran fascinantes y demandantes. Mussie empezaba platicándome sobre lo mucho que extrañaba a su hermano, la pérdida de su vida, la destrucción que les ocasionó a tantas personas. Lo que más le preocupaba era ver el daño que eso les causó a sus padres. Su madre se angustiaba al hacer preguntas que nunca tenían una respuesta clara; se examinaba críticamente e interrogaba con una lupa a cualquiera que supiera sobre el consumo de drogas de Hashim, deseando que él hubiera dejado al menos una nota donde le explicara todo. Mussie estaba en duelo por la madre que fue; a pesar de que él no quería echarle la culpa a Hashim por causarle daño, lo hacía inevitablemente. A veces la intensidad de nuestras sesiones hacía que me doliera la cabeza. Una vez le dije: "Siento como si uñas de metal me estuvieran aplastando la cabeza. Me pregunto si así se siente estar en tu cabeza todo el tiempo, como algo intenso y doloroso; una maldita agonía sin descanso". Los ojos de Mussie me miraron fijamente: para él significaba mucho el sentir alivio al ver que yo tenía una idea física de lo que él tenía que pasar cada minuto de su día, aunque sólo fuera por unos minutos. Que yo me pudiera transportar a su mundo de tal forma que pudiera experimentarlo físicamente fue clave para apoyarlo y para construir la confianza.

Mussie cayó en un ciclo de autorrecriminación y odio a sí mismo en el que bebía mucho y no intentaba dejar de hacerlo. Al tratar de ajustar sus comportamientos no podía pedir consuelo; tal necesidad se sentía como una vergüenza. La debilidad puede ser difícil, en particular para los hombres; puede parecer una grosería. Esto se relacionaba con la relación conflictiva entre Mussie y su padre, quien le había pasado todas las expectativas a su hijo con vida. Aunque no se hablaba al respecto, era sumamente evidente: "Él quiere que yo cumpla con todas las expectativas que tenía en Hash. Haga lo que haga, no puedo ser Hash". Cada vez que veía a su padre, Mussie la pasaba mal y después terminaba sintiéndose maltratado. "Quiere que sea más religioso. Tuve una pesadilla horrible en la que lo mataba y vendía su cuerpo por dinero. No necesito que interpretes eso; creo que sé qué quiere decir."

Durante el verano nos dimos un descanso, lo que para Mussie fue algo malo: se sentía solo y enojado, asombrosamente enojado; peleaba con sus amigos, la gente de las tiendas, con cualquiera, y se decía que lo habían decepcionado y defraudado. Él sabía que en realidad era su duelo por Hashim, pero sufría mucho dolor como para recordárselo.

Animé a Mussie a que expresara su coraje a través de imágenes. Le pedí que describiera diferentes versiones de la supernova, la cual se había vuelto nuestra referencia para hablar de su furia interna a todo color, y al parecer funcionaba para él. Vimos cómo él se quemaba, rugía y explotaba. Vimos cómo quemaba a su antiguo yo, cual basura, y generaba a un nuevo yo de sus cenizas, como un fénix. En una de nuestras sesiones más poderosas, él se vio como fuego vivo. Al darme cuenta de que no sabía qué seguía del fuego, le pedí que él me lo dijera y empezó a llorar y a estremecerse y luego me describió una imagen desoladora: "Alrededor todo es gris. No hay nada más que cenizas". Quería darle un abrazo, pero no lo hice: presentí que sería demasiado invasivo. Sin embargo, pude decirle que me sentía cercana a él y que podía notar que él era muy joven y cuánto necesitaba ser abrazado y recibir cariño. Esas palabras fueron suficientes: se tranquilizó y respiró con mayor tranquilidad.

Cuando Mussie era más capaz de funcionar en la vida diaria, sus relaciones con los demás se volvieron el tema central de nuestro trabajo. Amaba a su mamá, pero odiaba verla porque ella necesitaba demasiado de él. Su coraje lo ataba a su padre y quería liberarse de él. Algunos días llegaba saltando, más feliz, como un niñito lleno de vida; pero luego el coraje y el rencor contra su padre eran tan fuertes que se filtraban a mi cuerpo y mis ideas se nublaban. Se lo dije y, nuevamente, algo en el compartir esa experiencia lo tranquilizó. Se reconcilió con la idea de que siempre tendría estos sentimientos fuertemente ambivalentes hacia sus padres, pero que éstos no debían controlarlo. Tuvimos una sesión muy dolorosa en la que encaró a su "yo vergonzoso", lo cual le sacó lágrimas, y luego pasamos a su "mejor yo", ese yo que él amaba y aceptaba; éste le sacó todavía más lágrimas. Había un jale y empuje entre esas dos versiones de sí, un agarrar y dejar; no obstante, al final me dijo que su cerebro estaba relajado.

Con el paso del tiempo, las imágenes de Mussie cambiaron, se volvieron más ligeras. En su mente veía a Hashim, pero no se quedaba con su imagen por mucho: "Si me acuerdo de él, no me quedo clavado. Permito que llegue a mi cabeza y que luego desaparezca, eso me funciona. Flota hacia adentro y hacia afuera". Mussie llegó a una sesión usando el reloj de Hashim y tocaba su cristal mientras lo recordaba (las veces que salieron juntos a andar en bicicleta, cuando se peleaban por el Gameboy, cuando se bromeaban, cuando competían en el Nintendo).

Extrañaba mucho a Hashim, pero no se permitía pensar en él todo el tiempo; era "demasiado doloroso. Necesito darme permiso de tener días buenos".

Mussie se sentía reanimado y estaba construyendo su confianza a través del trabajo, el cual mejoraba poco a poco. Compró un cachorro, eso lo emocionó y empezó a aprender del perro cómo su comportamiento tenía un impacto, al ver la importancia de ser constante y establecer límites. "Trajo más vida a mi vida."

Una vez que fue a visitar a su padre, Mussie lo encontró con el acta de nacimiento y de defunción de Hashim en sus manos. Mussie le dijo a su padre: "La importante es la de nacimiento porque estaba aquí, vivo. Hizo muchas cosas buenas y, hasta sus últimos meses, tuvo una vida intachable. No hay nada por qué llorar y hay muchas cosas buenas por recordar".

Empezó a olvidarse de llegar a nuestras citas, así que discutimos si ya era momento de ponerle un fin. Me dijo que los finales no eran lo suyo, pero de todas formas acordamos una fecha. Sí tuvimos un final y él se sintió agradecido. Me dijo que podía confiar en mí ("Puedo verlo en tus ojos") y se fue sin pagar.

Faziah

Mi relación con Faziah era una del siglo XXI: encontró mis datos en internet y hablábamos por Skype cada semana. Nunca la conocí en persona, pero podía ver su sala y en ocasiones a sus hijos (dos hombres adolescentes y una mujer), sobre todo cuando uno de sus hijos debía de solucionarle algún problema técnico, y durante media sesión vi a su esposo. De hecho, vi más de su mundo del que pude haber visto si ella hubiera venido a mi consultorio.

Faziah tenía cuarenta y cinco años y era de origen paquistaní. Vivía en Birmingham y trabajaba como médico general. A su hermana mayor, Aaliah, le diagnosticaron una enfermedad de la motoneurona seis meses antes. Faziah estaba devastada. Su hermana era la persona con quien se sentía más allegada en su vida. Nacieron en una familia grande y sólo había un espacio de dieciocho meses entre ellas, así que se sentían como si fuesen gemelas; compartían todos los detalles de sus vidas. Dejar a su hermana para mudarse al Reino Unido, dos años antes, con la esperanza de brindarles un mejor futuro a sus hijos, fue la decisión más difícil en la vida de Faziah, no sólo porque amaba muchísimo a su hermana, sino porque también iba en contra de la norma cultural de vivir juntos como una familia expandida. Debido a que el servicio de especialistas médicos en Paquistán estaba fuera del alcance de Aaliah, su familia la cuidaba. Lo único que les dijeron fue que Aaliah tenía una esperanza de vida de cuatro años, y por esa razón Faziah se sentía impotente.

Las primeras semanas en las que hablamos clamaba en contra de los diagnósticos y no paraba de llorar. Faziah no soportaba su impotencia: quería curar a Aaliah. Como médico general, diagnosticar y curar era el rol al que solía recurrir; no soportaba no tener un protocolo debajo de la manga. Surgió un patrón en el que iniciábamos la conversación con una pregunta que le hacía, como "¿Cómo estás?", a lo que invariablemente contestaba que "bien". Luego, en cuanto mencionaba el nombre de Aaliah, su tristeza fluía. Al acercarnos al final de una sesión, me pedía una "receta médica" (algo que pudiera darle para que la ayudara) y la respuesta que más solía darle era ejercicio. Sé que menciono mucho el ejercicio, pero la verdad es que sí es la mejor medicina que puedo recomendar: salir a la calle, subir el ritmo cardiaco, respirar afuera… casi siempre te hace sentir mejor después de hacerlo. Asimismo, le sugerí hacer cosas que la hicieran sentir tranquila, como ver varios episodios de una serie o películas o recibir un masaje. Lo importante era elegir actividades que la tranquilizaran conscientemente. También le recordaba constantemente, a pesar de su sentimiento de impotencia, que hacía más por su hermana de lo que le gustaría admitir; demostrar cuánto la amaba (un amor íntimo, ya que juntas descubrieron el mundo desde la infancia hasta la adultez) era un apoyo vital.

El esposo de Faziah era bueno y muy tradicionalista. Podía platicarle de cosas prácticas y sugerir soluciones, pero él no tenía idea de lo importante que era escucharla. Pronto hizo evidente que su tolerancia por el tema de Aaliah se estaba deteriorando;

cambiaba de tema o se salía de la habitación cuando Faziah empezaba a platicar sobre ella. Pelearon al respecto, pero, para él, sentarse a escucharla era pedirle demasiado. Pensé que muchas personas se hubieran enojado con su esposo y que probablemente se habrían alejado de esa relación; estoy segura de que yo hubiera hecho eso. En el caso de Faziah, aceptó los límites de su esposo y operaba alrededor de ellos, agradecida de que yo podía cumplir con ese rol.

Aaliah tenía tres hijas de menos de catorce años, pero me contó poco sobre ellas, y también un hijo de diecisiete, Hamzah, por quien Aaliah y su esposo estaban muy preocupados. Su familia en conjunto no eran buenos comunicadores, la ley familiar era "estar bien". Faziah me dijo que obviamente Hamzah estaba furioso de que su mamá estuviera en un estado tan devastador y se sentía culpable por estar enojado con ella al saber que lógicamente no era su culpa. Él temía la muerte de su madre, pero también quería seguir adelante con su vida, como cualquier otro adolescente. Se trataba de una mezcla compleja de sentimientos que debían de salir de cierta forma. En cambio, él sellaba sus emociones y se pasaba el tiempo pegado a la pantalla para intentar bloquear la situación de la mejor manera que podía.

Cuando le sugerí a Faziah platicar con Aaliah sobre temas sensibles, así como sus posibles miedos, se mostró comprensivamente reacia al respecto; me acusaba de echarle "esa" mirada que era una especie de mueca de "sólo hazlo". Cuando Faziah finalmente le preguntó a su hermana sobre sus preocupaciones, Aaliah le contó que su mayor preocupación eran sus hijos, en particular su hijo; se sentía culpable de fallarles como madre. Su único propósito en el tiempo que le quedaba de vida era ser la mejor madre que pudiera ser, durante el tiempo que pueda; su amor maternal era una fuerza vital muy real ante su propia muerte. Y Aaliah también temía por sí misma: tenía miedo de sofocarse, miedo del devastador deterioro que estaba por afrontar. Faziah sabía por instinto lo asustada que estaba Aaliah, pero escucharla decirlo de esa forma era como descubrirlo por primera vez y le preocupó muchísimo.

Cada vez que yo tenía una sesión con Faziah llorábamos juntas. La lenta muerte de su hermana que nadie ni nada podía detener me parecía la peor de las situaciones. Progresivamente, Aaliah perdería su habilidad para mover el cuerpo, la cabeza, el cuello; no podría hablar o comunicarse de ninguna manera, sumándole que durante todo ese proceso ella estaría plenamente consciente y con el conocimiento de que eventualmente moriría por la incapacidad de respirar. Cuando me imaginaba por lo que Faziah, o cualquier otro miembro de su familia, estaba pasando, me sentía horrorizada y se me rompía el corazón. Nuestra conexión nos sustentaba: era comprensiva y se apoyaba en un sentido del humor negro compartido. Faziah me dijo que nuestras risas "sacaban la maldad a patadas". Las enérgicas charlas que desarrollamos le ayudaron a soportar ese sentimiento de impotencia que pudo abrumarla con facilidad y le brindó un sentimiento de tranquilidad al final de cada sesión.

Faziah iba a ver a Aaliah tres veces al año y estas visitas estaban llenas de dificultades. Tenía que dejar a su esposo, a sus hijos y su empleo. Eran caras y cansadas, pero también eran vitales, ya que cuando estaba allá le podía poner toda su atención a su hermana. Podían reconectarse con sus recuerdos compartidos y con sus fraternales métodos rápidos de comprensión; ella podía ser la hermana que quería ser. Asimismo, el humor negro e irreverente de Faziah, cuyo impacto podía ver en la mirada y en las expresiones faciales de Aaliah, podía disipar sus miedos actuales, aunque sólo fuera por un breve momento.

Dichas visitas le abrieron la puerta a las diversas culpas que Faziah no quería dejar salir. "Se aparecen como los tentáculos de un pulpo. Cuando resuelvo uno, otro sale a molestarme, se me enrolla y me aprieta." Cuidadosamente desglosamos dos culpas al mismo tiempo: una era su sentimiento de que debía mudarse a Paquistán para vivir con Aaliah (que ella sabía que no era lo correcto para su esposo e hijos, pero era lo que Aaliah quería). Faziah quería que yo entendiera esto desde su perspectiva: si se quedaba en el Reino Unido, rompía con una tradición encarnada del deber familiar y de vivir juntos como familia; ella sentía que algo dentro de ella se había roto. La segunda culpa era que ella estaba sana y salva, podía disfrutar de la vida, imaginar un futuro y jugar con sus hijos, mientras que Aaliah estaba confinada a su silla de ruedas y apenas podía hablar. En una sesión posterior, Faziah se enfrentó a la culpa de volver a Paquistán después de decirle a Aaliah que se quedaría en Inglaterra. "Fue una decisión imposible y sin salida, pero la tomé. Al menos fui honesta con Aaliah y conmigo misma." Aunque podía ver que la culpa no se había ido, al menos parecía que ese conflicto "debo o no debo" ya se había terminado.

Después de nuestro primer año de sesiones semanales, la necesidad de Faziah de tenerlas tan frecuentemente disminuyó. Había desarrollado un claro entendimiento de lo que sucedía dentro de ella y de cómo apoyarse a sí misma, por lo que eventualmente conversábamos por Skype cada dos meses. Al inicio de cada sesión Faziah me miraba duramente, lo que me decía que ella no quería llorar o sentir nada en lo absoluto. Le entristecía que se estaba "acostumbrando" a su duelo. Cuidadosamente le hice saber que, como seres humanos, los que queremos sobrevivir necesitamos adaptarnos, y esto suele significar que cambiamos nuestra perspectiva; la capacidad de adaptarse a nuevas realidades es probablemente una de las maneras más importantes de estar saludable. La mayor parte del tiempo yo hablaba poco; la escuchaba. Le reflejaba lo que había escuchado y lo que parecía que ella estaba sintiendo.

Durante nuestro segundo año juntas la tristeza de Faziah pasó a ser de un abrumador mar de lágrimas a un grifo con goteo extenuante que mojaba todo lo que ella hacía. Sentía una tristeza lenta y penetrante que parecía reflejar la enfermedad de su hermana. Permití abrir un espacio para esos sentimientos, pero también la insté enfáticamente a que hiciera cosas divertidas y motivacionales. Mi argumento (ante el cual ambas peleamos un poco) fue que esto iba para largo: necesitaba cuidarse adecuadamente, descansar y recuperarse, si quería quedarse hasta el final. Ella creía que sus oraciones regulares eran suficientes para esto, pero, sin importar lo importante que era su fe como sistema de apoyo, yo sabía que ella necesitaba involucrarse en todos los aspectos de su vida, disfrutar sus papeles como madre, esposa y doctora. Debía ser mucho más que sólo una hermana en duelo.

Le pregunté a Faziah por las personas de su comunidad y de cómo le demostraban su apoyo. Tenía una amiga que le preguntaba por su hermana, pero en general sentía que la actitud de las personas era "Cree en la voluntad de Allah, sé fuerte y reza". Ellos cuestionaban la sensatez de que ella estuviera constantemente luchando contra su impotencia y su tristeza al preguntarle: "¿En realidad te está sirviendo de algo?" Eso no le molestaba porque ella creía en ser paciente con el "plan que Dios tenía" para ella: "Estoy agradecida por todo lo que me ha dado; estoy agradecida por tener vida": Esta actitud tan arraigada era valiosísima para centrarla.

Conforme el estado de Aaliah empeoraba, el coraje de Faziah irrumpió en la conexión decreciente que tenía con su hermana. "La pierdo poquito a poquito." Me describió entre lágrimas cómo se imaginaba que Aaliah se sentía en verdad y cómo se la imaginaba sentada todos los días en su silla, sin poder mover sus piernas, controlar su cabeza, usar sus manos o hacer cualquier cosa por sí sola. Lloré con ella por la horrible situación en la que su hermana se encontraba. Por estas fechas, ya teníamos una conexión y cercanía que nos funcionaba y que era tanto desgarradora como acogedora.

Platicamos más sobre la muerte de Aaliah y le pregunté si necesitaba decirle algo a su hermana, para que estuviera segura de que no se arrepentiría de algo. Afortunadamente, Faziah ya había conversado sobre los temas más importantes con su hermana, quien escribió un correo (que le tomó semanas) donde expresaba sus deseos para el funeral y para el futuro de su familia.

Mi cuarto año con Faziah se enfocó en el cansancio total de todos los involucrados y en la interminable duda de cuándo iba a morir Aaliah. Con el cansancio llegaron los pensamientos inevitables cargados de culpa: "¿Cuándo se va a acabar todo esto?" y "No estoy segura de que pueda aguantar más". Era un insoportable callejón sin salida emocional. Los pensamientos de Faziah eran oscuros y turbios; se le pegaban y manchaban todos sus otros sentimientos. A pesar de lo consternada que estaba, pude ver que su creencia de que la voluntad de Dios era el poder supremo permanecía intocable; me percaté de que la envidiaba por el consuelo que le daba su fe.

En el quinto año, el estado de Aaliah era agonizante. Ya no podía interactuar con nadie, no podía moverse y la alimentaban vía intravenosa; a pesar de esto, su conciencia e inteligencia cognitiva estaban en perfectas condiciones. El cansancio crónico había deteriorado a su esposo y a sus cuatro hijos y su tensión solía explotar en grandes peleas. Las llamadas por Skype a su hermana tuvieron que reducirse a una cada dos o tres días.

Faziah me mandó un mensaje para decirme que se iría a Paquistán porque la salud de Aaliah estaba deteriorándose. Pocos días después me mandó otro mensaje: la neumonía se había adueñado de los pulmones de Aaliah, quien murió pacíficamente mientras dormía. El que se hubiera "desvanecido" marcó una gran diferencia para todos. Imágenes terribles de Aaliah sofocándose hasta morir atormentaban a Faziah, pero al final se salvó de esa situación.

Aunque nunca había visto físicamente a Faziah, sentí la pesadez de su duelo por un momento. Mi trabajo puede ser bastante extraño: aquí me encontraba, en duelo por una mujer que no conocía y quien probablemente ni sabía de mi existencia. No obstante, se sentía como si fuera una pérdida real. Aaliah había estado en mi mente durante cinco años (me había imaginado su sufrimiento, su miedo, su desolación) y ahora ya no estaba entre nosotros.

Cuando Faziah volvió de Paquistá aumentó la frecuencia de nuestras sesiones durante un tiempo. Su duelo estaba fresco y lloró nuevamente por la muerte de Aaliah, por la pérdida de su presencia física. Su fe la consolaba porque creía que Aaliah estaba en el paraíso y que ya no sufría; sin embargo, ella alternaba entre tristeza intensa, insensibilidad, trabajar como robot y sentirse desconectada de sus hijos y su esposo. Simultáneamente, se dio cuenta de que respiraba con mayor ligereza al despertar por las mañanas y reconoció a regañadientes que el peso de la preocupación y la incertidumbre se habían ido.

Su fe era su fiel aliado. Seguía las costumbres Barelvi, por lo que realizó todos los rituales de su religión para acelerar el viaje de Aaliah al otro mundo: rezar ciertos días en reuniones ceremoniales, recitar el Corán y ofrecer comida a sus vecinos y a los pobres de la comunidad. Podía ver que creer que Aaliah se había ido a un "lugar mejor" con una cualidad física en concreto le brindaba tanto fuerza como tranquilidad.

Con el paso del tiempo, la intensidad de su tristeza disminuyó y se sintió más calmada. Me dijo con orgullo: "Pienso diario en ella. La veo en mi mente. Ya no tengo miedo de olvidarla; es parte de mí. Creo que un día llegará el momento en que nos volveremos a ver, bajo mejores circunstancias y sin todo ese sufrimiento y dolor".

Reflexiones

Cada uno de estos casos de estudio es un retrato psicológico complejo de personas que se enfrentan a una
muerte difícil. Escribir sobre ellos me atrajo porque
fueron relaciones particularmente potentes; relaciones que se
quedaron conmigo mucho tiempo después de haber terminado
nuestro trabajo.

La relación ideal de hermanos te da a "tu equipo": las
personas que están de tu lado pase lo que pase por el resto de
tu vida. La expresión "hijo único" contiene en su interior el
sentido de que uno no es suficiente. El poder del vínculo fra-
ternal puede superar años sin comunicación; los hermanos y las
hermanas siempre estarán conectados por genética, historias,
secretos, recuerdos y lenguaje compartidos.

Mientras que pocos adultos han cortado por completo
los vínculos con sus hermanos, aproximadamente un tercio
de ellos describe su relación como distante o de rivales. Pero
obviamente esto no hace que la muerte de un hermano o una
hermana sea más fácil; simplemente le agrega una capa de
complejidad: la pérdida de la oportunidad de reparar lo que se

terminó y el arrepentimiento por los actos del pasado suelen aportar su propio dolor.

La mayoría de las muertes de hermanos se encuentra dentro de la población mayor y dichas generaciones generalmente no buscan ir a terapia. A pesar de que gran parte de la población tiene hermanos, como sociedad le damos menos reconocimiento del que se merece a esta relación clave en nuestra vida. Por ejemplo, no hay grupos de apoyo a hermanos dolientes como existen grupos de apoyo a viudos o padres en duelo. Estudios actuales han demostrado que los hermanos tienen una mayor influencia en el desarrollo de nuestra personalidad que lo que se asumía hasta ahora; lo que quiere decir que sus pérdidas tienen un impacto concomitante y nos afectan profundamente.

Mi experiencia con los clientes es que mientras mayor sea la profundidad emocional de la relación hay mayor oportunidad de que la terapia sirva para bien. Cuando los clientes tienen confianza en nuestra relación, los libera y permite que confíen en sí mismos y que se conecten con la raíz de lo que les molesta. Conforme me van revelando sus aspectos personales escondidos y generalmente basados en la vergüenza, también se los revelan a sí mismos; cosa que paradójicamente les permite aceptarse más. Creo que el potencial de la profundidad es cocreado por ambas partes de la relación terapéutica: si alguien no se sincera conmigo, sólo puedo llegar hasta cierto punto. Diría que esto también aplica a las amistades cercanas, pues cuando somos abiertos y honestos entre nosotros, sin juzgarnos, la amistad se vuelve más valiosa.

El suicidio

El proceso de duelo de Mussie fue más intenso porque su hermano se quitó la vida. Esto quiere decir que para él, y para otros, el duelo fue más complejo y prolongado, a pesar de que las tareas reales y las experiencias fueron similares. La culpa que suele acompañar al duelo generalmente se siente como una herida física. Había muchas preguntas sin responder y sin respuestas posibles dando vueltas en la cabeza de Mussie ("¿Por qué?", "¿Y si…?", "Si sólo…"), y afectaban todas sus otras actividades mentales, dejándolo menos capaz de funcionar en su vida cotidiana.

La culpa y la vergüenza suelen venir acompañadas de preguntas como "¿Y si…?" El estigma del suicidio puede hacer que la persona en duelo se sienta muy aislada porque sus amigos y sus colegas no saben cómo platicar con ellos, por lo que prefieren no decirles nada. El pariente con vida de alguien que se suicidó también tiene el riesgo de ser catalogado como un "mal hermano" o una "mala madre", que seguramente hizo algo o que no hizo lo suficiente y que esto contribuyó al suicidio de la persona.

El efecto causado por un suicidio puede durar mucho y las personas no suelen estar conscientes de ello. La historia de la muerte da vueltas sin parar dentro de la cabeza de una persona en duelo y siempre desafía sus intentos de darle un final diferente, uno más feliz.

Una de las formas que uso para ayudar a las personas en duelo por un suicidio es hacer que lo vean como un "paro cardiaco en el cerebro". Todos podemos entender que físicamente cualquier persona, sin importar su edad o condición física, puede sufrir un paro cardiaco. Algunas enfermedades físicas pueden prevenirse; otras no. La persona que se quitó la vida no funcionaba con normalidad, no pensaba racionalmente y su mente la atacó/le dio un "paro cardiaco", con la devastadora consecuencia de que se quitaran su vida. En mi opinión, ayuda a eliminar esa culpa y vergüenza que va con la idea de "decidir" quitarse la vida. Puede haber circunstancias en la que esto sí sea cierto, pero la mayoría de las personas en su sano juicio no deciden hacer eso.

He visto cómo hay personas que activamente toman la decisión de no permitir que una muerte por suicidio las defina y suelen tener la fuerza psicológica para manejarlo así. He trabajado con otras personas que permanecieron sumamente enojadas con quien se suicidó, lo que sólo hace que el dolor siga latente e inconcluso. Las personas hablan de "encontrar una forma de vivir con" el duelo causado por un suicidio; como una madre en duelo me dijo: "Uno nunca 'lo supera', simplemente 'sigues adelante' y uno nunca 'lo olvida', sino que 'vives con ello'. Empiezas a absorber el intenso dolor que te provoca tu pérdida tras haber pasado y comienzas a aceptarlo muy lentamente".

Los sistemas familiares ante un suicidio

Dentro de una familia, cada miembro hace su duelo de forma distinta, lo cual puede afectar radicalmente la estructura familiar. En algunos casos el sistema nunca vuelve a su forma original y permanece desequilibrado; en otros, logra repararse. No obstante, siempre se siente la ausencia del fallecido, aunque su falta se reconozca o se esconda.

La comunicación puede ser uno de los aspectos más complicados del duelo dentro de las familias, así como dentro de sus grupos sociales más amplios. El proceso de duelo puede ser entorpecido por sentimientos de culpa (normalmente tácitos), la falta de información y de entendimiento sobre el suicidio y que otras personas no sepan qué decir o cómo ayudar. Los miembros de la familia terminan aislados y haciéndose preguntas como: "Si me amabas ¿cómo pudiste hacerme esto a mí y dejarme con todo este caos?" Además, la pérdida del porvenir tiene un mayor impacto cuando una muerte se da por suicidio, ya que la persona que amaban tomó la decisión de no tener ningún futuro.

El riesgo de un suicidio

El duelo es un factor de riesgo de suicidio. Para todos nosotros es útil saber que cuando alguien dice que es suicida no busca "llamar nuestra atención" y debemos tomarlo muy en serio. Un intento anterior de suicidio es el mayor factor de riesgo para cometer uno. Se estima que hasta 50% de las personas que se han quitado la vida intentó hacerse daño antes.

Las estadísticas del suicidio

En 2014 se registraron 6 337 suicidios en México. Esto quiere decir que aproximadamente tres personas murieron cada cuatro horas. Asimismo, la Secretaría de Salud y los servicios estatales de salud en México registraron 2 292 salidas a causa de lesiones autoinfligidas ese mismo año.

Aproximadamente 80.2% de los suicidios se presentó en hombres. En la mayoría de las culturas la tasa de suicidios aumenta conforme la edad, pero ése no es el caso de México. La mayor tasa de suicidios en México se presenta en jóvenes de 15 a 29 años. En el caso de los hombres, prácticamente prevalece en todos los grupos de edad considerados, mientras que en las mujeres disminuye después del rango de edad previamente mencionado.

Las personas con un trastorno de salud mental diagnosticado tienen un riesgo particular. En algunos países se calcula que casi 90% de las víctimas del suicidio sufría de un trastorno psiquiátrico cuando se quitó la vida.

Las personas que sufren de alcoholismo, depresión clínica o esquizofrenia tienen un mayor riesgo de cometer un suicidio. Casi 20% de las personas que intentaron suicidarse lo vuelven a intentar un año después y, como grupo, es cien veces más probable que se suiciden, en comparación con quienes no lo han intentado.

Para los jóvenes el *bullying*, los problemas familiares, los problemas de salud mental, el desempleo y un historial familiar de suicidios pueden tener un rol importante en el aumento del riesgo. Entre los jóvenes de 20 a 30 años, el 80% de los suicidas eran hombres.

En el caso de la gente mayor, la pobreza, las viviendas de mala calidad, el aislamiento social, la depresión y los problemas de salud física son los factores que aumentan su riesgo al suicidio. En el 2011, 940 hombres de más de cincuenta años se quitaron la vida en México.

El duelo traumático

El duelo traumático es aquel que se genera a partir de una muerte inesperada y repentina, como fue el caso de Hashim; esta muerte podría darse por suicidio, asesinato, accidente o en una guerra. Se trata de un duelo que es demasiado abrumador como para asimilarlo. El impacto del evento, si se es testigo o simplemente al imaginarlo, es tan intenso que las personas tienen *flashbacks* (reexperimentación de un hecho traumático) que son provocados por uno o más de sus sentidos: la vista, el sonido, el olor, el tacto o la escucha. La persona en duelo podría alternar entre estallidos de emociones extremas y estados en los que se encuentra completamente bloqueada.

Tener una narrativa completa de lo que pasó puede ser útil, conectar las palabras con los sentimientos intensos; esto puede lograrse escribiendo un diario o platicando con un amigo cercano. El trauma se mantiene dentro del cuerpo, por lo que es importante respirar profundamente mientras el evento y los sentimientos que generó se concentran en palabras. Hay que ir a nuestro propio ritmo y detenernos cuando parezca demasiado intenso. Permítele a otra persona que te tranquilice. Hacer ejercicios que aumenten el ritmo cardiaco, seguidos de meditación para calmarnos, puede ayudarnos a reducir los sentimientos de pánico. Asimismo, hacer cosas que nos tranquilicen activamente es útil.

En circunstancias en las que es necesario mantener el control, como cuando estamos en el trabajo, puede ser útil llevar a cabo un ejercicio que bloquee las imágenes que nos afectan.

- Piensa en una pantalla de televisión.
- Visualiza la imagen que te afecta en esa pantalla.
- Respira profundamente tres veces.
- Cambia el canal.
- Inserta una imagen positiva en la pantalla.
- Respira profundamente tres veces.
- Apaga la televisión y enfócate en otra cosa.

Este ejercicio se puede usar en cualquier hábito repetitivo que te moleste. Mientras más se usa, se vuelve más efectivo.

Es normal tener *flashbacks* por hasta seis semanas después del evento traumático, pero si continúan después de este periodo podría tratarse de un trastorno de estrés postraumático. En ese caso se sugiere buscar ayuda profesional de tu médico de cabecera, por ejemplo.

La transmisión transgeneracional de trauma

Ruth y casos similares (hijos de personas que sufrieron de trastornos de estrés postraumático sin recibir tratamiento alguno) no suelen conocer toda la historia sobre el evento traumático, por lo que no tienen recuerdos en los cuales enfocar su duelo; sin embargo, su vida está impregnada de pérdida, son acechados por los fantasmas de personas que no tuvieron un luto. Los niños pueden cargar con estas pérdidas, tanto física como psicológicamente, pero no entienden que son una especie de herida; sólo saben que siempre se sienten "pesados" o "tristes".

Yo trabajé con un cliente cuyo padre fue quien realmente pasó por el evento traumático y ella me decía: "Tengo tantas cicatrices, pero no sé de dónde vinieron las heridas. Eso es más difícil que ser lastimado". Desde que nacen, estos niños desarrollan formas de pensar y hábitos específicos que les permiten bloquear el miedo y el terror.

Si muchas familias investigaran sus historias, sentirían que había secretos que no se habían descubierto y que su toxicidad se filtraba a través de las generaciones. En mi opinión, el mensaje principal que se debe aprender de esto es que la verdad, sin importar lo difícil que ésta sea, es mejor que una mentira o que cualquier tipo de encubrimiento. No es posible lidiar con lo que no conocemos, así que sólo podemos procesar por completo un evento una vez que entendemos su "qué", "cómo" y "por qué".

La capacidad de manejar un trauma transmitido se basa en un entrecruce de varios elementos (el entorno social, incluyendo las prohibiciones y los tabúes; la comunicación dentro del mismo sistema familiar y la predisposición genética de cada niño), así que conforme mejor entendemos esos elementos, es más probable que podamos ayudarnos a nosotros mismos.

La fe/espiritualidad

La religión y la cultura tenían un papel influyente en la vida de Ruth y de Faziah, así como de muchas otras personas; moldea sus sentidos de identidad, la manera en que ven al mundo y sus actitudes ante la muerte.

En una de las primeras sesiones le pregunto al cliente dónde cree que se encuentra ahora la persona que murió. Muchos no están seguros de qué decirme, pero algunos tienen ideas informadas por una fe espiritual específica. Otras personas tenían una fe, pero después de un evento devastador empiezan una lucha con un Dios con el que están enojados, alguien en quien les resulta difícil creer o confiar. Esto puede perturbar mucho el proceso del duelo.

Es cierto en todas las religiones que la familia, los amigos y los colegas que se reúnen para presenciar y hacer el duelo juntos permiten que el duelo sea compartido. Tener prácticas y observancias religiosas familiares que seguir ayuda a contener los sentimientos caóticos o desconocidos.

La mayoría de las religiones debate sobre lo que le pasa al alma de la persona que murió. Cada religión tiene diferentes rituales y ceremonias que se llevan a cabo para guiar al alma con Dios, al cielo, o hacia "la luz". Mientras más ferviente sea la creencia, más importantes son los rituales y las ceremonias para la familia en duelo que los realiza.

Para quienes creen en Dios la fe puede darle un sentido a la muerte, y las personas religiosas suelen imaginarse que la persona que murió las guía en este mundo. La idea de que un día se van a reunir con ellos es una fuente clave de consuelo. Rezar por y al amado difunto es una forma familiar para conectar con ellos y, nuevamente, nos puede dar una gran tranquilidad.

Aquellos con una fe dicen que su religión o espiritualidad les es útil o hasta esencial para ayudarlos a vivir con su duelo, a pesar de que no exista evidencia empírica con solidez que lo compruebe. En mi opinión, la fe tiene un impacto positivo en aquellos que se aferran a sus creencias religiosas y espirituales a lo largo de su duelo.

Creer que la vida tiene un significado es un factor importante para la felicidad y proporciona protección ante la adversidad. Las personas que pueden sentirse motivadas al mantener el sentimiento de que el fallecido está presente en ellos, frecuentemente sintiéndolos en su ser espiritual, son más capaces de seguir con su vida, aunque la presencia física de su ser querido ya no esté presente.

Cuando el doliente no tiene una fe que sea parte de una religión organizada, de todas formas puede tener su lado espiritual con el cual intenta generar una idea de a dónde se fue la persona a la que amaba. Curiosamente, las personas que no creen en Dios como tal suelen recurrir a Dios cuando las cosas van mal y necesitan de ayuda; parece que sí es un instinto humano el buscar a un ser superior.

He conocido a muchas familias que creen que se van a reunir en un "lugar mejor" con la persona que murió. A veces eso es lo único que hace que su vida actual sea tolerable para quienes lo creen. En mi experiencia, esto es particularmente cierto en casos de padres que perdieron a sus hijos.

Una pérdida con vida

El proceso de Faziah de ver a su hermana morir a lo largo de cinco años fue inconcebiblemente doloroso para ella. Era una pérdida con vida, pero el elemento significativo que lo recorría era el poder del amor. Por naturaleza, en estos casos la familia y los amigos quieren hacer algo ante la adversidad y, sin embargo, cuando se trata de una enfermedad degenerativa e incurable, nada de lo que hagan mejorará la situación. No obstante, es muy importante no subestimar el poder del amor; he conocido a muchas familias que sienten que el amor que dan no es suficiente, pero que se inspiran cuando se dan cuenta de que para la persona que está por morir es la cosa más importante en la vida.

Una dificultad común que puede surgir en las familias donde un hermano está por morir y los otros se encuentran saludables es la celosía y envidia tácitas que el hermano agonizante dirige hacia sus familiares saludables y con un futuro. Estos sentimientos pueden ser difíciles de reconocer, por lo que suelen expresarse a través del enojo, tristeza o retraimiento. Si un miembro de la familia puede encontrar una manera para hacer que esto se diga de forma abierta, a todos les podría traer un gran alivio y podría dejar a los familiares sobrevivientes con menos preguntas que los persigan.

Cualquiera que se canse de ser cuidador durante varios años puede oscilar entre dos pensamientos desagradables: "Ya no puedo más; quiero que todo esto se acabe ya" y "Tengo mucho miedo de que muera". Ambos pensamientos tienen su verdad y poder, pero cuando compiten entre sí pueden hacer que alguien se sienta como un loco. El pensamiento de "quiero que todo esto se acabe ya" no sólo puede generar sentimientos de culpa, sino que también puede activar una versión del "pensamiento mágico" (es decir, imaginarse que con el simple hecho de pensarlo podríamos atraer la muerte de la persona agonizante). Por otro lado, el pensamiento de "tengo mucho miedo de que se muera" es un caldero ardiente lleno de sustancias oscuras que deben externarse para evitar que el cuidador se enferme o caiga en una depresión, cosa que es muy común en este tipo de situaciones.

CUANDO MUERE UN HIJO

Encontramos un lugar para lo que perdemos. Aunque sabemos que después de tal pérdida la etapa dolorosa del duelo disminuirá, también sabemos que una parte de nosotros permanecerá inconsolable y nunca encontrará un reemplazo. No importa con qué se llene el vacío, incluso si está completamente lleno, seguirá siendo algo que cambió para siempre.

—Sigmund Freud

Henry y Mimi

Conocí a Henry y a Mimi poco tiempo después de que su bebé, Aiden, naciera muerto. Su angustia era tangible. Cada palabra que salía de sus labios iba acompañada de dolor, como si no dejaran de caminar sobre vidrios rotos, y sus respiraciones eran repentinas y breves debido al impacto. Los miré, una atractiva pareja estadounidense, y me imaginé lo felices que se sintieron al descubrir que estaban embarazados y las esperanzas durante el embarazo, cuando todos los ultrasonidos y evaluaciones eran positivos.

Estaban en duelo por la presencia física de Aiden. Ansiaban cargarlo, olerlo y tocarlo. Asimismo, estaban en duelo por la pérdida de la futura vida que hubieran tenido con su hijo; habían asumido que lo iban a ver crecer y pasar por todos esos eventos importantes hasta llegar a su adultez, y tenían todo el derecho de hacerlo. La enorme distancia entre sus sueños y la dura realidad era palpable. Noté que sentía un dolor en el pecho y que mi estómago se apretaba, pero confié en que había una manera de ayudarlos a vivir otra vez.

Mimi seguía recuperándose de su cesárea, así que estaba adolorida, esquelética, pálida y aturdida; tenía leche en sus pechos, lo que parecía una atrocidad. Sus ojos eran hoyos oscuros de tristeza sin ningún rastro de vida. Henry me contó la mayor parte de la historia.

Llevaban ocho años juntos, cinco de casados y vivían en el Reino Unido desde hacía tres. Él trabajaba para una empresa internacional de internet y ella era doctora. Decidieron que ella iba a terminar su capacitación antes de empezar a formar una familia, pero no fue sencillo y les tomó dos años poder embarazarse. Pude ver lo que los unió como pareja: tenían valores similares, ya que los dos querían hacer una diferencia y ambos eran ambiciosos. Él era alto y estaba en forma. Ella estaba arreglada, era rubia y tenía unos ojos azules hermosos. Se acercaban al otro cuando hablaban, se tomaban de la mano y se escuchaban con atención. Cada uno lloró en su momento y lloraron cuando vieron que el otro lloraba. Era conmovedor ser testigo de esto y me daba esperanzas de su futuro.

Una muerte no es un evento aislado; poco tiempo después de la muerte de Aiden, se enfrentaron a una difícil decisión: si los padres de Mimi debían de venir desde Estados Unidos. Los padres de Henry automáticamente tomaron un avión; ni siquiera preguntaron si era correcto ir o no. Pero con los papás de Mimi era más complicado: no estuvieron de acuerdo con que Henry se casara con su hija porque él es negro. Como pertenecían a una antigua familia de Boston, no deseaban que el matrimonio de su hija fuera interracial. No hubo ninguna gran pelea explosiva, más bien fue una desaprobación acompañada por un silencio sepulcral; la distancia creciente entre Mimi y sus padres fue una de las razones principales por las que decidieron mudarse al Reino Unido. Podía ver lo desgarrada que ella se sentía. La pérdida le había robado su seguridad adulta y la hizo sentirse pequeña y como si fuera una niña, así que necesitaba que su mamá la consolara. Simultáneamente, no quería traicionar a Henry, quien estaba visible y compresivamente furioso por el prejuicio de sus padres.

Pensé que Mimi necesitaba que su madre fuera a verla y si les pedían a sus padres que se quedaran allá, se daría otra ruptura que sería difícil de reparar. No obstante, no se los dije porque no quise interferir, pero eventualmente llegaron a esa conclusión y sus padres llegaron. Se quedaron una semana; el tiempo suficiente para que Mimi se sintiera cercana a ellos y para que no surgieran sus conflictos habituales.

El funeral fue devastador. Mimi me contó: "Comprar flores para su funeral es la única celebración que se realizará en la corta vida de Aiden. Fue su fiesta de cumpleaños de cinco años, de dieciocho, de veintiuno, su boda". Henry cargó el pequeñísimo ataúd blanco mientras le caían lágrimas por las mejillas. El capellán del hospital condujo la misa; Henry y Mimi leyeron poemas y rezos. Fue una misa muy breve en la que sólo estuvieron sus familias y en la que cada minuto estuvo lleno de tristeza; una muerte en la cúspide de una vida nueva.

Conforme la describían sentí una pesadez en mi cuerpo y miré una fotografía de Aiden, perfectamente formado y bien envuelto, parecía que estaba dormido, era un bebé hermoso. Me dio gusto que tomaran fotos, ya que serían importantísimas en el futuro; me sentí aliviada de que pasaron tiempo con él y que lo cargaran toda la noche, para crear bellos recuerdos que se quedarían por siempre con ellos. Me pregunté cómo es que un bebé tan hermoso y que se ve tan saludable puede morir y volverse un simple recuerdo. No tenía ningún sentido y nunca lo tendría.

Conforme Mimi empezó a recuperarse físicamente, su agonía mental tomó el control. Ella quería obtener respuestas. ¿Por qué murió Aiden? Su embarazo fue sano, todo iba bien, hizo todo lo que debía de hacer. ¿Por qué? ¿Por qué? ¿Por qué? El hecho de ser doctora empeoraba las cosas: revisaba cuidadosamente las notas del caso, esperaba con ansia a que salieran los resultados de la autopsia e investigaba en ensayos médicos. Dudaba si ese queso que se comió tuvo algo que ver o el vuelo que tomó a Estados Unidos. ¿Era un castigo por algún pecado que cometió sin saber? Una respuesta de cualquier tipo le devolvería una pizca de control. No saber nada la hacía sentir impotente, lo cual le era ajeno (y que no le gustaba en lo más mínimo).

El éxito de Mimi en su vida, hasta este punto, no la había preparado para esto. Ella creía que si trabajabas lo suficiente y enfocabas todo tu tiempo y tu energía, veías los resultados. Incluso cuando las cosas iban mal, ella lograba levantarse, volver a trabajar duro y seguir adelante. Esta creencia la maleducó para afrontar el duelo.

Henry volvió al trabajo diez días después de la muerte de Aiden. A pesar de que su empresa se jactaba de tener una cultura donde "cuidaban a sus empleados", su jefe quería que él trabajara en un proyecto grande, así que se sintió presionado para volver. Se veía completamente exhausto. Le pregunté cómo le iba. "En el trabajo me la paso preocupado por Mimi. No me puedo concentrar, mi memoria es una mierda… Nada parece tener sentido… Todos los días siento dolor cuando recuerdo lo que pasó, cuando me acuerdo de la carita de Aiden." En ocasiones su trabajo lo distraía y, cuando era así, era un alivio.

Mimi me platicó sobre la responsabilidad que sentía porque Aiden había muerto dentro de su cuerpo. Si no es algo por lo que ya hemos pasado, entender el impacto psicológico de esto es casi imposible. Durante nueve meses llevó dentro de su cuerpo a un bebé saludable y con vida, vio cómo se movía en los ultrasonidos, cómo se chupaba el dedo, escuchó sus latidos, escuchaba una grabación del ultrasonido en su celular y vibraba de alegría y expectativa. Conforme el bebé crecía en su matriz sintió fuerza, pero cuando dio a luz a un bebé muerto sintió todo lo opuesto. Saber que había muerto durante el parto era una tortura, también por su impotencia absoluta ante esa situación. Había una lucha entre su cabeza y su corazón: en su cabeza sabía que no había hecho nada malo, pero su corazón le decía lo contrario. Sentía que su cuerpo había fallado y que, de alguna manera, la estaban castigando.

Noté que le echaba ojeadas a Henry, como si intentara encontrar culpa o coraje en su mirada. No la encontró. Le reconocí a Henry que ser testigo del sufrimiento de su esposa (el miedo que sintió cuando la llevaron inmediatamente al quirófano para practicarle la cesárea y luego cuando vio aparecer a su bebé sin vida) no era una experiencia menos traumática que la de su esposa. Me dijo: "No dejo de pensar en una imagen, cuando estaba esperando afuera de la sala de partos, sin saber si al menos uno de los dos iba a salir, Mimi o el bebé. Vi cómo entraba un doctor tras otro, y yo estaba solo afuera, aterrorizado. Es la imagen que me provoca el llanto con mayor rapidez. Todavía puedo sentir ese miedo dentro de mi cuerpo".

Todos sentimos como si estuviéramos tratando de caminar en lodo (era un trabajo pesado y agotador), pero por muy anormal que se sintiera, yo sabía que era normal. Reconocí que, como eran ante el duelo, reflejaba la manera en que eran en su vida, abiertos y dispuestos a buscar conexiones. Pude adentrarme en su mundo con facilidad y, una vez dentro, me dieron la bienvenida. Me hizo sentir muy bien que me permitieran ingresar en este proceso privado tan intenso.

El cansancio de Henry por volver a su trabajo estaba generando tensión entre ellos. Mientras que Henry era paciente con sus compañeros, con Mimi era enojón e irritable; por ende, Mimi quería que "el Henry del trabajo fuera el mismo que el de la casa". Parecían incapaces de dar o recibir el amor del otro; lo único que los estabilizaba. Decidieron irse a París un fin de semana, y estar fuera restauró su sentimiento de bienestar y les dio energía nueva, a pesar de que los dos sabían que la presión volvería con ellos en el vuelo de regreso. Extrañamente, tuvimos una sesión vía Skype desde un estacionamiento en París y fue bueno verlos sonreír por primera vez.

Henry quería estar distraído, vivir aventuras y hacer cosas nuevas juntos, como en el pasado. Sentí que él tenía miedo de que si no seguían adelante caerían en un abismo del que no podrían salir; pero Mimi no quería hacer esas cosas. Ella prefería quedarse en casa, comprar un cachorrito, leer y dibujar en libros para colorear de adultos; de ninguna manera se mudaría o haría algo nuevo y peligroso. Necesitaba reducir su esfera de la vida para poder controlar los niveles de miedo que la rodeaban. Siempre hablaba con fluidez; ella era inteligente y tenía mucho potencial, pero pude ver que los sueños que se destruyeron con la muerte de Aiden no dejaban que tuviera otra esperanza más allá de simplemente sobrevivir ese día. Afortunadamente Henry tenía energía y resistencia; él convivía pacientemente con la situación y en ningún momento sugirió tomar la reacción instintiva de ir por la salida rápida.

Pocas semanas después Mimi contrajo un virus y enfermó gravemente. Le tomó varias semanas recuperarse y afectó su capacidad para sanar emocionalmente. Nuevamente, parecía que ella no podía confiar en su cuerpo; éste la había defraudado, y saberlo la estremecía. Esto sacó a relucir su miedo y su enojo por su propia mortalidad. Mimi dijo: "Soy como una pieza de rompecabezas que no encaja en ningún espacio, ni en el emocional, ni en el físico, ni en ninguno. No sé dónde encajo socialmente, no sé qué se me antoja hacer, no sé qué me interesa. Y sobre todo esto, también hay un sentimiento perdido; es el duelo, la desesperanza y esa tristeza que lo abarca todo". El único lugar en el que habría encajado sería con Aiden. Ella sentía un vacío visceral en sus brazos, donde él debía yacer.

Discutir sus diferencias entre sí era útil. Sabían bien cómo pelearse, un aspecto clave para tener una relación exitosa. Podían enojarse sin echarse o recibir culpas y sabían cómo hacer las paces después de la pelea. La fuerza de su relación los sustentaba. Después de un cruce de palabras particularmente sombrío, noté cómo se molestaban con dulzura, emitiendo un diminuto haz de luz.

Juntos platicaron acerca de Aiden. Nunca conocieron cómo era, el tipo de personalidad que pudo tener o si hubiera sido como uno de ellos. Nunca escucharon su voz y sólo podían imaginarse cómo se hubiera visto cuando fuese un bebé mayor, al año, de niño. Aunque esto les causaba dolor, pensar en él les brindaba de cierta manera un lugar al que podían llevar sus sentimientos complicados.

Durante varias semanas Mimi se sintió cabizbaja. "No quería comer, no quería pararme, no quería vestirme. Pues sí, me sentía terrible, pero al menos me metía a bañar y me peinaba." Sus amigos los invitaban mucho a salir, y antes hubieran ido con gusto, pero ahora socializar les parecía algo muy ajeno. Ella ya no se sentía segura en entornos desconocidos y no podía imaginarse cómo respondería si alguien decía algo que le recordara a Aiden. Mimi deseaba tener el control de sus sentimientos: quería tener un interruptor que pudiera hacerla sentir mejor. Me contó: "Estoy tan harta de mí misma, que me divorciaría de mí si pudiera". Ésa es la verdad difícil del duelo: es inmune al control. Hace las cosas a su propio tiempo, y ese tiempo suele ser más tardado de lo que quisiéramos.

Mimi quería saber cómo le iba en comparación con otros. La mayoría de las personas quiere saber si lo está haciendo mejor o peor que los demás; asume que lo está haciendo peor debido a la profundidad de su dolor. Mencioné una metáfora que ella encontró útil: la muerte de Aiden fue como un terremoto que afectó en grados diferentes cada edificio dentro de la zona. La reconstrucción de los edificios también sería diferente en cada caso, así que no era posible comparar uno con el otro.

Mimi tenía una imagen poderosa de sí misma: era como una *start-up*, una empresa nueva que justo acaba de empezar y que no tiene sus sistemas en orden o bases de datos de confianza. Sintió que la habían lanzado a una versión nueva de sí misma que no conocía, no le gustaba y no quería. El dolor no se fue, como el enojo o sus otros sentimientos; éste permaneció ahí y no se quería ir. Empezó a percatarse de que debía dejar que tomara su propio rumbo y que su trabajo era permitir que esta versión insegura y en duelo de sí misma conviviera con la Mimi ambiciosa, eficaz y segura. Por ahora, ese lado estaba silencioso y maltratado, pero debía confiar en que no se había ido. Reconoció que estaba "en el limbo" (la metáfora perfecta). En realidad no estaba en la tierra, ni en el cielo o en el infierno, sino en una tierra de nadie, amorfa, en donde debía encontrar maneras nuevas para adaptarse y así sobrevivir.

Parecía que Henry funcionaba mejor, pero la tristeza también le dio un buen golpe en su centro. De vez en cuando era más difícil soportarlo porque la muerte se sentía más real. Iba al parque a hacer ejercicios de entrenamiento militar, ya que sentirse físicamente más fuerte lo ayudaba a sentirse más fuerte psicológicamente. A veces para consolarse usaba el recuerdo de él sosteniendo a Aiden entre sus brazos, cuando sintió el peso sobre su cuerpo, cuando tocó su suave piel y tomó sus pequeños y fríos deditos con su enorme mano. Mientras le brotaban lágrimas de los ojos me dijo: "Estoy agradecido de que le acaricié la coronilla". Aiden fue real; sí nació. Henry temía perder su recuerdo de él, temía que en un futuro lo olvidara.

Para Henry la situación se volvía un poco más difícil porque la mayoría de sus amigos hombres no reconocían lo dolorosa que fue la pérdida para él; le preguntaban por Mimi y asumían que él sentía menos dolor. El enojo silencioso que sentía por algunos amigos muy cercanos que sólo le habían enviado unos mensajes ocasionales significaba que ya no podía imaginarse con esas amistades. Henry podía platicar con un primo y con su cuñado sobre su tristeza y el trauma de haber visto a Aiden nacer muerto, pero para todos los demás era un tema prohibido. "Los hombres pueden ponerse a llorar y ser emocionales cuando su equipo deportivo pierde y no entiendo por qué no pueden hacerlo con las cosas que sí importan."

Empezó a surgir un sentimiento de aislamiento entre Henry y Mimi que reconocieron mientras tomaban una larga caminata un fin de semana. Platicaban mucho entre sí y decidieron que querían manejar su proceso de duelo como si fuera un proyecto. Se sentaron y establecieron un plan para su futuro juntos (lo que querían, cómo iban a lograrlo y cómo iban a mantener la comunicación entre sí). Construir esta estructura les ayudó a unirse y le dio un empujón a su confianza.

Que me vinieran a ver juntos era una parte importante de compartir su pérdida y les ayudaba a que no cayeran dentro de los vacíos crecientes entre sus zonas de ruptura preexistentes. Les permitía escuchar en serio lo que le pasaba al otro en su interior, porque a veces es más fácil escuchar cuando hay una tercera persona presente. Como sucede en la mayoría de las parejas, cada uno se preocupaba por no hacer sentir "miserable" al otro por su propia miseria. Como pareja, es difícil lograr el balance indicado entre ser lo suficientemente distantes como para lograr tener una conexión emocional y ser demasiado cercanos al punto de ser codependientes. En general, Henry y Mimi se llevaban bien. A veces se sorprendían cuando escuchaban cosas que no sabían del otro, pero la dinámica que siempre surgía era su sentimiento de hacer las cosas en equipo. Ahora iban juntos a hacer ejercicio y también meditaban. Sin duda ésta era la base de su recuperación.

Después de un año todavía estaban en una montaña rusa con diferentes cosas por lograr. Los dos extrañaban su país; deseaban la comodidad del entorno conocido y de estar con su familia y amigos. Henry se sentía desorientado, sin su energía habitual de lucha, al no saber si era correcto que se fueran a su país o quedarse. Mientras que Mimi optó por abordarlo desde el enfoque de "miéntete hasta que te la creas": se obligaba a salir más, iba a cursos y se ofrecía como voluntaria. Reconocer lo mal que se sentía hizo que se liberara un poco: "Es como desenredar un hilo que estaba firmemente atado". Era como si hubiera presionado un interruptor que le permitió sacar a flote su versión preferida de sí misma. La parte de "miéntete" me parecía más notoria cuando llegaba y cuando se iba: hablaba un poco más alto y hacía una especie de voz alegre con un sonsonete que me molestaba. No obstante, cuando entendí que ella lo hacía para Henry porque quería estar bien para él, incluso si no podía hacerlo para ella, tuvo sentido. Entre ellos había un subibaja invisible: cuando eran su mejor yo, subían al otro, mientras que cuando eran su peor yo, lo dejaban abajo. Había hilos de pensamientos conflictivos y absorbentes que podían derribarlos a ambos (la vida y la muerte, la esperanza y la desesperanza, el poder y la impotencia) y que se alojaban incómodamente dentro de ellos; pero era únicamente a través de externarlos que podían entender la dirección en la que los llevaban.

Se sentían atorados. Los dos acordaron poner las cenizas de Aiden en una urna y escribirle una carta para el aniversario de su muerte, pero tres meses después seguían sin comprar la urna o escribirle esa carta. Mimi reconoció que no podía seguir adelante. Pero iba más allá de esto. Ella reconoció que, al no tener recuerdos reales, le era más difícil deshacerse de las pocas cosas que tenían; sus ropitas, la cuna, el extractor de leche, todas gritaban Aiden. "La memoria es todo lo que tenemos, y los recuerdos del antes son difíciles de superar." Henry me dijo que se sentían como si estuvieran envueltos en "niebla" y todos estuvimos de acuerdo en que necesitaban hacer cosas físicas, cambios físicos, para poder salir de ella. El departamento que rentaban era el lugar que más evocaba esos recuerdos y también era un "departamento de fantasmas" (nunca colgaron una fotografía o le hicieron algo para que fuera suyo).

Juntos empezamos a comprender la complejidad de lo que estaban pasando. Necesitaban que Aiden tuviera "su tiempo", necesitaban respetar el tiempo que el proceso natural del duelo requiere, pero había un momento en el que esto se podía volver un duelo complicado y desembocar en una depresión. Como el sentimiento psicológico era el de no abandonar a Aiden, sino aferrarse a él como mejor pudieran, me era difícil dejarlos tomar decisiones, porque eso se sentía como un "olvídenlo". Aceptamos que el miedo de olvidarse de Aiden era profundo, pero sabían que eso era imposible. Reconocieron que debían tomar decisiones que los encaminaran al cambio, lo cual posteriormente les daría la libertad de moverse entre vivir momentos felices en el presente y tener recuerdos de Aiden del pasado.

La semana siguiente me contaron que tuvieron el coraje de aplicar y mantener esa decisión nueva. Mimi pidió unos contenedores hermosos para meter las cosas de Aiden y les iba a bordar sus iniciales. Se iban a mudar a otro departamento, lo cual podría no haber sido la opción más práctica, porque existía la posibilidad de que regresaran a Estados Unidos en seis meses. No obstante, era un paso hacia el lado positivo, hacia un entorno fresco, y sobre todo les permitiría tener un cachorro. Alejarse geográficamente de un problema no suele funcionar, porque el problema se va contigo; sin embargo, en este caso me parecía diferente, me parecía más como un punto de inflexión, un paso hacia la esperanza y hacia una lenta reconstrucción de la confianza en sus vidas.

Durante el último año de sesiones juntos, un dilema recurrente era si intentaban tener otro bebé. Henry quería expandir los límites: para él la vida era tan efímera que sólo quería "hacerlo". No es como si no tuviera miedo de pensar en volverlo a intentar". Mimi estaba segura de su incertidumbre al respecto. La decisión parecía estar a miles de millones de años de distancia, así que decidió bloquearla. Por momentos Henry también la bloqueaba: "Cuando veo personas con sus hijos o mujeres con pines que dicen 'Bebé a bordo' en el metro, ni siquiera puedo mirar en esa dirección; me duele muchísimo". Mimi se dio cuenta de que entraba a tiendas de ropa de bebé y que se ponía a otear los exhibidores; luego, sentía una explosión de terror y salía corriendo. Asimismo, se sentía "extrañamente molesta con las mujeres embarazadas". Ambos se habían acorazado contra el dolor de imaginar un bebé nuevo en sus vidas; no obstante, todos sabíamos que era lo que más querían.

Paradójicamente, permitirse no presionarse para tomar una decisión les funcionó. Al final, decidieron volver a intentarlo. Esto no fue para nada algo sencillo o sin dolor, porque el miedo a volverlo a intentar, a pasar por la puerta que los llevaba al sueño de tener un hijo, también quería decir que debían de pasar por la puerta que podía llevarlos a la muerte de su hijo y a posiblemente no poder tener hijos. Una vez que por experiencia sabes que tu hijo puede morir, nunca se puede descartar como una posibilidad en el futuro.

Ahora era momento de esperar, otro mes completo en el que la esperanza se construye, hasta que la regla de Mimi frustre el intento. En serio espero que no les tome mucho tiempo.

Seguimos trabajando juntos.

Phil y Annette

Recuerdo perfectamente dónde estaba cuando recibí un mensaje urgente de un buen amigo. Estaba muy preocupado: Amber, la hija de cuatro años de su mejor amigo, acababa de ahogarse en una alberca. Llamé al padre, Phil, quien iba camino a la morgue a ver a Amber. En el coche iba su esposa Annette de cuarenta y cinco años, una escenógrafa francesa, y sus dos hijos: Beatrice de siete años y Henri de diez. La recepción era mala y su voz se escuchaba entrecortada cuando me contaba a dónde iban. Me impresionó que por instinto hubieran llevado a sus hijos a ver el cuerpo, que supieran de alguna forma que involucrarlos era lo correcto; necesitarían ver el cuerpo de Amber para que en realidad creyeran que estaba muerta.

Como cualquier persona que se embarca en este tipo de conversaciones por primera vez, quisiera que hubiera una frase que arreglara todo mágicamente, pero no existe ninguna. Así que dije lo único que pude decir: "Lamento muchísimo saber que tu hija, Amber, haya muerto; lamento que te haya pasado algo tan horrible. ¿Cómo puedo ayudarte?" Ambos me dijeron que necesitarían orientación y acordamos hablar en otro momento.

La siguiente vez que platicamos me puse nerviosa, porque necesitaba encontrar una manera de hablar con ellos sobre algo que nadie debería siquiera imaginar. Les dije que era importante darse el tiempo suficiente para planear el funeral, el cual seguramente sería el último evento que planearían para Amber. Si se tomaban su tiempo, podrían pensar qué querían, tomar decisiones y también tener tiempo para cambiar de parecer, algo que en otro momento podría protegerlos de tener arrepentimientos. Tendrían que considerar cuidadosamente cuál era la mejor manera de incluir a Beatrice y a Henri. Qué ropa le iban a poner a Amber y qué pondrían en su ataúd (mensajes de sus hermanos, de ellos, su osito de peluche, etcétera); todos estos asuntos requerirían tiempo para platicarse.

Mientras hablaba con ellos, empecé a darme una idea de cómo eran. Phil tenía mayor apertura emocional. Él lloraba con gemidos ruidosos y agitados que parecían afectar todo su cuerpo cuando mencionaba el nombre de Amber. Annette contenía más su tristeza: a pesar de que seguramente tenía un gran dolor, éste iba a lo más profundo de ella (no como Phil, a quien le brotaba a chorros) y me pareció que era su forma natural de ser (sus modos no tenían nada de forzados o de frágiles). La prioridad de Annette era asegurarse de que sus otros hijos estuvieran bien, querer mantenerse positiva y "seguir adelante". Me impactó cómo sus mecanismos de superación instintivos parecían ser los contrarios a los de la norma: los hombres suelen enfocarse más en trabajar para que su vida vuelva a lo normal y las mujeres suelen llorar más abiertamente y enfocan su energía en su pérdida, asimismo se enojan con su pareja porque ésta intenta seguir adelante.

Después del funeral, establecimos sesiones vía Skype, porque ellos vivían en París. Anette era bellísima con brillantes ojos cafés, cabello oscuro, y esa elegancia parisina innata que casi nadie en el mundo puede emular. Phil tenía un rostro dulce, ojos cafés tristes y cabello negro grueso. Flaco y en forma, él era la epítome del aspecto del "galgo diseñado para correr a toda velocidad". Parecía como si diario fuera a correr kilómetros con el fin de sudar todo ese dolor en su cuerpo. Era profesor y pude imaginar su presencia silenciosa frente a sus alumnos, atrayendo la atención de todos y generando una chispa que detonaba la curiosidad.

Phil y Annette sufrían de desorden de estrés postraumático; éste les causaba intensos e invasivos recuerdos, *flashbacks* y el recuerdo repetitivo del ahogamiento de Amber. Una manera de entender una muerte traumática es verla como un "duelo a todo volumen". Parecía que ellos mantenían al trauma en su interior; hubiera sido mejor para mí percatarme de esto si se encontraran en la misma habitación que yo. Después de que discutimos cómo podría funcionar la terapia virtual, pasamos a hablar sobre el trauma, y les expliqué que no podrían procesar su duelo hasta que pudieran abordarlo. Hay varios enfoques para trabajar con un trauma, pero para mí funciona la idea de que es como si fueran muchos pedacitos de papel apretados dentro de un cesto: nuestro trabajo en la terapia consiste en examinar minuciosamente cada pedazo de papel y en reorganizar los sentimientos y los hechos para así construir una historia integrada y clara. Relatar repetidamente las partes del evento permiten que el trauma se salga de la parte del cerebro de "lucha, huida o parálisis" y se dirija a la parte racional y pensativa, donde podrá almacenarse junto a nuestros recuerdos "normales".

Este trabajo fue meticuloso y sólo pudo hacerse poquito por poquito, conforme aprendían a regular su sistema a través de tranquilizarse y de respiraciones, es decir, de trabajar con su cuerpo. Cuando pudieron platicarme con mayor facilidad, me contaron su trágica historia.

Estaban de vacaciones en España con otra familia. Se acercaba el final de un buen día y todos estaban alrededor de la alberca (cuatro adultos y seis niños). Recogían el tiradero normal después de un día de verano: toallas, trajes de baño, cubetas y palitas; platicaban mientras estaban ocupados. Nadie se dio cuenta de que Amber se metió silenciosamente a la alberca. Usualmente se sentaba en el primer escalón, pero puede ser que esta vez se haya resbalado o diera un paso muy largo. El ahogamiento es terriblemente rápido y silencioso. Para cuando se percataron, su cuerpo flotaba boca abajo. El terror se apoderó de ellos; Annette gritó y Phil saltó a la alberca para salvarla. Desesperadamente, él intentó resucitarla, mientras que Annette llamaba para pedir una ambulancia. Como se estaban hospedando en una villa en las montañas, a los paramédicos les tomó veinticinco minutos llegar. Ya era muy tarde: a la víctima sólo le toma dos minutos para perder el conocimiento y de cuatro a seis minutos para morir.

El detonante principal de su trauma era la imagen de Amber flotando en el agua, cuando la sacaron de la alberca, cuando intentaron resucitarla y fallaron y cuando llevaron su cuerpo a la ambulancia sobre sus brazos. Cada vez que veían esas imágenes, era como si un grito ahogado se escapara de sus cuerpos. Hacíamos ejercicios de respiración para tranquilizarlos; después de bastante tiempo, seguí sintiendo la intensidad de todo esto dentro de mi cuerpo.

¿Cómo es que algo tan absurdamente normal como un niño en una alberca pueda terminar en una catástrofe tan trágica? La crueldad caprichosa de la vida. Es injusto, completamente injusto; fácilmente cualquiera de nosotros pudo haber estado en su situación. Definitivamente pude ser yo: recuerdo los gritos que di cuando vi que mi hijo de dos años cruzó por una puerta sin ser visto y gateó directamente hacia un lago. Si me hubiera dado cuenta sólo unos minutos después, su destino habría sido muy distinto. Para mí, nunca habrá una explicación que tenga sentido.

Desde el inicio, Phil y Annette tomaron la consciente decisión de permitir que la culpa los dominara, sin importar lo profunda que fuera. Creían firmemente que debían estar bien, por Henri y Beatrice; debían asegurarse de que sus hijos vivieran momentos felices. Phil expresó el conflicto contra el que luchaba: "Cuando estoy bien me siento culpable y cuando estoy triste siento como si le demostrara a Amber que la extraño, a pesar de que el dolor de ser infeliz hace todo más sombrío. Estoy tanteando para encontrar un camino hacia adelante". Annette se mantenía ocupada y parecía que activamente quería hacer que siguieran adelante. Claramente, ella sentía la misma tristeza que Phil, pero su estilo no era hablar mucho al respecto. Ella decía: "Simplemente sigo haciendo mis cosas. Pienso en ella todo el día y no se ha vuelto más fácil. Mis ojos ya están secos de tanto llorar, estoy exhausta".

Su duelo estaba presente en cada minuto de sus días, a pesar de que todavía podían pasar momentos agradables bajo esa sombra. El saber que nunca podrían ver cómo sería Amber dentro de diez años los abatía. Phil sentía que su relación con el tiempo se había alterado: ahora ya simplemente dividía su vida en el antes y después de Amber. El futuro ya no existía para él y cualquier sensación que tuvo del tiempo linear ya se había ido.

Para Phil, la pregunta no era si podía soportar esa tristeza, sino cómo podía soportarla. Sabía que podía montarse un personaje en el exterior, pero por dentro eso no le hacía nada; "todavía se siente sumamente triste. Considerando que tengo muchas facetas, todas éstas se ven afectadas por eso y se transforma en un maldito vacío. Durante periodos breves, ese vacío no es el centro de todo, pero regresa cuando me doy cuenta de que 'ésa es otra cosa que hice sin Amber'. Se trata principalmente de resiliencia: es algo así como escalar el Everest con una pierna; es muy difícil". Mientras me lo platicaba, me percaté de lo fuerte que él debía ser para soportar tanto dolor. No quería reducir el nivel de su sufrimiento, pero me pareció importante reconocer el papel de su fuerza como factor de protección.

Annette dejó su empleo. Le era muy difícil seguir trabajando en algo que ahora le parecía "sin sentido". A pesar de que sabía que por cuestión económica necesitaría encontrar un empleo en el futuro, por ahora sólo le interesaba su familia. Enfocó todo su gran talento creativo en ellos: los llevaba a lugares divertidos, pintaba con sus hijos, cocinaban juntos (creaba nuevas experiencias felices para que las guardaran en su memoria). Esto no eliminó su sentimiento de pérdida; en lugar de eso, la pérdida le forjó la determinación de ver hacia adelante. Phil no pudo volver a la escuela para el primer periodo por su trauma. Su memoria no era fiable y reducía su habilidad de mantener la atención de sus alumnos. El ver a los niños seguir con sus vidas, mientras que a Amber se la habían quitado, era demasiado doloroso para él. En el segundo periodo tomó pocas clases y poco a poco volvió a enseñar a tiempo completo.

Me interesaba su faceta como pareja y quería entender cómo eran uno con el otro. Su relación tenía cierta ligereza, la cual noté que en realidad era una gran confianza. Se atrevían a amarse plenamente; no se quedaban con las ganas. No parecían ser complicados; tal vez se molestaban, pero las emociones no eran tan complicadas y podían reconciliarse después de pelear sin estar llenos de resentimientos. Annette hablaba menos que Phil, pero parecía que entre ellos había un balance; de cierta forma, él hablaba por los dos. Cuando platicamos sobre cuán diferente era su manera de vivir el duelo, Phil lo resumió con sencillez: "Es un camino que tomas y que haces por ti mismo. Es algo muy solitario. Todos compartimos un duelo familiar, pero el duelo que siento como individuo no se presenta al mismo tiempo que el de ellos y no es igual al de nadie. Cada uno está programado a su manera y puede ser que uno de nosotros sienta lo mismo, pero con una intensidad distinta y en un momento distinto. No obstante, al final tienes que lidiar con eso por ti mismo". Sonreí por dentro al escuchar su precisión y pensé en lo increíble que sería si todos lo entendieran con esa claridad.

Los escuchaba y les ayudaba a dilucidar sus sentimientos, mientras protegía sus intentos por mantener sus sistemas físicos equilibrados (los recuerdos traumáticos podían llevarlos rápidamente a un estado de alerta agudizado, como si estuvieran en peligro). Podía sentir la profundidad de su dolor; Phil hizo un comentario que se me quedó en la mente desde entonces: "El silencio es ensordecedor". Me conmovió en lo particular, por injusto que esto sea, ver la facilidad con la que un hombre expresaba su tristeza; sabía que su capacidad para soportar el dolor era lo que lo ayudaría a sanar. Entendí que tanto Phil como Annette recibieron mucho amor de niños: a pesar de que pasaron por algunas situaciones difíciles, como el divorcio de sus padres en ambos casos, éstas no les generaron puntos de quiebre. La fuerza del amor seguro y predecible que recibieron al crecer les construyó bases sólidas y les permitió soportar la dolorosa herida causada por la muerte de Amber.

En cada sesión platicábamos sobre Henri y Beatrice, quienes estaban trabajando su trauma con la ayuda de un terapeuta de la escuela. En ocasiones se veían felices y hacían bromas, mientras que en otras irrumpía la tristeza. Beatrice iba al cuarto de Amber, se sentaba en su cama, olía su ropa y gritaba con coraje: "¡Quiero a Amber!" Extrañaba muchísimo a su compañera de juegos, a su hermana. Se dormía con los ositos de peluche de Amber entre sus brazos y los veía fijamente y de cerca a los ojos para poder verla dentro de su corazón. En otras ocasiones bajaba la cabeza hacia su corazón, como si Amber estuviera ahí, y le susurraba, le contaba historias, las novedades. Ella escribía recuerdos breves en pedazos de papel y hacía dibujos que dejaba regados por toda la casa; a veces escribía "Hola" en el libro de condolencias del funeral de Amber (lo tenían en la sala). Henri dormía con su oso de peluche envuelto en la mantita de Amber y platicaba con él antes de quedarse dormido.

Conforme se acercaba el verano, tenían que abordar la pregunta de si sus hijos querrían ir a nadar. Phil sacó el tema cuando todos estaban juntos tomando un té, para no hacerlo un momento dramático; les preguntó qué pensaban de ir a nadar. Beatrice y Henri fueron inesperadamente pragmáticos y dijeron que sí querían ir y que no les daba nada de miedo. Sin embargo, para Phil y Annette era otra historia: ahora el saber que sus hijos podían morir era inevitable y no se sentían muy seguros de poder mantener a sus hijos a salvo. Les tomaría bastante tiempo volver a sentirse sanos y salvos.

Phil y Annette empezaron a salir con amigos cercanos con quienes se sentían a gusto. Al inicio les daba miedo salir de la casa, pero poco a poco pudieron hacer más cosas. Salirse de la protección del hogar significaba que tal vez no podrían afrontar detalles pequeños que pudieran salir mal, como al momento de estacionarse, o detalles más importantes, como las preguntas de los demás. Les era difícil lidiar con quienes no sabían del accidente de Amber y que les preguntaban casualmente: "¿Cómo está la familia?"; Annette me contó de un caso: "Fui al súper y me topé con alguien que no conozco tanto y me hizo esa pregunta. Sé que ella no quería que le respondiera lo que en realidad debía decirle, más bien esperaba que le sonriera y le dijera que todos estábamos bien. Odié saber que estaba por aventarle una bomba, que fue justo lo que pasó. Quedó muy alterada".

La peor pregunta que un extraño les podía hacer era: "¿Cuántos hijos tienen?" Nadie espera escuchar "Tenía tres hijos, pero una ya murió" como respuesta. Para Phil y Annette había una manera para ponderar las opciones "menos peores". ¿Debían de negar la existencia de Amber al decir que sólo tenían dos hijos? ¿Era una mentira decir que tenían tres hijos sin mencionar la palabra "muerte"? ¿Podrían lidiar con la reacción de la otra persona si usaban la palabra "muerte"? Esa reacción podría ser agotadora y varias personas me han dicho lo difícil que es decirle a alguien que todo está bien y que no tienen que preocuparse, cuando son ellos quienes están viviendo la muerte de su hijo. Juntos acordamos que no debían ponerse reglas: todo dependía de cómo se sintieran en ese momento, del lugar donde se encontraran y de quién les hiciera la pregunta.

Durante una sesión, Annette dijo: "Encontré unas fotografías que Phil le tomó a Amber cuando murió; las puso en un lugar especial y decidí verlas. Se veía mucho más muerta de lo que recordaba, se veía muy muerta... ja... Me di cuenta de que esto es difícil y muy muy triste. Hoy desperté a las cinco de la mañana y mientras intentaba volver a dormir, sin éxito, me imaginé que ella entraba al cuarto, esa pequeña personita emitiendo un rugido, y que repentinamente abría la puerta, saltaba a nuestra cama y se trepaba sobre nosotros... la extraño tanto... Esta semana me puse una chamarra que no usaba desde hace mucho y en uno de los bolsillos había un Playmobil que ella encontró y que recogió, con sus propias manos, y me lo dio..." Pude sentir con Annette cómo esa pieza de Playmobil era como si ella estuviera presente, como si estuviera adentro en su bolsillo... sin embargo, ella no estaba allí.

Cerré la sesión preguntándoles qué era lo que obtenían de mí; me enteré de que yo era la única persona a quien no le ocultaban lo mal que se sentían y con quien podían explorar las mismas preguntas una y otra vez. Asimismo, yo estuve con ellos desde el inicio, lo cual representaba algo importante porque yo había visto cómo crecieron hasta el punto en el que volvieron a confiar en sí mismos.

A primera vista, Henri había aceptado la muerte de Amber de una manera casi mecánica, diciendo: "No hay nada que pueda hacer al respecto". Se sentía feliz en la escuela con sus amigos y le iba bien. Pero ésta sólo era una parte de la historia;

Amber todavía seguía en su cabeza y él le era sumamente leal: un día, cuando el padre de un amigo suyo dijo que en su familia había dos niños, Henri se enojó muchísimo y entre lágrimas le dijo: "NO, somos tres". Cuando platicaron en familia qué iban a hacer para el cumpleaños de Amber, él fue quien propuso más cosas: quería un pastel con velas y soltar un globo con una carta para Amber. Sentía dentro de mí lo injusto que era para estos dos niños afrontar estas preguntas sin respuestas sobre la muerte a tan temprana edad; no obstante, instintivamente estaban haciendo las cosas correctas para apoyarse a sí mismos.

Un día Phil fue a quedarse con el padrino de Amber y por primera vez vio una foto de ella sentada en una silla en el jardín. La silla seguía allí, pero ella no, y él no podía dejar de verla. Phil no sabía qué creer: no quería pensar que después de morir simplemente no había nada, pero no la sentía presente, ni sentía una conexión imperecedera con ella. Las personas seguían diciéndole: "Siempre la recordarás", pero él me decía que eso le parecía falso y frío. "Una cosa sobre los recuerdos es que en estos momentos te das cuenta de los pocos que tienes y de lo limitados que pueden ser. Si dependo de las fotografías y no de mis recuerdos, la experiencia es menos rica. También tengo los recuerdos del accidente: ésos los tengo que separar, pero siempre termino con la misma idea: ella no está." Él sentía que ella se le iba entre los dedos. Le conté que los recuerdos, cuando se buscan activamente, se vuelven cada vez menos disponibles, es como cuando no puedes acordarte del nombre de algo o de alguien; pero cuando dejamos de buscarlos tanto, los fragmentos se pueden combinar para hacer una imagen completa hecha de recuerdos claros y completos.

Annette no tenía esa misma sensación de buscar constantemente a Amber, porque no tenía problemas para recordar los sucesos más recientes. Comentó: "Recuerdo verla cepillándose y el olor de su cabello. Puedo verla llegar corriendo de gimnasia, irrumpir en la casa, con vida… Hay un día que me gustaría haber grabado: ella estaba entreteniendo a los otros dos, les contaba un sinfín de chistes y moría de la risa de sus propios chistes, gesticulaba… Era una niña que hablaba con todo su cuerpo; cuando la veía por detrás, sabía si estaba sonriendo". Para Annette, recordar era una forma de sanar; le permitía progresar. No obstante, cada vez menos personas mencionaban a Amber y ella tenía menos oportunidades para recordarla. Eso la obligó a depender de mantenerse ocupada y de seguir haciendo sus cosas como mecanismo de superación.

"Seguir adelante", eso es justamente lo que ella estaba haciendo: nueve meses después de la muerte de Amber, Annette estaba embarazada. Cuando me dieron la noticia, los dos tenían una sonrisa feliz y llorosa. No se trataba en lo más mínimo de un intento por reemplazar a Amber. Sus amigos la hicieron enojar al ver que tenían esta opinión simplista de que como ya estaba embarazada ahora "todo estaba bien". Tener esperanzas y al mismo tiempo estar en duelo por Amber eran dos procesos paralelos; uno no cancelaba al otro. Annette ya había tenido tres embarazos exitosos y se mostraba optimista ante éste. A todos les daba una luz en sus días más oscuros.

El aniversario luctuoso de Amber estaba cerca. Un aniversario es una marca en el tiempo y va acompañado de cierta intensidad. La espera hacia esta fecha era difícil, en especial para Phil, quien no podía dormir. Conforme el día se acercaba, su nivel de angustia empeoraba, mientras revivía el horror de lo ocurrido. El día del aniversario tuvo lugar durante las vacaciones de Semana Santa; decidieron pasar unos días con cada abuelo, lo que significaba un viaje de Francia a Inglaterra. Los niños querían estar con toda su familia y también con sus tías, sus tíos y sus primos. Por instinto, sabían que el amor era la mejor medicina para la pérdida y que recibirlo abiertamente les ayudaría a soportar su duelo. Ellos querían ver el árbol que plantaron cuando Amber nació y donde esparcieron algunas de sus cenizas, para sentirse cerca de ella. Phil también se sentía cerca de ella en ese lugar. Casi al final de nuestra sesión echó su cabeza hacia atrás, cerró los ojos y dijo hacia el techo: "Si pudiera ir al cielo y decirle sólo unas palabras, serían palabras de *amor*, ver si está *segura*, si está *feliz* y expresarle lo mucho que *la extraño*".

A Phil le preocupaba que como familia no estuviesen platicando lo suficiente sobre Amber y que, a pesar de que él quería platicar más sobre ella, el resto no quería. Él sentía que como padres debían de ser un modelo para sus hijos de cómo vivir el duelo. Frecuentemente dialogaba sobre el dilema de cómo vivir y estar en el presente, mientras que se aferraba a Amber y a todo el dolor que eso implicaba. Tenía una sensación interminable de que la extrañaba y esperaba que hablar sobre ella mantuviera su espíritu vivo y que les diera a todos una mejor oportunidad para ajustarse de mejor manera. Pensé que estaba en lo correcto.

Annette sorprendió y conmovió a su esposo al revelarle la noticia de que iba a grabar a los compañeros de clase de Amber; éstos le iban a contar sus recuerdos de ella. Asimismo, la semana siguiente iban a desvelar una banca con mosaicos alrededor del árbol que estaba en el patio de la escuela; esto fue organizado por algunos padres de familia. Los mosaicos mostraban dibujos hechos por Henri, Beatrice y los mejores amigos de Amber. Phil abrazó a Annette fuertemente y con cariño.

Pocos meses después nos dimos cuenta de que ya habíamos hecho suficiente a través de la terapia. Ellos ya habían encontrado una manera de vivir sus vidas sin perder el recuerdo de Amber. Para todos nosotros fue una despedida agridulce: positiva porque ya no necesitaban de mi apoyo, pero triste porque, al final del día, era una despedida. Fue una relación íntima e intensa que tenía a Amber como su eje central.

Pru y Robert

Recibí un mensaje de Pru con un tono desesperado en el que insistía en verme. Es difícil recibir y contestar a este tipo de mensajes cuando sé que no puedo aportar mi ayuda, ya que mi agenda está llena. Le contesté con una disculpa y le expliqué con la mayor delicadeza posible que no tenía un espacio libre para poder verla; a lo que me preguntó si al menos podría hablar por teléfono conmigo. Acepté. Si mantendría mi negativa de recibirla, no debí aceptar hablar por teléfono con ella, sin embargo se trataba de un juicio personal: cuándo es preferible ser humano y permitir que el corazón responda y cuándo en realidad estás causando daños al iniciar una relación vía telefónica que no podrá tener continuidad.

Platiqué con Pru y escuché su acento inglés marcadísimo. Hablaba con rapidez y podía escuchar un dolor latente en cada una de sus palabras. Su hija de veintinueve años, Alicia, estaba en cuidados intensivos, en estado de coma. Había sufrido un colapso a causa de una sobredosis de drogas. Como Pru no tenía casi ningún control ante el resultado de su hija, terminé aceptando su visita y le aclaré que nuestras citas serían intermitentes hasta que nos fuera posible encontrar un espacio regular disponible. Le pregunté si el padre de su hija estaba disponible y me contestó que sí, que ella y Robert estaban casados; por lo que les sugerí venir juntos.

Al siguiente día trabajé hasta tarde para reunirnos. Mientras subían las escaleras no platicaban entre sí, algo inusual, ya que las parejas suelen ir platicando conforme suben. Casi sentí la tensión llegar antes que ellos. Primero vi a Robert; él era alto, tenía un aspecto distinguido, la cara roja y era evidente que alguna vez fue rubio, pero ahora tenía cabello cenizo y se estaba quedando calvo. Estaba en sus setenta y pocos, tenía un aire distante y llevaba unos tenis gastados, algo que me pareció incongruente. Pru era pequeña, estaba en sus sesentas, su cabello era brillante, color castaño y lo llevaba en una coleta apretada. Ella se vistió cuidadosamente con unos pantalones azul marino y una camisa color rosa brillante. Sus ojos cafés me veían con velocidad y miedo mientras intentaba saludarme con una sonrisa.

Cuando Pru hablaba, Robert permanecía en blanco y miraba fijamente hacia la alfombra, como si se tratara de un relato que no tuviera nada que ver con él. En ocasiones levantaba la mirada, pero no parecía como si lo hiciera para verme o identificarme, más bien lo hacía sencillamente para ver hacia otro lado.

Me enteré de que, tres semanas antes, un amigo de Alicia les llamó a las cuatro de la mañana para decirles que ella había tomado un coctel de drogas y alcohol, y aunque al inicio parecía que sólo estaba drogada, pero estable, en un punto se desmayó. No estaban seguros de cuánto tiempo llevaba desmayada, pero le llamaron a una ambulancia en el momento en que la vieron. Pru y Robert corrieron al hospital, donde un doctor les dijo que Alicia había sufrido un derrame cerebral y que intentaron resucitarla, pero que no sabían cuál sería el resultado final; eso dependería del progreso de Alicia durante los siguientes días.

Los días se volvieron semanas. Alicia estaba en coma y sus padres y hermano menor, Piers, tomaban turnos para hacer vigilia junto a su cama, miraban los monitores a ciegas, anhelaban que los doctores llegaran para darles buenas noticias y creían que si tenían suerte recibirían un resultado mejor. Fue un viaje en montaña rusa. Había días o momentos durante el día en que los sonidos del monitor indicaban mejoría y los doctores eran alentadores; luego había días en los que ella empeoraba o sufría convulsiones horribles. Al inicio, los doctores no podían predecir diagnóstico final e intentaron aplicar protocolos diferentes, pero ninguno había sido exitoso. En ese momento entendí por qué los dos se veían y se comportaban como si su mente no estuviera presente; los pabellones de cuidados intensivos son una dimensión desconocida, un lugar donde la vida normal se desvanece. Pru y Robert estaban exhaustos y llenos de miedo por el desconocimiento, su esperanza disminuía y se sentían completamente impotentes. Pru me marcó con tanta desesperación porque su última conversación con el especialista fue muy oscura y ella temía lo peor: que Alicia muriera.

Le pedí a Robert que me explicara lo que él entendía de los diagnósticos de Alicia y en ese momento sí me miró directamente y dijo en voz baja y con un rastro de acento francés: "No hay nada más por entender; mi hija está muriendo". Describió de manera tan detallada como la de un forense el aspecto de Alicia, su palidez, lo confuso que era verla respirar a través de un ventilador, esas convulsiones que hacían retorcer el cuerpo de su hija y las otras ocasiones en las que ella se había desmayado; asimismo, describió cuando él veía a los doctores y las enfermeras trabajar en su hija. Sonaba como si él observara a cada trabajador del hospital para asegurarse de que no cometieran errores, desde una perspectiva de desconfianza. Pude sentir mis ganas de retroceder de esa amenaza que parecía estar detrás de sus palabras, de la terrible imagen de ver a su querida hija morir y de su dolor; así que me recordé que debía respirar y mantenerme firme.

Le pregunté a Pru qué quería obtener de estas citas y me dijo que quería una guía, ya que se trataba de un mundo que para ellos era completamente ajeno y su confianza se había esfumado. Les hablé de manera vacilante cuando abordé su peor miedo: la muerte de Alicia. Reconocí que en ese momento no sabíamos con exactitud si Alicia moriría, y yo esperaba que ella se recuperara, pero yo debía platicar con ellos sobre lo que podía servirles de apoyo en caso de que muriera. El objetivo era que ellos no tuvieran arrepentimientos que pudieran volver a sus mentes en algún momento y que los atormentaran.

Sentí que era clave que construyeran una relación de confianza con el especialista y que se dieran el tiempo para discutir y analizar cada aspecto del cuidado de Alicia, que platicaran "de experto a experto" (ya que ellos eran expertos en sí mismos, en su familia y en sus creencias, así como el especialista era experto de los asuntos médicos). La decisión a tomar era si debían pedir que terminara el tratamiento activo, lo que significaba la muerte de Alicia, o si continuaban con los tratamientos, conscientes de que Alicia quedaría con todas las consecuencias provocadas por un grave daño cerebral. Ellos debían explorar estas opciones juntos hasta que pensaran que ya tenían toda la información para así poder tomar la mejor decisión, debido a las circunstancias tan difíciles. Esta decisión no era entre blanco o negro; cualquier cosa que ellos decidieran provocaría una gran pérdida y una gran incertidumbre. Robert dijo que hablaba por los dos al comentar: "Alicia nunca estaría de acuerdo con vivir en un estado vegetal". Después de pronunciar esas palabras, hubo un silencio. Eran palabras impactantes, hasta brutales, pero al menos ya se habían externado, se trataba de la verdad más difícil de enfrentar. Si la decisión era entre que Alicia estuviera viva con un daño cerebral grave o que muriera, ellos sabían cuál era su decisión. Y, sobre todo, estaban de acuerdo. Les sugerí que incluyeran al hermano menor de Alicia en sus consideraciones y ambos asintieron.

Había varios aspectos prácticos que yo quería explorar, pero los dos se veían tan agotados que no era el momento correcto para lidiar con más información. Mientras estábamos en silencio pude ver cómo los dos trataban de asimilar lo que acababan de acordar. Reconocí lo difícil e impactante que era. Les ofrecí hacer un ejercicio de respiración para ayudarles; Pru asintió y Robert se quedó congelado. Conforme Pru respiraba, vi la explosión de lágrimas que salieron de su cuerpo, ella intentó mantenerlas dentro, así que le sugerí discretamente que las dejara salir. Su cuerpo se estremeció y sus aullidos primitivos de angustia trajeron al cuerpo ese dolor oculto con el que habían llegado. Robert tomó su mano con lágrimas en los ojos. Me senté junto a ellos, ahora con más tranquilidad.

Acordamos que regresarían, pero no establecimos una fecha exacta, porque ellos no sabían qué pasaba. Me imaginé que ellos me contactarían en los próximos días y me encontré preguntándome constantemente si Alicia estaba con vida. Sin embargo, no escuché ni una palabra de ellos hasta tres semanas después, cuando Pru me envió un mensaje para avisarme que Alicia había muerto. No me dijo cuándo. Le dije cuánto lo lamentaba y ofrecí mi apoyo. No obstante, no me respondió. No escuché de ella durante nueve meses. En ese tiempo me imaginé varias razones muy diferentes de por qué no habían vuelto: mi incompetencia, la resistencia de Robert o, como dijo mi supervisor y como era más probable, porque ellos se encontraban en su proceso y por una razón u otra yo no era parte de éste. Seguramente no se trataba de mí.

Había dejado de pensar en ellos cuando Pru me contactó. Me dijo que no estaban superando la situación y que me querían ver lo más pronto posible. Cuando llegaron, me sorprendió lo delgados que estaban. Robert se veía demacrado, su altura se había reducido a causa de la carga de su duelo, se sentó encorvado y apenas hablaba. Pru me describió sus últimos meses como una serie repleta de asaltos que eran muy difíciles de soportar. Se estremeció cuando me contó lo difícil que había sido el invierno: "En realidad no me he sentido bien de la cabeza, sólo estoy respirando, no estoy viva en verdad, y ni siquiera pongo un pie delante del otro. No hemos salido de la casa. Por momentos pensaba que no sobreviviría la siguiente hora".

Me relataron lo difíciles que fueron esos momentos cuando se acercaban a la muerte de Alicia. Pru describió: "Cuando finalmente nos dijeron que el escaneo del cerebro de Alicia no mostraba actividad, procedieron a llevarnos a un cuarto pequeño donde nos sentamos con el doctor y tuvimos que tomar la decisión de que le quitaran el tubo de respiración artificial. Incluso cuando decidimos si donábamos sus órganos o no, no sabíamos qué hubiera querido ella. También el preguntarnos si ella hubiera preferido que la enterráramos o que la cremáramos. Fue una pesadilla". Después, pasaron por la devastación que era el funeral de Alicia y esa terrible espera por los resultados de la investigación. Conforme Pru me lo contaba, sentí que ella tenía más palabras y sentimientos por expresar que lo que nuestra hora de cita nos permitía, mientras que Robert se veía como si estuviera vacío, como si le hubieran sacado las entrañas, él no tenía palabras. Cuando Pru empezó a contarme toda la historia de Alicia entendí por qué. Se trataba de un duelo muy complejo con años de pérdida acumulada que había empezado trece años antes de su muerte.

Pru recordó el primer momento en que se dio cuenta de que algo estaba mal con Alicia.

"Acabábamos de llevar a la casa a un cachorrito y recuerdo que en un momento ella se recostó y pude ver su brazo, pensé que se veía muy delgada y que tal vez tenía anorexia... Adelgazó increíblemente rápido y eso fue lo que abrió un gran ciclo hacia el abismo."

A lo largo de varias sesiones me enteré de lo aterrador y fuera de control que se tornó ese ciclo. Alicia estaba estresada por sus exámenes finales del bachillerato y adelgazó mucho; asimismo, fumaba skunk, lo que la llevó a usar otras drogas. Pru me contó: "Le sugerí que pospusiera la universidad y que se fuera a Italia, que se divirtiera un poco, pero estaba determinada a no tomarse un año sabático. Estaba motivada, quería continuar con su educación, pasar a la siguiente etapa; estaba segura... El primer año pasó bien; tal vez tuvo sus detalles, como cuando la iba a visitar y ella me decía que me fuera. Alicia estaba tomando y fumando skunk, también se había vuelto una apasionada por la música. Fue en su segundo año que el abuelo murió y eso le provocó un tropiezo, fue el catalizador de todo lo que salió mal". Me comentó que pasaron por seis años tortuosos durante los cuales Alicia se volvió cada vez más psicótica.

"Llegó a casa y se largó, y en ocasiones era psicótica, escondía sus medicamentos. La internaron dos veces y salía y entraba de una clínica a la otra, a veces de una celda a otra. Todo se derrumbó hacia un infierno. No sabíamos qué hacer, pero los doctores no podían hablar con nosotros porque ella era un 'adulto', lo que hacía que todo pareciera más loco de lo que ya era, porque su comportamiento no era adulto y nosotros, las personas que podíamos cuidar de ella, no recibíamos información sobre su estado o sobre cómo podíamos ayudarla. Sentíamos que como su familia, como los que habían invertido más que nadie en su bienestar, se nos excluía, hasta nos veían como una energía negativa, lo que aumentaba nuestra impotencia. Alicia tenía un novio terrible que era traficante. No teníamos ninguna esperanza y, mirando hacia atrás, puedo ver lo poco que sabíamos; no teníamos idea de que el skunk podía provocar la psicosis. Ella tomaba éxtasis y escuchaba música; se volvía muy agresiva y enloquecía. Se ponía furiosa con nosotros y eventualmente cortó sus relaciones con todos, nadie renunció a ella, pero Alicia rompió con todos: sus amigos, sus primos, su hermano y nosotros."

Apreté la mandíbula mientras me permitía asimilar la magnitud de todo lo que me había contado y la palabra correcta para describirlo era tortura; como padre, ver cómo tu amado hijo pasa de tomar drogas moderadamente a sufrir de una enfermedad psicótica y alejarse por completo era una tortura inimaginable. En el interior de mi mente también pasaba por un pequeño coraje por la ignorancia de las personas respecto al skunk (una versión más potente de la cannabis) y ahora del spice (una versión todavía más potente y creada por el hombre a partir de la cannabis), ya que conducen a trastornos mentales en algunas personas, como fue el caso de Alicia.

Era importante que yo no me perdiera en la desolación y que empezara a responder terapéuticamente. Estaba consciente de que ellos pasaban por dos procesos simultáneamente. El primero era la salvaje y desgarradora pérdida de Alicia mientras estaba con vida: a través de su desorden alimenticio, su adicción a las drogas y su ulterior trastorno mental que la condujo a distanciarse de ellos… fue una "pérdida en vida". El segundo era el proceso de enfrentarse a la realidad de su muerte bajo esas horribles circunstancias, lo cual agravaba el duelo, y la ausencia de esperanza por arreglar las cosas ahora, lo cual aumentaba su dolor. Pude ver la desesperación en sus ojos cuando me dijeron que ojalá hubieran conocido más sobre el tema. Se sentía como un camino doloroso y agotador que ellos ya habían atravesado en su interior miles de veces. Ya se habían imaginado si esos puntos de inflexión y decisiones podrían haber tenido un resultado distinto, pero no sabían cuál habría sido. En mi mente vi la imagen de un pantano lodoso y les hice saber lo complicado que era todo eso; asimismo reconocí, por un lado, que como sus padres ellos se sentían completamente responsables de ella y creían que debían saberlo todo y tener todas las respuestas. No obstante, por otro lado, ellos reconocían que ella era sí misma, que era una adulta y que tenía su propio carácter; asimismo, que estaba influenciada por su entorno y por eventos que la condujeron a su trágica muerte.

Su hijo Piers estaba constantemente presente en sus palabras; ellos quisieron protegerlo de los peores comportamientos de Alicia y sabían que inevitablemente éstos iban a afectarlo. Podía sentir que el amor que le tenían era recíproco. Él era su luz de esperanza. En el caso de Alicia, ellos sentían como si hubieran fallado como padres y con Piers se sentían agradecidos de que él les permitiera amarlo tanto como lo hacían. Él era "un buen chico, me provoca alegría. Dios fue bueno al dejarme tenerlo". Piers contactaba frecuentemente a sus padres, no se había descarrilado y, de hecho, fue exitoso a lo largo de sus estudios universitarios y ahora trabajaba en una buena empresa, asimismo, estaba feliz en una relación.

Eso me llevó a preguntarme cómo fue Alicia de niña y de adolescente. Pru intervino con un tono de voz más brillante y llena de orgullo y amor. Pude ver que esa Alicia seguía viviendo dentro de Pru, a pesar de todos esos años de alejamiento total. "Ella fue una niñita lindísima, muy feliz, traviesa, bonita. Mis hijos siempre fueron traviesos. Ella era atlética, era buena para pintar, inteligente, adorable. Le encantaba experimentar. Recuerdo que a los dos años se metió corriendo al mar helado de Escocia; no tenía miedo. Le encantaba probar cosas nuevas, en ocasiones precipitadamente... Tuvo muchos amigos."

No obstante, la luz en sus ojos se desvaneció con rapidez cuando su tristeza le volvió a dar un golpe. Reflexionó y dijo: "Ella debió nacer por cesárea, nadie nunca hará que deje de creer que ésa fue la raíz de sus problemas. Pesaba cuatro kilos y medio y era demasiado grande; estaba dañada desde que nació. Estaba en grave peligro, hubo mucha succión y desgarres que no le hicieron bien para nada".

Pensé en que ya había escuchado a otras madres decir cosas similares varias veces y en lo poco que sabemos sobre el impacto del nacimiento, cuando Robert levantó la mirada, claramente no estaba de acuerdo con esa conclusión, y habló con lo que parecían décadas de tristeza en sus ojos: "La Alicia que conocimos y amamos murió cuando las drogas se adueñaron de ella... nos destrozó por completo y, sin embargo, siempre tuve la esperanza de que lo superara; ese último vestigio de esperanza se destruyó con su muerte".

Me pregunté si ese intercambio reflejaba la dinámica de su relación: Pru era la que tenía esperanzas y Robert era el realista. Por primera vez se vieron a los ojos y vi cómo se generó una chispa de calidez entre ellos; me percaté de que su relación permanecía intacta. El impacto por la muerte de Alicia los había hecho trizas internamente y eso hizo que pareciera como si tuvieran poca conexión. Pru puso mi pregunta de vuelta en el armario: "lo asimilamos por turnos. Yo era como una guerrera, siempre me recuperaba de todo, pero esto me cambió para toda la vida. Robert es mi lugar seguro y yo soy el suyo". Robert continuó con la idea: "Por un momento perdí a Pru y hay días en los que todavía la pierdo. Además yo no soy muy bueno para hablar, me criaron para que siempre permaneciera con fortaleza. Pero estamos bien". Por experiencia, sabía que para la pareja masculina puede ser bastante aterrador sentir que pierden a su esposa y que suelen querer conectarse con ella a través del contacto físico, cosa que la esposa no quiere. Supuse que Robert sentía eso; no era el momento para mencionarlo, pero lo dejé en espera para otra ocasión.

Primero necesitaba entender la historia de Robert. Me enteré de que su madre era francesa y que pasó su infancia en

Francia, hasta que su padre inglés lo envió a un internado a los seis años; lo cual era normal en ese entonces, pero ahora sería una barbarie el simple hecho de considerarlo. Esto quería decir que Robert bloqueó sus sentimientos para no sentir el dolor causado por el abandono y que casarse con Pru, tan llena de sentimientos, fue como si él quisiera que ella lo encendiera, que quemara esos muros que él construyó por décadas. Eso funcionó cuando se enamoraron y en los años en los que criaron a sus hijos. La manera de Robert para enfrentar la enfermedad de Alicia durante los primeros años fue trabajar muy duro, aunque siempre fue un apoyo. Cuando había una crisis, él parecía ser frío y firme y era evidente que sufría un gran dolor en silencio. Pero éste no era el panorama general, ya que sus acciones demostraban el amor y compromiso por su familia, como cuando la situación de Alicia empeoró y él se retiró inmediatamente. En ese momento consideraba que su trabajo era estar en la casa.

El momento para volver a abordar su relación surgió unas semanas después, cuando llegaron enojados y se sentaron de tal modo que veían en direcciones opuestas. Me pregunté qué pasaba entre ellos. Pru, quien siempre era la que hablaba, me contó: "Robert tiene poca paciencia, me grita por cualquier cosa, sin importar qué sea, siempre es mi culpa; ya sea por los perros, porque el refrigerador es un desastre, porque el coche no tiene gasolina. Yo no soy buena para pelear, pero tengo que gritarle de vuelta o si no él se sigue". Le pedí que platicara directamente con Robert y le sugerí empezar su frase con "Cuando haces esto, yo siento… Me gustaría que…" Pru me dijo que no lo haría y Robert resopló. Nada como hacer una intervención "terapéutica" para hacerlos unir fuerzas contra mí. Reconocí que yo les era de poca ayuda y ambos sonrieron, disfrutaron que yo fuera la persona irritante. Intenté tomar otro camino y me atreví a preguntarle a Robert qué pasaba entre ellos, cosa que había evitado a causa de su lenguaje corporal, el cual me comunicaba "No hablo, así que no preguntes", pero esta ocasión fue más abierto y me dijo:

"Ella no deja de hacerme las mismas preguntas: ¿Es cierto? ¿Dónde está Alicia? ¿Qué hicimos mal? No lo sé, cuando ya dijiste que todo es una mierda no hay mucho más por decir. Ella insiste en hacerme hablar sobre eso. Yo no puedo. Lidiar con su miseria y con la mía es imposible."

Ahora Pru habló con menos coraje y como si tuviera algo en la garganta: "No dejaba de pensar que fue un error terrible... fue una muerte horrible y estropeante... estoy tratando de poner mis cosas en orden". Escuchar por lo que pasaba cada uno les ayudó a reconocer que éste era su duelo; no es algo que viene con la etiqueta "duelo", sino que se presenta como una culpa intensa, preguntas sin respuesta, coraje, alienación y una soledad que suele tratar de encubrir una tristeza profunda. La tristeza era un medio que ellos podían conectar entre sí, incluso podían consolarse el uno al otro.

Asimismo, se encontraban en un periodo de sus vidas en el que los amigos de sus hijos los invitaban a sus bodas. Rechazaron la mayoría de las invitaciones; tanto socializar como ver a las alegres hijas caminar con felicidad hacia el altar eran una representación demasiado vívida de una experiencia que jamás vivirían. También se dieron cuenta de que había personas que solían ser muy poco cooperadoras; los dos acordaron rotundamente hacer lo siguiente y Pru habló por los dos al decirme:

"Tenemos que ser muy cuidados respecto a con quién hablamos sobre esto, a las personas les da mucho miedo que les sacudan el piso. Su muerte fue traumática, joven y triste. A las personas les preocupa que vaya a llorar o que no llore, o quieren que llore. Me preguntan cómo murió y les digo que yo no quiero hablar al respecto. Un hombre me dijo que levantara mi ánimo, es decir, que mantuviera mi entereza, así que yo lo miré como si estuviera loco y no le dije nada, no se me ocurrió qué decir, estaba en shock y no lo perdonaré."

Expresó su furia frotando su puño dentro de su mano. No obstante, Pru tenía una amiga cercana que se llamaba Sonia y cuya hija se iba a casar; en este caso, sí aceptaron la invitación. Sonia se veía con Pru en un café, "un lugar deprimente y espantoso", una vez por semana desde que Alicia se enfermó y desde que había muerto. En ocasiones platicaban sobre sus problemas y otras veces de nimiedades, sentadas en un estacionamiento por dos horas. Ésa era la definición de un buen amigo, alguien consistente, atento y empático. Ir a la boda de la hija de Sonia era distinto, "me alegro todavía más cuando algo bonito como eso pasa; amo a mi amiga y a su hija, es mi ahijada, así que debemos estar felices por ella. Pero sí tuve que verla a los ojos y pensar que espero tener la fuerza para vivir lo que está por venir. La vida es difícil". Cuando dijo esto, sacó una fotografía de Alicia de cuando era bebé, recordó la inocencia y la esperanza que tenía en esos días y que ahora estaba destrozada.

Era consciente de que la muerte de Alicia significaba que ella ya no podría lastimarse a sí o a sus padres. Quería preguntarles al respecto, pero me lo guardé. Pru me platicó que alguien le dijo que "ella estaba enferma, así que ahora todo eso ya se terminó", como si la muerte hubiera sido el final de la situación, un alivio. Yo sabía que no se trataba de un alivio, pero me pregunté si era un caso similar al de los padres cuyos hijos mueren por una enfermedad dolorosa y que no querían que murieran, pero encontraron una especie de paz ya que dejaron de sufrir. Tendría que esperar hasta encontrar las palabras adecuadas y el mejor momento para mencionarlo.

Robert había empezado a involucrarse más y contestó mi pregunta al decir: "De alguna forma la perdimos hace años, porque evitaba vernos y nosotros luchamos por verla e hicimos todo lo que pudimos, le escribimos cartas, le enviamos dinero, fuimos a verla… Hubo una ocasión en que la vimos en la calle y le gritamos: 'Hola, mi amor', y ella se tapó con la mano; se rehusaba a vernos. Hasta se cambió de nombre a Tina. El rechazo nos causaba agonía. Sin embargo, después de años y años de vivir eso, empezamos a darnos cuenta de que era improbable que ella mejorara; fue un dolor permanente, un duelo de todos los días, se sentía cruel, no era su intención, pero ella fue cruel, ver lo que le hizo a Pru, a nosotros dos. No se trata de una muerte limpia, de un duelo limpio por superar, esto es otra cosa… No puedes dejar que la oscuridad te absorba".

Nuevamente recordé lo difícil que era este duelo, tal vez intentaba encontrarle lo positivo, pero el trabajo era reconocer que se trataba de un doble duelo y yo debía confiar en que ellos encontrarían la forma de reconstruir sus vidas.

Parecía que la intensidad de su crisis disminuía. El verme implicó un largo y desgastante viaje y ellos valoraban nuestras sesiones, pero ya no las necesitaban cada semana. Habían desarmado la mayoría de los detalles sombríos y ya no querían repasar una y otra vez el mismo material. Pero sí querían continuar mensualmente. Empecé a ver una firmeza que los dos personificaban y que parecía ser algo generacional. No había duda de cuánto habían sufrido y parecía que tenían "un antes y un después". Robert repitió en varias ocasiones algo que le dijo un médico general: "No lo superas, te acostumbras". Ambos crecieron con padres que no estaban muy interesados en sus sentimientos o que incluso quisieran la felicidad para ellos, obviamente fue algo muy duro, sobre todo en el caso de las experiencias tan tempranas de Robert con el internado, pero me pregunté si no es que también les había dado cierto estoicismo que fungía como apoyo. Un músculo que trabajaron desde temprano que hacía que simplemente vivieran con ello. En los siguientes meses vi más evidencia de esto. Había dos cosas que hacían sonreír a los dos. Pru me dijo: "A pesar de lo que ella hubiera pedido, vino a casa; traje sus cenizas a la casa y pusimos una roca en el jardín. Está de vuelta con nosotros. Por siempre. Por eso nunca dejaremos este lugar". Pude ver el orgullo en sus rostros y que renovaron su orgullo por Alicia. Me pregunté si nuestro siguiente trabajo consistiría en encontrar una forma para internalizar a Alicia antes de que se enfermara, pero tal vez eso era muy simplista, tal vez consistiría en permitir que la Alicia anterior surgiera y se colocara junto a su versión dañada.

La otra cosa que hacía reír a los dos era que Pru había descubierto una nueva fe. "Encontré la religión", me dijo con una sonrisa maliciosa. Fue la primera vez que la vi sonreír de oreja a oreja. Me era inusual ver una sonrisa pícara vinculada a la religión; casi como si se tratara de una travesura de Pru. Pronto entendí por qué. "Es el opio de las masas", opinó Robert. Ella había encontrado mucho consuelo al discutir con un sacerdote retirado, un hombre católico. Esos ojos cafés que estaban llenos de dolor la primera vez que nos vimos ahora brillaban. Ella creció con la Iglesia de Inglaterra, así que había algo de travesura con ser católico romano, lo cual la atraía; no obstante, lo que en realidad funcionó para ella fue que: "creo más en Dios, creo que debes vivir tu vida. Todos regresamos a la naturaleza, no somos más que una manchita. Obtengo mi mayor consuelo de mi fe porque es más grande que nosotros. Me gusta ser una manchita sin sentido". Robert sonrió, demostrando su cinismo, pero también su calidez, ahora había una mayor conexión entre los dos.

Surgieron más señales de esperanza. "Hace poco estaba pensando en otra cosa en la mañana; ella no es mi único pensamiento, es mi pensamiento de fondo. Puedo pensar en Piers y sentirme feliz sin sentirme culpable. Se va a casar con una chica muy linda. Es difícil ser el hijo único, pero estamos emocionados de que se case." Robert asintió, bastante quieto, pero no como si fuera una estatua, pude verle una sonrisa interna gentil. Conforme hablaban, volví a percatarme del difícil papel que es ser padre; sin lugar a dudas, formamos e influenciamos el desarrollo de nuestros hijos y queremos que nuestro amor los proteja de nuestras debilidades y de las peripecias del mundo a lo largo de sus vidas, pero una vez que nuestros hijos son adultos aprendemos que tenemos muy poco poder y control. En ese momento, nuestra tarea consiste en encontrar una manera para perdonarnos por nuestros errores, reconocer nuestra impotencia y, sin embargo, atrevernos a seguir amándolos con esperanzas. Me pareció que Pru y Robert, sin decirlo, habían comenzado a reconocer este dilema y se atrevieron a seguir amando.

Ahora puedo predecir que habrá un momento en el que ellos ya no necesitarán verme. No es porque su duelo habrá terminado, ya que este tipo de dolor nunca se acaba, sino porque en ellos habrá la vida suficiente como para seguir viviéndola; parte de esto vendrá gracias a su vínculo y también a su amor por Piers y por la esperanza que tienen en el futuro de su hijo, así como por su determinación innata por vivir aunque a veces sea doloroso, y por continuar a pesar de la tragedia que fue la vida y muerte de Alicia.

Reflexiones

Mi trabajo con estas parejas es una pequeña ventana hacia su mundo durante el momento más doloroso de sus vidas. Casi no existe nada tan traumático como la muerte de un hijo. Este suceso destruye el libro de reglas de la vida: nunca esperamos enterrar a nuestros hijos; ellos son los que nos deben enterrar. Estas parejas estaban destruidas y desorientadas: sintieron como si las hubieran lanzado a un mundo alienígena, algo aterrador y confuso, y sin mapa ni brújula. La muerte de un hijo deja un pozo sin fondo y, de todas las pérdidas que alguien puede sufrir, ésta es la que más tiempo requiere para reconstruir una vida.

Las familias que están en duelo por la muerte de un hijo o hija lo están por una persona que era central, que estaba encarnada a ellos y que a veces les daba un propósito en la vida y su identidad. Están en duelo por su ausencia en el día a día, así como por el futuro que asumían que vivirían. Están obligados a reconfigurar sus vidas en el presente, así como la idea del futuro sin su hijo.

Las parejas mencionadas en las historias que relaté valoraban sus relaciones al punto en que hicieron el trabajo psicológico necesario para ayudarlas a lo largo de su sufrimiento. Cuando sienten una necesidad de ver a un terapeuta después de la muerte de su hijo, le pido que asistan juntos. Se trata de una pérdida que sacude la relación y el sistema familiar hasta la médula y es difícil recuperarse de dicha pérdida sin la participación de los dos padres en la terapia. Como lo dicen muchos padres, cuando un hijo se te muere "te vuelves miembro de un club al que nadie quiere pertenecer" y le deja un sentimiento a la familia de que ahora son unos raros. Asimismo, muchos sienten que de alguna manera fueron elegidos para que esta cosa tan horrible les pasara; antes, cuando muchos más niños morían, también era devastador, pero había una especie de consuelo gracias a los altos números de mortalidad infantil. Un paso importante de la recuperación puede ser verse con otras personas que hayan pasado por esto y volverse parte de un grupo de apoyo.

A menudo no se reconoce el gran duelo de los abuelos. Ellos no sólo están en duelo por la muerte de sus nietos, sino también por ser testigos del sufrimiento de su hijo devastado, además de que sienten la impotencia de no poder cambiar lo que pasó. Los abuelos pueden jugar un papel esencial al mantener a la familia unida después de la muerte de un niño, si es que tienen una buena relación con su hijo doliente. No obstante, si la relación tiene sus problemas, es posible que este suceso los agrave.

Los riesgos de los padres dolientes

Después de la muerte de un hijo, las madres y los padres se encuentran en mayor riesgo de sufrir trastornos psiquiátricos, así como problemas de salud crónicos, sobre todo durante el primer año; en este primer año es 70% más probable que los padres dolientes sean hospitalizados para una admisión psiquiátrica por primera vez, en comparación con los padres que no han perdido a un hijo. No puedo dejar de destacar la importancia de conseguir ayuda cuando se intenta superar una pérdida de esta magnitud. Aquellos padres que no enfrentan su duelo no parecen ser muy diferentes de otros padres dolientes durante el primer año; sin embargo, en los siguientes años, incluso en las siguientes décadas, pueden sufrir más en sus aspectos sociales, emocionales y físicos que otros padres dolientes.

La diferencia entre hombres y mujeres

Las madres suelen preocuparse por la pérdida de su hijo por más tiempo que los hombres. Ellas tienen niveles de ansiedad más altos, pensamientos invasivos y sueño interrumpido. Los estudios demuestran que los hombres no suelen querer hablar sobre la muerte de un hijo y evitan buscar apoyo profesional; esto puede deberse a que sienten que deben ser fuertes para su pareja o porque son influenciados por las condiciones sociales.

Esto no quiere decir que los hombres sienten menos dolor que las mujeres, sino que instintivamente los hombres manejan su dolor de otra forma. Una de las consecuencias accidentales de esto es que los hombres no reciben tanta atención y cuidado de quienes los rodean. Se asume que como tienen el aspecto de estar sobrellevando el tema, de hecho lo están sobrellevando; esto resulta en que los hombres suelen sentir que las demás personas subestiman su duelo como padres.

Los estudios sobre la relación de las parejas

Si las parejas encuentran formas de comunicarse, el duelo puede unirlas más. Son las únicas dos personas en el mundo que saben en realidad cómo se siente que su hijo muera. No obstante, los estudios demuestran que es más probable que las parejas que ya tenían problemas en su relación y que no buscan apoyo se separen después de la muerte de su hijo.

Un elemento clave para la recuperación es fomentar todos los aspectos del apoyo social; los buenos amigos que permanecen cerca y en comunicación después de la crisis son esenciales para las parejas que han estado en duelo. Con el paso del tiempo, estos amigos pueden ayudar a las familias a que reingresen en el flujo de la vida, cambiados, pero no sintiéndose tan "fuera de lugar".

La culpa

Para los padres dolientes, la culpa es muy intensa. Más que en cualquier otro duelo, ellos suelen considerarse responsables de la muerte de su hijo, sin importar cual fuera la causa. Este sentimiento es mayor cuando se trata de una muerte repentina. Las familias suelen repasar una y otra vez en su mente las circunstancias y desean regresar el tiempo y cambiar cualquier decisión que hubiera podido conducir a otro desenlace.

Con estas parejas no funciona decirles que no son culpables (así como no funciona decirle a alguien que no se preocupe por algo), ya que se trata del cumplimiento de un deseo que nadie podrá realizar. En cambio, se debe examinar la culpa minuciosamente y sacarla a relucir. Sólo así se puede reducir su intensidad. Este proceso suele ayudar a esclarecer la disparidad entre lo que se dicen en su corazón y cómo es el caso en realidad. Las dos voces que luchan en silencio se vuelven más claras. En la lógica, pueden saber que la causa real de muerte fue un accidente o debido a causas naturales, pero la voz que sale de sus corazones les dice que fue completamente por su culpa. El conflicto tácito e inconcluso es a menudo el núcleo de su tensión insoportable y, cuando esto se aclara, una parte de esa tensión se dispersa.

Las falsas suposiciones

Las personas que tienen la suerte de no haber perdido un bebé o un niño suelen buscar maneras para suavizar el golpe que la pérdida ocasiona en los que sí. La mayoría de nosotros busca algún punto positivo y cree erróneamente que la muerte de un bebé es menos dolorosa que la de un niño porque los padres no conocían al bebé. El dolor causado por la pérdida de un hijo no puede medirse con base en su edad, sino en el amor y en la esperanza que se les dedicó.

Otro punto positivo que las personas consideran es la idea de que tener otros hijos disminuirá el dolor causado por la muerte de uno. Los estudios sí demuestran que tener más hijos puede ayudar, ya que te obliga a seguir adelante por tu hijo con vida, lo que les da a los padres una sensación de tener un propósito en la vida. Sin embargo, esta perspectiva es simplista y no debe ser tomada tan en serio. En ciertos momentos, el dolor que los padres sienten por la muerte de su hijo supera al amor que ellos sienten por el que sigue con vida.

La esperanza

La esperanza es la alquimia que puede cambiar una vida, es un elemento vital que les permite a personas como Phil y Annette reconstruir la confianza en sus vidas. No obstante, el impacto total en las familias no sólo depende de todo lo que pasó antes y durante la muerte, sino que también depende de sus consecuencias finales. Esto quiere decir que la esperanza también debe darnos algo de buena suerte. He trabajado con parejas que pasan por situaciones difíciles después de la pérdida, como perder su empleo, no poder embarazarse o perder a otro familiar. Esta golpiza psicológica adicional, encima de la muerte de su hijo, puede hacer que caigan en la desesperación.

La acomodación o ajuste

La acomodación es un término terapéutico que usamos para describir una pérdida intensa, su impacto y cómo debemos cambiar en nuestro interior para poder integrarnos a esta nueva realidad. Tenemos una imagen muy buena que representa todo esto. El hoyo o vacío que representa la pérdida aparece de color negro, no tiene fondo y te consume por completo; sin embargo, con el paso del tiempo (a veces mucho tiempo), el doliente reconstruye su vida y, aunque el vacío no se vuelve más pequeño, su vida se expande y lo rodea.

EL DUELO ES LO
ÚNICO QUE HAY

CON EL PASO DEL TIEMPO, LA VIDA CRECE
EL DUELO ES LO
ÚNICO QUE HAY
ALREDEDOR DE LA PÉRDIDA

T. Rando (1993)

El crecimiento postraumático

Estudios realizados en Estados Unidos y el Reino Unido revelan que se pueden conseguir cambios positivos y crecimientos psicológicos después de un evento traumático. Esto no pretende reducir la gravedad del trauma causado por el evento de ninguna manera, tampoco intenta insinuar que fue algo bueno. Para algunos, sobrevivir un evento que les cambió la vida puede tener consecuencias inesperadas. Estas personas se dieron cuenta de que se sentían más fuertes, como si hubieran crecido, y sentían mejor su robustez ante la adversidad (algo así como: "Si sobreviví a eso, puedo sobrevivir a lo que sea"). Asimismo, su percepción de las cosas importantes en la vida cambió: para la mayoría esto quiere decir que le quitaron valor al dinero y al estatus y le agregaron valor a las relaciones y al significado de la vida. Como consecuencia, las relaciones de estas personas se volvieron más profundas y satisfactorias y también obtuvieron la sensación de ser más sabias y compasivas. Al haber sufrido tanto, se percataron de que su capacidad para empatizar y simpatizar aumentó y algunos también vieron un crecimiento en el aspecto espiritual o religioso.

He visto cómo algunos de mis clientes crecen de esta manera y definitivamente es muy alentador. Es una prueba más de lo que nunca deja de sorprenderme: como seres humanos somos criaturas eminentemente adaptables y aquellos que más se adaptan son en última instancia los que prosperan.

Las estadísticas relacionadas con la mortalidad infantil

Si nos encontramos en el lado con suerte del porcentaje estadístico, estos números no nos dicen mucho. Pero cuando nos encontramos del otro lado, estos números se vuelven importantes. A veces nos dan la idea de qué tan mala es nuestra suerte, pero otras veces nos hacen sentir que no somos las únicas personas en el mundo que sufrieron esta suerte, aunque en ese momento se sienta como que sí.

La cifra anual de mortalidad infantil en niños y bebés ha permanecido estable en los últimos diez años.

• Las estadísticas demuestran que uno de cada cuatro embarazos termina en aborto natural.

- En 2015 se registraron 22 703 muertes fetales en México.
- En 2016, por cada mil niños que nacieron vivos en México, se registraron 11.7 muertes antes de que cumplieran el año de edad.
- En 2003 la muerte de niños (menores de quince años) representaba 19.9% de las muertes en México.
- El periodo con mayor riesgo de mortalidad para los niños es justo antes de nacer y cuando son recién nacidos. Dos tercios de las muertes de bebés pasan durante el periodo neonatal, es decir, durante los primeros veintitrés días de vida. Después del primer año de vida el número disminuye dramáticamente, pero vuelve a aumentar en el rango de los 20-34 años (de hecho, ésta es la edad en la que más personas mueren en México) debido a agresiones y accidentes de transporte.

ENFRENTAR TU PROPIA MUERTE

No me dejes morir mientras siga vivo.

—Oración judía

Jean

ean tenía cuarenta y ocho años, era bajita y delgada. Parecía como si hubiera salido de los setenta, con su playera colorida y con diseño étnico que holgaba sobre sus pantalones acampanados de seda. Llevaba una pañoleta amarrada alrededor de su largo cabello rojizo y ondulado como diadema. Su presencia era pacífica, en comparación con su terrible historia. Hacía poco le habían dado un diagnóstico fatal de cáncer de pulmón y le pronosticaron de seis meses a un año de vida.

El duelo inicia cuando te dan el diagnóstico, cuando ya no puedes asumir, como casi todos lo hacemos, que seguirás viviendo hasta un futuro próximo. Destruye esa maravillosa ignorancia que dice que la muerte les pasa a los demás y a ti no.

Jean sufría un doble duelo: su hermano había muerto trágicamente en un accidente vehicular cinco años antes. Cuando me contó esto, pude imaginar la terrible angustia de su madre, quien tendría que enfrentarse a la muerte de dos hijos. Jean estaba casada y tenía un hijo de diecisiete años, James. Su relación era funcional, pero no tenía una conexión profunda con su esposo, Simon; los unía su amor por la música. Veía que él era una persona atenta y muy inteligente, pero emocionalmente distante. Le preocupaba que él no pudiera cumplir con todas las necesidades de James cuando ella muriera.

Quería verme para poder platicar sobre su enfermedad y su muerte inminente y lo que esto significaba para James. Nadie en su familia la escuchaba: cuando ella mencionaba el tema, todos lo evitaban y se ponían a platicar sobre el futuro: "¿Cómo va tu tratamiento? La medicina moderna es increíble, ¿no?" Ellos bloqueaban toda posibilidad de discutir sus preocupaciones. Para mí, su muerte se sentía como algo muy real; yo era solamente cinco años mayor que Jean y me impactaba estar sentada frente a alguien de mi generación que probablemente estaría muerta dentro de los siguientes seis meses. Mi mortalidad se sentía como algo muy frágil.

Jean me platicaba mucho sobre la muerte de su hermano y solía llorar mientras lo hacía. Cuando recibió esa llamada inesperada un domingo por la tarde y su arrepentimiento por no haber visto el cuerpo (la policía le sugirió no hacerlo): todo culminó en un shock que permaneció en su cuerpo por largo tiempo.

Jean se mostraba sorprendentemente tranquila ante su propia muerte. Esto me sorprendía porque no era para nada la manera en la que creo que yo reaccionaría; sin embargo, era una reacción auténtica. En este punto, no podía entender cómo es que llegó a aceptar su propia mortalidad de esa forma. Una vez se lo pregunté con indecisión y ella cambió el tema, dejándome claro que no se le antojaba platicar al respecto. Lo noté y supuse que el tema surgiría nuevamente en algún punto.

Algo que le preocupaba más era dejar a su hijo, James. Éste era su enfoque, así que lo volví el mío. Ahora se arrepentía de no haber estado completamente "atenta" a la necesidad de ser la madre de James cuando tenía un estado físico que se lo permitía. Lo que le preocupaba era cómo lo cuidarían cuando ella ya no estuviera. Nunca usaba la palabra *muerte* y yo tampoco, lo cual me pareció un alivio, porque me costaba mucho imaginarme tener que mencionar esa palabra en su cara; tal vez yo recibía sentimientos que ella proyectaba. Esto me daba una idea de lo difícil que era para los demás discutir su muerte ante ella: si para mí era difícil, para ellos era más. Jean decía frases como "no estar aquí" o "cuando me vaya". Yo hacía que mis respuestas se mantuvieran lo más cerca posible de lo que ella me decía, porque no quería perturbar su forma muy delicada de ser al usar mis propias palabras o pensamientos. Yo no estoy para nada de acuerdo con los médicos y terapeutas que insisten en que sus pacientes deben enfrentar la realidad a la fuerza, cuando se encuentran en negación. Yo creo que no es nuestro trabajo caminar con botas con clavos en la conciencia de alguien más y romper sus importantes mecanismos de defensa, como si supiéramos exactamente qué es lo mejor para ellos. Esta aproximación la habría alienado y no hubiera regresado, o hubiera agudizado sus defensas al punto en que ninguna terapia le habría funcionado.

Jean no se había rendido. Ella estaba completamente decidida por vivir lo más posible e incluso se volvió candidata para probar un nuevo tratamiento contra el cáncer. Yo entendí que su aceptación por su propia muerte provino del hecho de que ella invertía sus emociones predominantes en las personas a las que amaba y en quienes iba a dejar; seguía sorprendida por su abnegación de madre.

Una de las discusiones más dolorosas que entablamos fue acerca de cómo contarle a James sobre su diagnóstico fatal. Tener que decirle que ella no mejoraría se sentía más difícil que cuando recibió su diagnóstico. Naturalmente, ella quería protegerlo de esta información, sobre todo porque a él se le estaba dificultando ser adolescente. James se encontraba a merced de un torrente de hormonas dentro de su cuerpo: su mamá le compró

unos tenis de la marca equivocada, odiaba hacer la tarea y solía estar enojado de alguna forma indeterminada que su mamá
no podía comprender del todo. Jean sospechaba que él estaba
enojado porque ella no había estado bien de salud y porque no
era la madre que él hubiera preferido. Me contó: "Él quiere
una mamá saludable, una que pueda hacer las cosas". En los
últimos años, ella había recibido quimioterapias muy fuertes
durante algunas semanas y luego pasó unos meses en estado de
remisión, hasta que finalmente recibió ese terrible diagnóstico.
Esto quería decir que solía estar enferma, aunque ella intentaba
descansar mientras James estaba en la escuela para que pudiera
estar con él cuando regresaba a casa.

Le conté que mi visión general era que, como su madre,
ella sabía qué era lo mejor para su hijo y que cualquier información que yo le diera pasaría por ese filtro. Asimismo, le mencioné que los estudios demostraban que a los hijos les iba mejor si les
decían la verdad, la misma verdad que a los adultos, y que lo que
los padres consideran que es protección, los niños lo consideran
exclusión. Después de la muerte, los hijos pueden sentirse muy
enojados porque todos lo sabían menos ellos. A mí me preocupaba que si a James no se lo contaban y él continuaba enojado y
haciéndose el difícil con su madre, se sentiría muy arrepentido
en el futuro y le enfurecería no haber tenido la oportunidad
de ser amoroso o de decirle adiós cuando ya sea muy tarde.
Cuando le dije todo esto, Jean no lloró; en cambio, tomó notas
en su cuadernito, como siempre lo hacía en nuestras sesiones.
Asintió con la cabeza y tragó saliva; pude ver que acababa de
recibir un gran golpe emocional. No obstante, ella de alguna
manera aceptó lo que le dije y decidió decírselo ese fin de semana. Pude sentir las lágrimas en mis ojos al ser testigo de su
silenciosa dignidad.

James lloró y gritó cuando Jean y su esposo le contaron
todo. Él quería que fuera una mentira; no podía creerlo por

completo ya que su experiencia siempre fue que, después de estar enferma, su mamá siempre se recuperaba. Además, él quería obtener información, como cuánto tiempo le quedaba de vida. Ellos le dijeron la verdad, como la conocían: que no había una cura y que los medicamentos que estaba tomando eran para que no sintiera el dolor, no para mejorar su salud, y que ella no sabía cuándo moriría. Desearon que le quedara al menos un año o tal vez más. James la abrazó más de lo que la había abrazado en bastante tiempo. Permaneció alterado todo el fin de semana y oscilaba entre el enojo y la tristeza mientras se retiraba a su computadora, para esconderse de las noticias que no quería encarar.

Jean me dijo que ya estaba notando que James recurría más a su papá, casi como si se tratara de un mecanismo instintivo de supervivencia: moverse hacia la vida y alejarse de la muerte. Se trata de algo común, pero no estaba segura de decírselo porque podría ayudarle a entender el comportamiento de James o podría empeorar considerablemente su dolor actual. Al final opté por la honestidad. No estoy segura de que esto le haya ayudado a reducir su dolor; al mirar atrás, creo que nada le hubiera reducido el dolor. Ella estaba muriendo y estaba por dejar a su amado hijo. Seguramente le dolía cada parte de su ser.

Conforme pasaron las semanas, la salud de Jean se deterioró. Me inquietaba verla tan enferma y me di cuenta de que podía ver cuánto más le costaba respirar o subir las escaleras. Ella se la llevaba a la ligera y sin autocompasión. Me conmovió muchísimo y me percaté de que al mismo tiempo me ponía muy nerviosa; el que se encontrara tan cerca de su mortalidad volvió a ponerme en contacto con la mía.

Era evidente que Jean era muy querida y que tenía un buen grupo de amigos: "Mis amigos vienen a verme. Es muy conmovedor, pero también es cansado". Acordamos establecer una estrategia que le permitiera decirles que no a algunos visitantes sin sonar grosera, como un intento para proteger su preciado tiempo restante. Ella configuró su correo electrónico para que contestara automáticamente con un mensaje de "estoy fuera de la oficina" y a las dos nos sorprendió el alivio que sintió al no tener que estar revisando su bandeja de entrada. La cortesía le importaba mucho. Todas las personas a las que vio sabían que ella estaba muriendo, pero nuevamente nadie se lo mencionaba o le preguntaba en qué pensaba. Era como si hablar sobre su muerte fuera a acelerar su partida. Ella no lo veía así: todavía quería poder platicar sobre su muerte en términos prácticos y le frustraba muchísimo ver ese "muro de negación que los demás no podían superar". Discutimos sobre qué podía hacer para cambiar esto y acordamos que ella debía de organizar varias cenas con su hijo, los padrinos de James y su esposo. Sentía que era muy angustiante incluir a su madre, quien tenía setenta y tantos años y estaba desconsolada porque su segundo hijo estaba muriendo.

En dichas cenas, Jean se salió de su personaje habitual y estableció su agenda. Ella había escrito sus preocupaciones en su cuaderno y las tenía enlistadas: quién se encargaría del uniforme escolar de James, quién se lo llevaría de vacaciones, quién le ayudaría a decidir qué certificado de secundaria tomar, a qué universidad debería ir, con qué novia debería salir, entre otras cosas. Ella le iba a escribir una carta de cumpleaños por cada año, hasta sus veintiuno, y quería asegurarse de que se las entregaran. Detestaba la idea de que, durante varias semanas, la única compañía de James fuera su padre amoroso, pero autista. Asimismo, en estas cenas se hicieron planes y se llegó a acuerdos; todos sabían exactamente de qué eran responsables. Jean sintió un gran alivio, ya que ahora había hecho todo lo posible para cuidar a James en el futuro de la única manera que podía; ella no tenía control sobre su propia muerte, pero podía influenciar el futuro de su hijo.

Sugerí que tal vez él podía conectarse con ella físicamente de alguna manera, por ejemplo: untándole crema en sus manos o haciéndole una taza de té; de esta forma generaría recuerdos de él siendo amable con ella y cuidándola. Me contó que él entraba en su cuarto cuando ella estaba en cama y que se acostaba junto a ella y se ponía a dibujar; sonaba perfecto. Yo sabía que cada recuerdo que tuviera de ella se volvería más y más preciado con el paso del tiempo; cuando él empiece a preocuparse de poder llegar a olvidarla, tendrá esos dibujos para que lo transporten directamente a ese momento en el que los dos estaban juntos. Las fotografías de los dos juntos también podrían servirle de referencia: le sugerí tomar muchas fotos de todos juntos como familia y otras sólo con ellos dos.

Nuestra última sesión fue por teléfono. Jean estuvo en el hospital la semana anterior y se sometió a una cirugía. Ya se encontraba en su casa, pero le dijeron que "lo más seguro es que sólo le queden algunos días o semanas de vida, pero no meses". Sentí cómo el impacto me dio un golpe en la garganta. Le dije lo triste que me ponía escuchar esa noticia y que no podía imaginarme lo difícil que esto debió ser para ella. Recordé las palabras de un doctor con el que trabajé en un centro de cuidados paliativos: "No importa lo claro que sea el diagnóstico de una enfermedad terminal, nadie nunca estará preparado para la muerte".

Mis palabras se sentían terriblemente inapropiadas, pero eran lo único que tenía, y creo que mi tono comunicó más que mis palabras. Ahora ella tenía que decidir si no le iba a decir a James lo inminente que era su muerte o si iba a pasársela lo mejor que pudiera con él en los últimos días de su vida. Ella no quería echar sus últimos días a perder, pero sabía que él se enojaría con ella si no le contaba todo.

Después de que platicamos sobre James, Jean empezó a llorar y por primera vez me dijo que tenía miedo. Yo quería pasar de enfocarnos en James a enfocarnos en ella, para concentrarnos en apoyarla ante su miedo. A pesar de que iba en contra de todos mis instintos, tuve que respetar su voluntad cuando me pidió que usáramos nuestro tiempo para pensar en su hijo. Al final, Jean estableció un compromiso: ella pasaría la siguiente semana con él para hacerlo un momento especial entre los dos y después le diría que no tenía mucho tiempo estimado de vida. Ella estaba absurdamente agradecida conmigo por platicar con ella y yo estaba enojada por la crueldad del mundo.

Jean se encontraba muy enferma como para tener más sesiones conmigo. El tono de su bonito correo me dijo que ella sabía que nunca más volveríamos a platicar. Dos semanas después, un amigo de ella me dijo que había muerto. Sabía que eso obviamente iba a pasar, pero de todas formas me impactó. Mi experiencia con clientes me ha enseñado que hay una gran diferencia entre el saber y el vivirlo. La noticia me perturbó y deseé que haya sido una muerte en paz y sin dolor. Pero nunca lo sabría. Fui a mi iglesia y encendí una veladora por ella. A veces todavía pienso en Jean.

Barbara

Barbara aceptó recibirme en su casa para platicar sobre vivir con un diagnóstico potencialmente fatal. A ella le diagnosticaron cáncer de riñón diecisiete años antes. Sabía muy poco de ella, excepto que era muy rápida para contestar mis correos. Cuando le llamé desde mi coche porque estaba perdida, me sorprendí al escuchar lo débil que era su voz: parecía como si a las palabras les costara salir de lo que sonaba como un pecho cavernoso.

Barbara me esperaba afuera de su cabaña y me saludaba con la mano amablemente. Junto a ella estaban sus dos perros, emocionados, moviendo el rabo y ladrándome; mi primer pensamiento fue: Dios, por favor, que no atropelle a esos perros. No los atropellé. Ella me recibió con té y pastel de zanahoria.

Barbara era delicada y frágil, y caminaba lentamente. Tenía más de setenta y cinco años y era hermosa, no con una belleza marchita, sino con una belleza que salía a relucir cuando hablaba y, sobre todo, cuando sonreía. Su grueso cabello gris y su piel evidentemente habían pasado su vida en los exteriores, pero ahora era pálida. Cuando se animaba, sus ojos tenían un brillo que me atraía.

No entendí por completo su risa burlona cuando le dije que me interesaba saber cómo pudo vivir con cáncer durante tanto tiempo, hasta que me dijo: "Tuve una muy mala semana. Durante los últimos dieciocho meses he estado en la prueba de un medicamento y me costó trabajo que me consideraran para eso. Se supone que este medicamento ataca mi sistema inmunológico, un medicamento para el futuro. Pero bueno, no ha funcionado. Me dijeron que mi cáncer regresó con todo: ahora también lo tengo en el estómago. Es del tamaño de una mandarina, lo que significa que está creciendo rápidamente y eso no es bueno. Sólo me quedan unos meses…" Cuando me dijo estas devastadoras palabras, se le salieron las lágrimas. Ella no quería llorar: "Hasta ahora he sido muy fuerte, pero hoy me siento débil, sentí mucho dolor y también estoy cansada". Se tapó la boca con la mano, tratando de echar sus lágrimas hacia atrás.

Sentí un golpe de dolor al escuchar sus palabras y me di cuenta de que me había contado, a una completa extraña, las palabras más intensas, además de "te amo", que se le pueden decir a alguien. Sabía que mi respuesta debía ser sencilla y compasiva, nada dramática. Me impactó el eufemismo de cuando me dijo "eso no es bueno". Ella luchaba por mantener la compostura; no le gustaba llorar y yo no quería que se sintiera sobreexpuesta conmigo. Le dije lo mucho que lo lamentaba y lo impactante que esas noticias debían de serle. Yo quería que ella supiera que había asimilado la inmensidad de lo que me dijo y que la compadecía muchísimo; necesitaba mantener mi voz controlada y contenida, pero empática.

Barbara sonrió, luchando contra su tristeza. "Llevo lidiando con esto durante los últimos días. Llegaste en el momento indicado para ver a alguien que debe encarar su muerte." Otra vez hizo esa bella sonrisa, pero esta vez fue irónica. Su respuesta me demostró que operaba en distintos niveles: ella conocía la verdad sobre su expectativa de vida de forma pragmática, sin embargo, deseaba no saberlo. Era una persona organizada, una "perfeccionista", me dijo, y quería que todo quedara "en orden. Siempre hay mucho por hacer. Hoy en la mañana no pude ver al abogado porque estaba llorando mucho. Tal vez lo pueda ver mañana".

Para poder explorar más cómo se sentía respecto a su expectativa de vida, le pregunté si quería hablar con su especialista, me imaginé que estaba dividida entre tomar el tratamiento agresivo con sus horribles efectos secundarios, pero que le darían más tiempo, o no recibir ningún tratamiento, lo que podría significar que se sentiría bien, pero que tendría menos expectativa de vida. Me pregunté cómo podría decidir entre calidad o cantidad, el costo contra los beneficios de cada una. Pero su instinto fue luchar contra el cáncer. "No quiero escuchar las noticias malas. No quiero verlo si todo lo que me tiene que decir son cosas malas. Varias veces les he demostrado lo contrario y puedo hacerlo una vez más." Ella hacía todo lo posible por contener las lágrimas cuando me dijo: "No quiero morir. Pensé que me quedaba un año de vida, así que esto es un golpe". Me di cuenta de lo fácil que era para mí hablar con ligereza sobre el tomar estas decisiones, cuando en realidad no eran mis decisiones, cuando no se trataba de mi vida, de mi muerte. Para Barbara, y probablemente para muchas personas, no importa cuántas opciones haya, el impulso biológico por sobrevivir siempre las superará.

No obstante, debajo de su respuesta pragmática había una mucho más vulnerable: el miedo a encarar lo desconocido. "Muero de miedo de perder todas mis facultades. Ya estoy perdiendo la voz; vi a una fonoaudióloga y básicamente me dijo que no hay nada que podamos hacer... sólo me queda el verano y quiero pasármela tranquila. Quiero pasármela tan bien como sea posible, pero tengo miedo." En este punto platicamos sobre lo que ella necesitaba y lo que quería tener listo para apoyarla.

Barbara vivía sola, pero no era solitaria; estaba feliz consigo misma. Luchó una fuerte batalla después de la muerte de su amado esposo, Paddy, seis años antes; "un duelo terrible" que sufrió sola. A pesar de que había encontrado una manera para seguir viviendo, sentía que el dolor causado por esa pérdida estaba vinculado al regreso de su cáncer: el duelo lo había detonado. El cuidado de su esposo eclipsó el cuidarse a sí misma y ella había descuidado la supervisión de su propio cáncer hasta que ya era muy tarde.

Era evidente que Barbara no era una persona que hiciera dramas; era respetuosa y consideraba a los demás, pero el precio de esa cortesía era que nadie sabía en realidad qué necesitaba. Necesitaba que sus amigos le hicieran compañía, que le contaran sus novedades, que estuvieran cerca de ella, pero sentía que todos estaban muy ocupados; no podía molestarlos y me dijo reveladoramente: "No les llamo; espero a que ellos me marquen, pero luego ellos me dicen que no quieren ser una molestia cuando estoy enferma". Le sugerí con firmeza que era el momento para ponerse en primer lugar. Tomó su celular y buscó una lista de prioridades que escribió unas semanas antes:

- Yo.
- Pip y Buster (sus perros).
- Amigos.
- Casa.
- Caballos.
- Pollos.

Reí con ella al ver que al menos sabía que tenía que ponerse en primer lugar. Sus perros eran sus compañeros más cercanos: se sentaban con ella en el sillón, dormían en su cuarto, la obligaban a salir a caminar, siempre la amaban, siempre se ponían felices al verla, eran su comodidad más grande y accesible. También amó a los caballos durante toda su vida; su presencia y su olor la tranquilizaban. Asimismo, le tranquilizaba ver las carreras.

Le pregunté por su amor por los jardines y los caballos y así conocí un poco más sobre su historia. Cuando hablaba sobre su pasado su voz era más ligera, como si fuera una versión más joven de sí misma. "Cuando tenía once años me puse firme: quería practicar equitación. Mi primer pony se llamaba Patch, era un Shetland pinto. Fue mi primer amor. Este caballito simpático y fuerte fue quien me enseñó a montar; me la vivía en su establo. Mi papá era un granjero en una pequeña propiedad en Lincolnshire; trabajaba arduamente y todos los niños siempre le ayudábamos: movíamos los borregos, ordeñábamos y alimentábamos el ganado. Me sentaba por horas en su regazo mientras íbamos en el tractor: puedo evocar en mis recuerdos el olor de su pipa, la cual él fumaba mientras iba sentada y mordía de la boquilla; me encantaba…" Mientras me lo platicaba, me di cuenta de que los sentimientos no envejecen. La piel, los huesos, el cabello y cada célula de Barbara eran los de una mujer anciana, pero cuando hablaba sobre su niñez volvía a tener seis, dieciséis años… el tiempo no había tocado los sentimientos provocados por los recuerdos.

A partir de ahí, trabajó como moza de establo en una finca local e inesperadamente en este empleo conoció un hermoso jardín y cambió la ruta de su vida; me contó: "Mi amor por la jardinería me ha dado una felicidad duradera". Se capacitó como paisajista y se construyó una carrera exitosa por más de cuarenta años y además siguió disfrutando de los caballos y de la equitación a lo largo de su vida.

Barbara nunca fue amada hasta sus cuarenta y tantos años. "Nadie me había dicho que me amaba hasta que conocí a Paddy. No sé si fui yo o qué, pero todas las relaciones que había tenido, que no fueron muchas que digamos, nunca despegaban; eso fue hasta que conocí a Paddy, mi Paddy." Cuando ella lo conoció, él estaba divorciado y con un hijo adolescente con quien tomó tiempo desarrollar una buena relación. "Ahora que no tenemos que competir por Paddy, es mejor conmigo y es muy bueno; viene a verme de vez en cuando." Me pregunté si no haber tenido hijos fue una gran pérdida para ella cuando se ofreció como voluntaria, a lo que me dijo: "Me hubiera gustado tener hijos, pero no era mi destino. Tenía mis caballos y mis perros".

Existía una contradicción interesante entre la imagen que ella proyectaba y la fortaleza que tenía en realidad. Esa cortesía dulce y calmada, muy típica de los ingleses de la vieja escuela, significaba que se veía a sí misma como una subordinada de su esposo; sin embargo, esto ocultaba su interior de acero, el cual le había permitido luchar contra todos los pronósticos y les dio años de vida a los dos. Tenía una amiga cercana a la cual también le diagnosticaron cáncer de riñón al mismo tiempo y ella murió un año después. Barbara sintió que eso se debía a que su amiga estaba enojada y amargada y que siempre decía: "¿Por qué a mí?", mientras que Barbara decía con serenidad: "¿Por qué no a mí?"

La experiencia de Barbara con el sistema médico fue muy diversa. La falta de información proporcionada y de comunicación entre las especialidades fueron sumamente frustrantes, y ella percibía que los doctores no vieron su cáncer en el estómago: llevaba meses quejándose de dolores. Finalmente, pudo encontrar un especialista en quien confiaba y le dijo: "Ahora tú eres mi Dios", porque ella necesitaba tener en quién depositar toda su esperanza. No obstante, él estaba demasiado ocupado, como la mayoría de los especialistas, así que por bastante tiempo no recibió información o respuesta alguna. Por un lado, sabía que esto se debía a la demanda que él recibía debido al sistema médico; por el otro, tenía ganas de gritarle. El doctor la calló al decirle que se disculpaba, pero que "estaba ocupado con un paciente agonizante".

Poco tiempo después la voz de Barbara se volvió más débil: era evidente que estaba muy cansada. Confirmé que les iba a avisar a las personas que quería verlas y que no esperaría a que los demás le llamaran. Después de que acordamos volvernos a ver me agradeció y las dos recurrimos a las cortesías y agradecimientos habituales, como si hubiéramos tenido una reunioncita sin novedades en la que platicamos sobre el clima. Irreal.

La reacción de Barbara a su diagnóstico fatal fue similar al duelo por una muerte; ese empuje y jale entre lo que se puede afrontar y lo que no, los mensajes variados y los sentimientos contradictorios. Es por eso que ella necesitaba de apoyo. Los amigos que la amaban podían sentarse junto a ella, ver las carreras y recordar juntos; ojalá que también pudieran platicar sobre su muerte inminente, si es que ella lo planteaba.

Me di cuenta de que como estamos en la vida es como estamos en la muerte, sólo que tal vez la segunda es un poco más intensa. Mantener su dignidad y fortaleza le proveería a Barbara una base de apoyo importante. Mi trabajo sería encontrar una forma para permitirle expresar esa dignidad y esa fortaleza, así como su miedo por lo desconocido. Deseé que no se sintiera intranquila por decirle tantas cosas a una desconocida, cuando lo vea en retrospectiva.

Asimismo, pensé en la manera en que me recibió, esperándome afuera de su casa, y en que me haya ofrecido pastel y té en una vajilla de porcelana al llegar; algo que yo nunca haría (si tienen suerte, a mis amigos les toca una taza y una galleta, porque siempre que me visitan estoy ocupada con otras cosas). Barbara me prestó toda su atención y su disposición por ocuparse de mí me dio una idea de su generosidad. Me pregunté si ella representaba el final de una era para ese tipo de mujeres, para quienes la norma es cubrir el desorden y las dificultades con detallitos y cordialidad, una sonrisa y una taza de té. Probablemente tuvo que pagar un precio muy alto en su vida por esto.

Decidí explorar estas ideas con ella; había algo de conmovedor en esto que se quedó conmigo.

Recibí un lindo correo de Barbara en el que decía que quería volver a verme y me alegré al saber que no la había abrumado. Un par de semanas más tarde la volví a ver y me alivió descubrir que seguía viéndose y sonando igual: su salud no se había deteriorado; obviamente también había pastel y té. Me contó que le habían recetado un medicamento nuevo y esperaba que funcionara. Se veía tan optimista y positiva que me pregunté si iba a mencionar su muerte en la sesión, pero sabía que preguntarle directamente al respecto no era mi papel.

Barbara no había entablado conscientemente el debate psicológico interno que todas las personas en su situación entablan tarde o temprano: cuándo es correcto "aceptar la muerte", para sentirse tranquilo y en paz, y cuándo es incorrecto "renunciar a la vida tan pronto" y vale la pena luchar todos los días. Para mí fue claro que Barbara había luchado muy bien contra su enfermedad, pero esa pelea ahora sólo le provocaría angustias, porque no iba a ganar esta guerra. Deseé que con el tiempo pudiera ayudarla a articular esto. Ambas sabíamos por qué estaba viéndola así que le di varias oportunidades para poner ese tema sobre la mesa a través de preguntas abiertas como: ¿Te preocupa algo?, y su respuesta fue: "No sé si pueda ir a la exhibición local de flores. Tengo muchas ganas de ir, pero me preocupa no tener la fuerza suficiente". Sentí como si entre nosotras hubiera conversaciones paralelas continuamente: lo que ella decía en su exterior y lo que las dos sabíamos que en realidad quería decir en su interior, pero que no quería o que ni siquiera necesitaba externar. Era un doble entendimiento, a pesar de que la dificultad que tenía para enunciar las palabras (le costaba respirar al hablar) nos indicaba a las dos lo enferma que estaba.

Era consciente de que ella podría encontrar útil evaluar toda su vida, y aunque a mí me daba curiosidad hacerlo no la iba a obligar si no era lo que ella quería. Su modo de operar en la vida, su mecanismo de supervivencia era ser pasiva y, de alguna manera, esto disminuía la intensidad de sus sentimientos, los mantenía al margen. Cuando estaba bajo más presión era cuando más lo necesitaba, pero intenté sonsacar cuidadosamente las emociones que pude para asegurarme de que ella tenía un soporte que la ayudara a su miedo a morir. Ella juntó las fuerzas para decirme que amar a Paddy, junto a su trabajo y su amor por los caballos, fueron las cosas que le dieron un significado a su vida. "Cuando él estaba enfermo, todos estaban preocupados de que fuera mucho trabajo para mí. Obviamente no; yo no quería estar en ningún otro lugar ni con nadie más. A él no le agradaban las enfermeras del centro de cuidados paliativos; él quería que sólo yo fuera quien lo cuidara, así que lo hice." Cuando me lo dijo noté su orgullo y su amor; asimismo me di cuenta de que ella no iba a recibir el amor de alguien así sólo para sí misma.

El diálogo silencioso que circulaba debajo de nuestras palabras sólo emergió en una ocasión. Ella me platicaba sobre un viaje que tomó el verano anterior. "No quiero volver a viajar: mis vacaciones me dieron mucho tiempo para pensar. Prefiero estar aquí ocupada… y, también, creo que ya no me será posible." Es como si ella hubiera dado con esa idea sin querer. Cuando le reflejé lo que me dijo, sus ojos empezaron a ponerse lentamente lagrimosos. Después miró hacia otro lado y cambio el tema; enseguida regresó al mismo, como si la discusión hubiera sido continua. "No tengo miedo de morir. Tengo miedo de morir sola, de que me encuentren ya muerta." Platicamos sobre qué planes podía hacer para asegurarse de que eso no sucediera. "La semana pasada vi a la enfermera paliativa. Podría ir al centro de cuidado, pero yo quiero estar en mi casa…" Más lágrimas corrieron por sus mejillas, lo que provocó que sus perros se subieran a su regazo y le lamieran la cara. Rio mientras lloraba, los acarició y repitió sus nombres para tranquilizarlos y, simultáneamente, tranquilizarse a sí misma. Yo estaba casi segura de que el centro de cuidados podía garantizarle un servicio en su casa. Acordamos que ella lo confirmaría la siguiente vez que tuviera cita con la enfermera, es decir, unos días después.

Cuando intenté hacer una nueva cita con Barbara no me contestó y temí que ya hubiera muerto. Me pregunté cómo podía enterarme de su estado, pero luego recibí un mensaje suyo y fui a verla.

Barbara se veía mucho más delgada y caminaba con un bastón. Su respiración era entrecortada y fue difícil escucharla. Me dijo: "No he estado para nada bien, tuve la temperatura altísima. No sé en qué lado estoy parada ahorita; la enfermera del centro de cuidados me dijo que esperan que muera en cualquier momento, pero no estoy segura... Soy como un engrane que no encaja, no hay un espacio indicado para mí". Conforme me platicaba, intentaba ponerse las calcetas, pero era muy débil como para hacerlo. Ofrecí ayudarla, pero estaba decidida a hacerlo por sí sola. No obstante, al final necesitó de mi ayuda. Para ella era importante funcionar con normalidad, pero estaba muy frágil. Sí encajaba en ese espacio: el problema era que no quería aceptarlo.

Me conmovió escuchar que tomó las riendas para satisfacer su necesidad de tener a su alrededor a las personas que amaba. Decidió organizar una fiesta de té para su cumpleaños. "Me acabó por completo." Empezó a llorar y continuó contándome sobre ese día: "Ese día de la fiesta de té me puse muy emotiva al saber que las personas se despedían de mí en realidad [más y más lágrimas salieron]. No creo que alguien lo haya notado. Sí siento que ya estoy en esa etapa..." Estaba por responderle, pero antes de hacerlo cambió un poco de tema. Un amigo le había dicho: "[La fiesta] hizo lo que querías, hubo muchos rostros sonrientes, no había razón para que no hubiera rostros sonrientes". Le hice ver que sí había sido un evento para celebrarla y sonrió, con esa sonrisa atractiva; me leyó con orgullo un mensaje que recibió de una de sus mejores amigas: "El martes pasado vimos el lado memorable del amor. Fue muy, muy especial". No estoy segura de que haya entendido su mensaje correctamente, pero era evidente que Barbara sí lo había entendido. Todo el evento tuvo un significado muy grande para ella, pero fue agridulce. Reconoció la importancia de sentirse amada y de tener la oportunidad para despedirse; sin embargo, todos debían de actuar como si todo estuviera bien y no pasara nada: ella escondió su tristeza, así que sus invitados hicieron lo mismo. Estoy segura de eso. No puedo evitar preguntarme cómo habría sido esa tarde si todos se hubieran dicho la verdad.

Sentada ahí frente a Barbara me di cuenta de que aunque ella quería decirme qué pensaba no quería que yo me involucrara mucho con ella. Barbara hacía declaraciones muy profundas sobre el hecho de encarar su propia muerte, pero se sentía como si una parte de ella necesitara alejarse de éstas y era evidente que no quería procesar ninguno de los sentimientos que las rodeaban. Yo sólo era la consejera de las cosas en su cabeza que quería externar. Estaba luchando por su vida y renunciando a ella al mismo tiempo.

Salimos a su pequeño y hermoso jardín; era notorio cómo se relajaba al sentir los rayos del sol sobre su rostro y al estar sentada en su lugar preferido. Cerró los ojos y absorbió la luz a su interior. "Ah, mucho mejor… Quiero poder montar a caballo otra vez." Pude ver que su mente la llevaba a estar sobre su caballo, el viento corriéndole por el cabello, ese lugar donde se sentía muy segura y más en casa, en la naturaleza, de niña, de adulta; esa imagen la tranquilizaba.

La otra cosa que más la relajaba era la cercanía que sentía hacia Johnny, su hijastro, y el hecho de que se habían reconciliado. "Me gusta que hemos estado… él sinceramente se preocupa por mí, lo cual me parece lindísimo; no pensé que él sintiera eso por mí. Siento que me quiere. Antes sentía que él no me quería. Era la madrastra [empezó a llorar intensamente], era muy difícil. Cuando Paddy murió me aterraba que pensara que no lo hubiera cuidado bien, pero me dijo que lo cuidé maravillosamente. Me ha apoyado mucho y es muy bueno… Nos decimos que nos amamos." No necesitaba decirle mucho, sólo mencionar lo importantes que eran esas lágrimas; liberaban viejos dolores y permitían que entrara el amor de Johnny, eran lágrimas de felicidad.

Si había un mensaje que le gustaría compartir con otras personas en su situación, era que debes controlar tu dolor (de lo cual sus cuidadores se encargaban) y que "siempre vas a querer vivir más tiempo". Era conmovedor y otra especie de reconocimiento de que sabía que no le quedaba mucho tiempo, ya que casi siempre se sentía exhausta.

Ya podía aceptar que necesitaba ayuda. "Una infeccioncita y con eso basta… Sólo quiero dormir. Pero si no hay nadie en la casa me da un poco de miedo." Poco antes se había peleado con una enfermera del hospital y le pidió que se fuera porque no le gustaba la intrusión, pero ya se había percatado de que debía dejar de tratar de tener el control y permitir que la cuidaran. Pude notar lo difícil que esto era para ella: ceder el control también se sentía como renunciar a su vida.

Se sentía cansada y necesitaba dormir, pero las últimas palabras que me dijo, las cuales me parece que provenían más de su inconsciente que de su consciente, fueron: "He estado muy sola; casi todos en el mundo estamos muy solos…" Sólo unas semanas antes le había quedado claro que no estaba sola. Creo que quiso decir que morimos solos.

Fui a ver a Barbara una vez más. Estaba deteriorándose: podía pararse de la cama para ir al baño, pero casi no podía ir más lejos que eso. Se la pasaba dormida la mayor parte del tiempo. La nueva enfermera del hospital le daba morfina; intentaba darle la dosis exacta para que no sintiera dolor, pero para que no la mantuviera noqueada. Me senté a su lado mientras dormía y escuché su ronca lucha por vivir.

Cuando despertó sonrió y su rostro tenía cierto resplandor. Le pregunté en qué pensaba y me dijo: "Estoy teniendo muchos sueños. No estoy segura de qué es sueño y qué es pensamiento, pero en mi cabeza aparecen videos de eventos y momentos del pasado. Recuerdos de momentos en los que estaba enojada o estresada, recuerdos 'olvidados' que surgen desde lo más profundo de mí, imágenes de mi madre y del amor que Paddy me daba…" Cuando mencionó su nombre brotaron lágrimas. "Me estoy viendo de otra manera, viendo por qué había preocupado tanto a los demás. Antes no lo podía ver…"

Después de un momento de silencio, pensé que dormitaba, pero me dijo como si hubiésemos platicado sobre eso: "Definitivamente creo en el espíritu, cuando deja el cuerpo; creo mucho en el espíritu, no en el Dios. ¿Tú qué opinas?" Le dije que yo creo que vivimos en los recuerdos de quienes nos amaron y a quienes amamos. Le dije que yo creía que ella iba a seguir viviendo en su casa y en Johnny. A lo que contestó: "Estoy contenta de haberme quedado en casa. Me encantaría tener más tiempo para amarlo; me encantaría tener el verano. Todo está pasándo demasiado rápido, demasiado; el tiempo es muy valioso…" Luego me dijo: "Debe ser muy difícil creer si no has visto al espíritu… Yo vi cuando el de Paddy abandonó su cuerpo". Di una respuesta sencilla, la escuché y le hice saber que sí la había escuchado, que estaba con ella. Conforme se volvía a dormir, escuché que pronunció la palabra "viaje". Es una palabra sobreutilizada, pero ella se encontraba tanto en un viaje estático como en uno que la llevaría a un plano completamente distinto. Éramos conscientes de eso y al mismo tiempo estábamos en negación.

Cuando me fui unas cuantas horas después, nos abrazamos brevemente y me dijo: "Muchas gracias. ¿Volverás a venir?" Le dije que sí, que claro que volvería, pero creo que las dos sabíamos que eso era poco probable. Barbara no era muy el tipo de persona que abraza. Cuando estaba sentada dentro del coche, me sentí temblorosa. Fue difícil despedirme por última vez de ella; era yo quien le estaba agradecida.

De hecho, yo estaba equivocada. Barbara se recuperó de esa recaída y volví a verla después de esa sesión. Actualmente, un medicamento nuevo está extendiendo su tiempo de vida, cuya expectativa nos es desconocida. La única cosa de la cual podemos estar seguros en la vida es de que nunca sabremos con certeza cuándo moriremos.

Gordon

ordon llevaba una camisa blanca almidonada, abotonada casi hasta la barbilla, con las mangas arremangadas y mancuernillas. Su chaleco cargaba un reloj de bolsillo. Ya estaba bien entrado en los ochenta y todavía se vestía con elegancia. Caminaba lentamente, en sus lustrosos zapatos Oxford de cuero y con la ayuda de un bastón. Era de constitución delgada y muy flaco, con una piel blanca como de porcelana y, detrás de unos lentes, tenía unos ojos azules penetrantes. Se veía como si estuviera al borde de la muerte. Estaba inquieto y su presencia era perturbadora. Él sabía que yo era terapeuta y estuvo de acuerdo en platicar conmigo en el centro de cuidados paliativos que él visitaba; planteé en mi cabeza que nuestras visitas servirían para hacernos amigos, hacerle compañía y brindarle apoyo emocional.

Con su ligero acento escocés, me contó que tenía cáncer de hígado, inoperable; el cáncer se había propagado a varias partes de su cuerpo. Estaba asimilando su diagnóstico cuando me dijo: "Me siento perdido; mi esposa murió". Pude ver su mirada de desolación cuando sus ojos viajaban por toda la habitación, como si buscara un lugar del que se pudiera agarrar. Gordon me hablaba intermitentemente mientras leía el periódico local. El ritmo era bueno, porque le permitía estar a cargo del espacio entre nuestros intercambios, pero demostraba su inquietud en la manera en que cambiaba de página: producía muchos crujidos ruidosos y gruñidos constantes por enojo entre dientes, como si las páginas estuvieran deliberadamente allí para molestarlo.

Le pregunté por su esposa. "Ella no debía morir —me dijo—. Yo era el enfermo; ella era más joven que yo por tres años, tenía ochenta y dos y estaba saludable. Sus piernas tambaleaban un poco, pero hace seis meses sufrió un paro cardiaco gravísimo y murió justo ahí. Yo estaba en la sala y escuché una especie de grito y un golpe en nuestra recámara. Subí y la vi ahí, muerta en el piso." Le brotaron lágrimas cuando pronunció las últimas palabras: estaba muy consternado. Le respondí lentamente y respirando entre mis palabras para que él pudiera reflejarme y relajarse. Le dije lo increíblemente traumática que debió ser esa experiencia. Asimismo, debí alzar mi voz, pues a pesar de que tenía un aparato auditivo le costaba escucharme. Su tristeza se transformó en enojo —"¡Claro que fue un puto trauma!"—, seguido de una diatriba de ira que no me era completamente comprensible y de un movimiento violento de sus manos. Vi que en sus nudillos tenía tatuado "amor" en la mano izquierda y "odio" en la derecha.

Como muchos de nosotros, soy instintivamente cautelosa de la imprevisibilidad del enojo, a pesar de que sea una respuesta tan común ante el duelo; logré convencerme de que no quería molestarlo por hacerle muchas preguntas. Me senté en silencio por un rato, mientras consideraba su enojo, y luego continué con lo básico: reconocer lo difícil que debía ser su vida sin su esposa y lo injusto que eso parecía. Se ablandó un poco (pude verlo en sus ojos), pero cambió de tema: "Quiero un té". Empecé a darme cuenta de que su enfermedad o tal vez la combinación de su enfermedad con su personalidad no le permitían mantener un hilo de ideas por nada de tiempo. Parecía como si él entrara y saliera a habitaciones diferentes de su cerebro; moviéndose continuamente al no sentirse como en casa en ninguno de esos cuartos.

Reflejar a Gordon me llevó a reconsiderar mi entendimiento más amplio de la vejez y la muerte. A menudo escuchaba que la vejez invierte los roles de padre e hijo, es decir, que el hijo cuida al padre. Si la relación ya tiene tensiones, esta inversión puede ser difícil e inquietante y para el hijo ese trabajo se puede volver una carga real. Sin embargo, yo no había pensado realmente en cómo es esta situación para el padre envejecido; lo aterrador que debe sentirse ir perdiendo tus poderes y habilidades con el paso del tiempo, cómo las pequeñas cosas se magnifican en la cabeza de los viejos, mientras luchan por mantener el control, ese control que se aleja más y más de sus manos.

La siguiente semana vi a Gordon y le pregunté cómo le iba en el centro de cuidados. "Me gusta bastante, pero me la paso horas esperando, esperando al doctor, esperando al fisioterapeuta; no es como si tuviera tiempo de sobra. Ya llevo tres horas aquí hoy. Me estoy hartando." Mientras me contestaba se agitó y soltó algunas patadas.

Al responder me di cuenta de que tenía buenas razones por las cuales estaba molesto: no sólo sufría de dolor y de inmovilidad, sino que también lo habían despojado de casi todas las personas cercanas en su vida. Por un lado, era un sobreviviente, pero también estaba muy solo. Como se encontraba en sus ochenta y tantos, había vivido más que su esposa, sus seis hermanos y la mayor parte de sus amigos. "Ya no veo a nadie más que a mis hijos y a sus hijos. Mi esposa solía llamarle a la gente, pero yo no me tomo la molestia. Soy un cabrón miserable y ya estoy harto." Escuché todas sus contradicciones: él no quería perder su tiempo porque tenía una expectativa de vida limitada, pero, al mismo tiempo, se sentía míseramente solo y no estaba seguro de querer seguir viviendo. Él no se encontraba cn un estado psicológico como para hacérselo saber: necesitaba de compresión compasiva, un sencillo reflejo de lo que decía en ese momento. Tuve que batallar para establecer una conexión con él; no podía permitirme alejarme por su enojo. Su habilidad para alienar a las personas se estaba sumando a su molestia. Le respondí lo mejor que pude, nuevamente con una respuesta sencilla, proyectando la mayor amabilidad en mi voz que pude, y al parecer eso lo tranquilizó.

A lo largo de las semanas en las que tuvimos sesiones le pregunté sobre su vida. Escuché fragmentos de ella, como si se tratara de escenas de los recuerdos de su vida. Entre las historias había silencios cómodos y a veces se quedaba dormido. Se había vuelto más calmado, pero no estaba segura si se debía a que ya me había vuelto alguien familiar para él o si era porque platicar sobre el pasado lo animaba. "Era un muchacho, un muchacho difícil, fui un Teddy Boy y tuve algunas peleas… De donde soy eran muy sectarios, los Celtic de Glasgow contra los Rangers de Glasgow, o les ibas a unos o les ibas a los otros, y siempre había pleitos entre nosotros. Si te topabas con una pandilla de ellos les gritabas groserías, les aventabas botellas y ladrillos, hacías que se te acercaran y luego les caías a golpes. Te ibas con un pedazo de sudadera o de camisa o de lo que sea. El secreto era ser lo suficientemente rápido. Los más grandes eran a los que les caían los golpes; yo era pequeño y rápido y podía correr. Y si pensabas que te iban a atrapar, les ponías el pie y salías disparado. Casi siempre sólo me quedaba con unos moretones, pero a veces sí allanábamos un poquito; dime con quién andas y te diré quién eres. Siempre había alguien que paraba todo. En esos días la policía era de la vieja escuela, así que te metían una golpiza." Mientras me narraba todo esto acompañaba sus palabras con movimientos vivaces de sus manos, como un eco de los golpes que pudo dar en su pasado.

Me contó una linda historia de cuando tenía dieciocho años. Quería renunciar a su puesto como técnico de mantenimiento en un campo de golf local, el cual le pagaba bien y le daba casa, para volverse carpintero; lo que era una decisión difícil. Le preguntó a su padre si estaba de acuerdo con eso o no y él lo animó a tomar su decisión: "Sigue a tu corazón, Gordon, porque no tienes el hábito de seguir a tu cerebro". Cuando recordó el amor de su padre le salieron lágrimas y apareció una sonrisa.

Fue un buen carpintero, siempre tuvo trabajo y nunca le faltó el dinero. Su gran amor eran los páramos y la carrera de palomas; ambas pasiones se le inculcaron desde que era niño: "Solía ir a casa de mis abuelos; vivían en un pueblito minero a unos cuantos kilómetros. Detrás del poblado había un páramo al que iba a jugar solito durante horas y a cuidar a los gallos lira. Mi tío me llevaba con él cuando iba a cazar perdices; lanzaba una red grande sobre las aves y sólo nos llevábamos las suficientes para llenar la olla. Ahí había restos de minas viejas, eran minas viejas de carbón y sus enormes máquinas que parecían dinosaurios. Solía sentarme sobre ellas y tratar de hacer que se movieran, me sentaba en ellas y me ponía a jugar..." Luego, su atención viajó del pasado al presente y recordó que estaba en proceso de morir: "En fin, el páramo es mi mejor medicina. Si me caigo y el último olor que percibo es el del brezo y el musgo húmedo, seré un hombre feliz".

Yo quería saber más sobre su experiencia en la carrera de palomas; me sonrió con orgullo y empezó a contarme: "Teníamos mucha plata en la casa; gané muchísimas carreras". No obstante, su recuerdo más conmovedor era uno que tuvo lugar en su infancia, nuevamente junto a su padre, quien era obrero siderúrgico. "Subíamos por las escaleras zigzagueantes del campanario en la catedral de Santa Margarita, hasta llegar a la cima de la campana más grande para tomar los huevos de las palomas; a lo que mi papá llamaba 'La intervención divina de tomar las palomas sagradas y sus huevos sagrados'. Estas palomas eran más rápidas." Se veía feliz mientras recordaba la historia e incluso más mientras se transportaba al pasado, a ese campanario de su mente: "Una enorme viga de roble sostenía las campanas; un día mi papá grabó nuestros nombres ahí, seguro todavía están allí, cubiertos de polvo".

Empecé a construir una emotiva imagen del hombre que fue: elocuente, a la moda, orgulloso y duro. El tipo de hombre que quieres a tu lado en una batalla: leal y divertido, alguien que luchará lo mejor que pueda. Era del tipo de masculinidad que protege a los hombres en la batalla y que, por necesidad, es inflexible por naturaleza. Me di cuenta de que la naturaleza entrecortada de su discurso, cuando lo conocí, más el dolor por el que estaba pasando, habían disparado filosas minibalas que le fueron difíciles de soportar. Estar con él, no retirarse psicológicamente, requería de mucho compromiso. Sin embargo, detrás de esa protección había un hombre que amó a su esposa, Carol, profundamente durante más de cincuenta años y que fue muy querido por su familia. En su corazón había calidez; simplemente estaba disfrazada por su dolor y sus pérdidas recientes.

Me pregunté sobre su vida espiritual. ¿Tenía una fe? ¿Qué creía que le iba a pasar después de morir? Lo criaron bajo la religión católica, pero nunca fue asiduo de ir a la iglesia: "Me hinco y rezo junto a mi cama todas las noches". Inevitablemente, en mi cabeza se apareció la imagen de Christopher Robin, y de repente me imaginé a este anciano hincándose y rezando a lo largo de décadas. Ahora rezaba todas las noches por su esposa y por él; sonaba como algo meditativo y tranquilizante. "El Señor da y el Señor toma, pero me parece que el Señor está tomando demasiado." Cuando me lo dijo me lanzó una mirada traviesa, como si el cura que le daba un manotazo en la nuca cuando era niño se apareciera en ese momento y no pudiera pegarle. Después de eso, Gordon perdió el hilo y bajó la cabeza hacia su pecho. No pude entender qué creía sobre el cielo, pero de todas formas había sido una revelación conmovedora.

Unos meses después Gordon estaba más consternado. Tenía un dolor terrible en su cadera izquierda, lo que le impedía caminar. Ahora estaba en una silla de ruedas. Fue al hospital local y lo recibieron unos doctores a los que él llamo "idiotas"; eran médicos residentes que al parecer no sabían nada y que apenas lo revisaron y sólo le dieron analgésicos. "No le harías esto ni a un perro…", me dijo, viendo hacia el suelo, con la voz baja y furioso. Sabía que su enojo tenía tanto que ver con la forma en que lo trataron como con su inefectividad médica. Con sólo una mirada es posible validar a alguien como un ser humano digno de respeto o reducirlo a un objeto que apenas merece nuestra atención. Le pregunté qué necesitaba en ese momento, qué era lo que más lo podía ayudar: "Ver al pinche doctor… es demasiado". El especialista que organizó la resonancia magnética tenía "un mal presentimiento al respecto". Yo no tenía dudas de que su estimación con experiencia sería correcta.

El especialista tenía la razón: se trataba de cáncer en el hueso y todo el cuerpo de Gordon era su víctima. Él dijo: "Estoy completamente fuera de control, no puedo tener el control de nada". Cada problema solucionado conducía a otro problema. En el aspecto médico, se les habían acabado las soluciones; ahora el objetivo era mantenerlo cómodo y sin dolor. El especialista le dijo: "Tienes semanas o meses de vida". Siempre pienso que cuando dicen semanas o meses en realidad sólo quieren decir semanas, pero aumentan su apuesta porque uno nunca sabe. Cuando me iba, vi que detrás de la silla de ruedas de Gordon había una placa que decía "El arte de vivir es morir joven lo más tarde posible". Sonreí: él siempre fue un guerrero.

La siguiente ocasión que visité el centro de cuidados Gordon estaba confinado a una cama en una sala con otros cinco hombres, todos igual de enfermos. Su hijo estaba con él. A pesar de que se veía muy frágil, con piel casi de color amarillo como de pergamino, parecía que estaba de mejores ánimos. Con esos brillantes ojos azules, me sonrió amablemente y me presentó con orgullo a su hijo, también llamado Gordon. Me contó que lograron detener su dolor dándole una dosis regular de morfina, lo cual era un gran alivio.

Era evidente que hubo un gran cambio psicológico. Él había dejado de luchar por su vida y aceptar su muerte lo había tranquilizado. Ahora sus preocupaciones tenían que ver con su muerte. "Yo quería hacer mi propio ataúd, pero no tengo las fuerzas, así que elegí el mejor que pude... También ya elegí mi lápida: tiene mi nombre y una paloma mensajera. Me van a enterrar al lado de Carol."

La mayor parte del tiempo que estuve ahí, Gordon se la pasó dormido, pero me enteré de que había comulgado; una decisión arriesgada, ya que a pesar de haber rezado toda su vida no había comulgado desde que era jovencito. Estaba haciendo las paces con su muerte y su fe católica lo tranquilizaba. Cuando él no quería platicar, se volteaba hacia otro lado y veía películas con Buster Keaton que su hijo le había descargado.

Yo quería encontrar una forma para despedirme que reconociera la poca probabilidad de volverlo a ver, pero sin ser dramática. Me resultó bastante estresante tratar de encontrar las palabras adecuadas, pero no debí de preocuparme: Gordon encontró las palabras para los dos. Me dio un abrazo y me dijo: "Cuídate". Le dije lo mismo. Algo muy sencillo, pero que lo dijo todo gracias a ese abrazo.

Quedé sintiéndome muy agradecida con Gordon. Él me enseñó mucho y me permitió acompañarlo en el proceso muy personal de aceptar su propia muerte. Me sorprendió no sentirme triste; esto no solía pasar con mis otros clientes. En cambio, me sentía aliviada. Él tuvo una vida larga y significativa llena de amor y de muchas cosas buenas, pero ahora ya estaba cansado y era su tiempo para morir.

Unas semanas después Gordon (hijo) fue lo suficientemente amable como para informarme a través de una breve nota que su padre había muerto. Murió en paz en el centro de cuidados, rodeado de su familia. Le dijo a su hijo: "Encontré el Paraíso antes de morir". Yo quería saber más al respecto (me gustan las pequeñeces y conocer cada detalle), pero iba a tener que conformarme con esa última frase encantadora.

Reflexiones

Nuestra primera respiración marca el éxito de nuestro nacimiento y nuestra última respiración marca nuestra muerte. Todos sabemos que moriremos (es el único hecho predecible); no obstante, el increíble poder de nuestra mente lo mantiene como el secreto mejor guardado. Con Jean, Barbara y Gordon me di una idea del delicado balance que ellos tuvieron que encontrar entre la esperanza de vivir y no deprimirse ante la expectativa de la muerte. Tuvieron que encontrar una manera para aceptar que la muerte estaba por llegar.

Cuando nos enfrentamos a nuestra muerte tenemos que aceptar perder lo que la vida significa para nosotros, así como enfrentar la gran pérdida que tendrán aquellos que nos aman. A pesar de esto, puede haber muertes buenas. Cuando se acepta y se reconoce la muerte y ya no nos enfocamos en luchar por vivir, se puede tener una muerte con gracia y cariño, indolora y pacífica y en un entorno de amor y confianza. Quienes trabajan con personas en agonía, y que tienen más experiencia que yo, destacan la intimidad única de estar con alguien al momento de morir: hablan de este momento como uno en la vida en el que tenemos la oportunidad de enriquecernos gracias a un viaje interno profundo en el que el éxito y la validación ya no se buscan y en el que nos sentimos más libres para ser nosotros mismos. Al mismo tiempo, de ninguna manera es la única forma y tampoco es la apropiada para todos. Algunas personas necesitan seguir con su lucha y pueden aproximarse a la muerte como si estuvieran a punto de ir a la guerra, y los soldados de infantería no paran de luchar hasta morir. La gracia y el cariño no son para todos.

Jean, Barbara y Gordon pudieron hablar sobre sus miedos y sus deseos ante la muerte, en parte porque yo era una profesional y estaba ahí para cumplir con ese objetivo en específico. Puedo imaginarme que si no hay una persona externa que les hace esas preguntas, puede resultarles difícil hablar sobre esto, debido al miedo y la ignorancia alrededor de la muerte. Es evidente que la manera en que nos comunicamos entre nosotros sobre nuestra muerte no funciona: de 48% de las personas que mueren en un hospital, sólo 2% decide hablar sobre estos temas. Menos de un tercio de quienes mueren platicaron con su familia sobre sus deseos. Las familias que no han tenido esas difíciles conversaciones (cuyos temas pueden variar, desde si quieren que los resuciten, al generar un testamento en vida que facilite la toma de decisiones y hasta si quieren ser donadores de órganos) cargan con mayor responsabilidad. El integrante de la familia verá que es casi imposible sentirse seguro al tomar decisiones. La incertidumbre es el aspecto más inquietante de la toma de decisiones y siempre hay incertidumbre respecto al resultado médico de cualquier tratamiento para la persona agonizante. Si agregamos desconocimiento de los deseos del fallecido en nuestra mezcla y la posibilidad de tomar una mala decisión, intensificaremos el sentimiento de culpa y de arrepentimiento.

El tiempo que pasé en el centro de cuidados paliativos me enseñó que todos debemos de intentar planear, hablar sobre y prepararnos para la muerte mucho antes de que nos enfrentemos al final de nuestra vida. Esto nos ayuda a escarbar dentro de nosotros y descubrir por qué le tenemos miedo a la muerte; podemos suavizar ese miedo si nos sentamos en un lugar silencioso y resolvemos lo que pensamos sobre la vida y la muerte y encontramos una manera para platicar con quienes son más allegados a nosotros, en particular con quienes vivirán más que nosotros, sobre nuestros deseos, nuestras ideas y nuestros miedos. Asimismo, es cierto que, a pesar de tener varias conversaciones al respecto, podemos seguir sintiendo que no estamos preparados cuando nuestra muerte es inminente. El cambio entre luchar por la vida y aceptar la muerte, para quienes pueden tomarlo, se genera a través de un proceso de duelo que no es diferente a los otros procesos de duelo; éste se lleva a cabo cuando la persona sufre por perder el futuro que había soñado y encuentra una manera de aceptar el futuro limitado que tiene.

Si elegimos creer en algo que nos hace sentir cómodos en la vida y ante la muerte, es probable que suframos menos. Si elegimos platicar con las personas a nuestro alrededor sobre nuestra muerte, ellas también sufrirán menos. Nadie nunca puede saber cómo es la experiencia de la persona agonizante, pero sí sabemos que estar presentes o ausentes durante la muerte de alguien a quien amamos vivirá en la mente de las personas que lo aman por siempre; una muerte en la que todos tienen los sentimientos y sus ideas alineadas es más fácil.

Por experiencia he aprendido que siempre habrá personas que no pueden hablar sobre su muerte y que necesitan mantener sus mecanismos de defensa firmes y en su lugar. Reconocer su muerte les provoca un miedo que las incapacita, así que negarlo es su única opción. Hay que ser conscientes de que incluso quienes se encuentran en negación pueden hablar sobre sus miedos a través de metáforas; por ende, es importante reconocer las pistas, en caso de que surjan. En cuanto a aquellos que no platican sobre su muerte, es probable que algunos sufran más cuando el momento se acerque: no sólo sentirán angustia por perder esa batalla que tanto se esforzaron por ganar, sino que también le temerán más a la muerte. No obstante, es posible estar completamente en negación y tener una muerte buena.

La mayoría de nosotros hemos sido testigos de los milagros de la medicina. Salva millones de vidas todos los años, pero su éxito nos da una falsa impresión de sus limitaciones. La trayectoria de una enfermedad que amenaza a la vida, una vez que pasó el momento crítico, puede estabilizarse a través de una intervención médica, pero no puede revertirse. Para los pacientes y sus familiares eso es difícil de aceptar, ya que siempre esperan que exista un tratamiento o una intervención más que intentar, creen que serán el uno en un millón que superará las expectativas. Estos procedimientos médicos conllevan decisiones muy difíciles, como el riesgo de morir a causa de un tratamiento como la quimioterapia, contra el riesgo a morir por la enfermedad. Aquí es donde aparece el arte de la medicina: los doctores deben hablar con el paciente agonizante y con su familia de forma colaborativa y asegurarse de que estas decisiones sumamente complejas se tomen en conjunto.

Cuando trabajo con familias en las que alguien a quien aman está por morir, mi mensaje central, además de aconsejarles platicar entre ellos de manera abierta y honesta, es asegurarse de que no tengan arrepentimientos. Deben pasar tiempo juntos, recordando pacíficamente o en silencio, tomándose fotografías, tal vez escribiendo un diario, poniendo de lado el mundo exterior, recibiendo sólo la visita de familiares y amigos cercanos y enfocándose en la persona a quien aman tanto; cada minuto es preciado y se volverá una fuente de tranquilidad cuando la persona haya muerto.

Si nos permitimos pensar sobre el tema, todos sabemos que queremos morir sin dolor, en paz y con dignidad y que no queremos morir solos: queremos estar con las personas que amamos y en un lugar donde nos sintamos seguros. No solemos querer aventarnos a un sistema médico en donde nuestra individualidad humana se pierda en la lucha por nuestra vida. Si podemos aceptar nuestra muerte inminente, tan difícil y complejo como es, podríamos tener la oportunidad de darle forma a nuestro final, lo cual también podría significar que tendremos menos miedo. No podemos controlar el resultado, pero podemos asegurarnos de usar todos los medios de apoyo disponibles para hacerla lo más tolerable posible.

Vale la pena volver a mencionar que un gran obstáculo para hablar sobre la muerte es el pensamiento mágico: creer que si se habla sobre la muerte provocará que suceda. O que platicar sobre morir quiere decir que renunciamos a vivir; es por esto que debemos tener estas conversaciones antes de estar por morir.

La ansiedad por la muerte

Nuestra actitud ante la muerte probablemente será un reflejo de cómo vivimos. Si alguien está enojado con la vida se enojará más con ella cuando se acerque a la muerte y viceversa; en ese momento los rasgos de nuestra personalidad se intensifican. Muchas personas tienen una actitud negativa hacia la muerte y su percatación de su propia mortalidad y el sentimiento de que es una amenaza inminente puede generar altos niveles de ansiedad por la muerte.

Se sugiere que cuando reflexionan sobre la vida que tuvieron, las personas experimentan una aceptación satisfactoria o sienten que tuvieron una vida sin propósitos o significado. Como es de esperarse, quienes están satisfechos con su vida y quienes consideran que tuvieron una existencia significativa sufren menos de ansiedad por la muerte que aquellos que no creen que su vida tuvo un propósito.

La ansiedad por la muerte suele aumentar después de que alguien vive la muerte de una persona amada. Esto se debe a que dicho evento puede detonar pensamientos sobre su propia mortalidad y aumenta la cantidad de tiempo que se la pasan pensando en su propia muerte.

Para controlar la ansiedad por la muerte muchos adoptan comportamientos de defensa, como tratar de distraerse para evitar los pensamientos prominentes sobre la muerte o negar su vulnerabilidad ante la muerte. Se ha sugerido que son estos mecanismos de defensa los que nos han llevado a la creencia de que la muerte es algo que debemos temer y que debemos evitar a toda costa.

Sin embargo, los estudios han demostrado que los individuos que han vivido una experiencia cercana a la muerte suelen reportar que ya no le temen. En varias ocasiones he visto que las personas cuyos hijos murieron ya no tienen miedo de morir.

La aceptación de la muerte

Las investigaciones demuestran que quienes aceptan la muerte son quienes están psicológicamente preparados para el final de su vida, están conscientes de su propia mortalidad y muestran una respuesta emocional positiva ante ésta.

No obstante, es posible que una persona pueda aceptar la muerte en aspectos generales, pero que al mismo tiempo rechaza la idea de que va a morir. Por ejemplo: un estudio que investigó la percepción de personas sobre la muerte de otros en comparación con su propia muerte reveló que los participantes solían dar representaciones irreales de cómo sería su muerte, pero luego daban descripciones realistas de la muerte de los demás.

La actitud de una persona ante la muerte puede asociarse con su bienestar físico y psicológico. Este dato es apoyado por investigaciones que indican que quienes tienen buenos niveles de salud física suelen reportar menos niveles de ansiedad por la muerte. Se ha visto que aceptar la muerte tiene un impacto positivo en la salud, vitalidad y en el bienestar en general.

Los efectos de la religión

La religión juega un papel importante en la actitud de las personas ante la muerte. Sin importar cuál sea, ésta puede actuar como un amortiguador contra el miedo a la muerte. Muchas se enfocan en la vida después de la muerte y promueven la idea de que no hay que temerle. Las personas religiosas demuestran una aceptación a la muerte ya que creen que seguirán existiendo en un lugar mejor después de morir.

Los efectos del apoyo social

El apoyo emocional es la forma más importante de apoyo social. Para personas como Barbara, Jean y Gordon el tener relaciones cercanas con su familia y amigos que se preocupaban por ellos era la mayor influencia en sus niveles de ansiedad por la muerte. Se ha demostrado que el apoyo social que ayuda a aumentar la autoestima de las personas disminuye los efectos negativos del estrés no deseado cuando la muerte es inminente. Las personas con alta autoestima y una buena red de apoyo social reportaron tener niveles más bajos de ansiedad por la muerte.

Se encontró que las personas mayores que viven en casas de reposo tienen niveles altos de ansiedad, sobre todo aquellos con fragilidad mental y física, con baja autoestima y que sienten que realizaron pocas cosas en su vida.

Para variar, los estudios no demostraron contradicciones: quienes sienten que tenían poco apoyo social demostraron tener niveles altos de ansiedad por la muerte.

La depresión

Las personas suelen preguntarme cuál es la diferencia entre el duelo y la depresión. A pesar de que se sienten similares, los procesos son diferentes. El duelo es una respuesta reactiva a un evento externo y esta respuesta genera todo un proceso holístico propio. La depresión es difícil de definir, pero de la manera más sencilla se trata de un sentimiento constante de negatividad y de ansiedad que puede originarse por un desbalance químico en el cerebro. Incluso cuando estamos en medio de un proceso de duelo, tenemos momentos de placer o de felicidad. Durante una depresión, los sentimientos de vacío y de desesperanza son incesantes. Un duelo complicado tiene los rasgos de una depresión, incluyendo el sentirse suicida, y requiere de un tratamiento profesional. No obstante, con respecto a los asuntos de la mente, nunca es posible formular definiciones definitivas, ya que los estudios demuestran que 15% de todos los trastornos psicológicos se originan en un duelo no resuelto.

COSAS QUE AYUDAN: EL TRABAJO QUE DEBEMOS HACER PARA AYUDARNOS A ENFRENTAR EL DUELO Y SOBREVIVIR CON ÉXITO

Amor y trabajo… trabajo y amor, eso es todo lo que hay.
—Sigmund Freud

Nuestra singularidad hace imposible escribir una lista definitiva y prescriptiva de lo que nos podría ayudar, por lo que los siguientes lineamientos son formas generales para pensar sobre lo que nos ayuda en este momento difícil en nuestra vida. El duelo requiere del compromiso de hacer *regularmente* cosas que nos ayuden física y emocionalmente. A algunos esto les parecerá imposible durante las primeras semanas y meses del duelo, mientras que para otros será fácil enfocarse en hacerlo.

Desarrollé la idea de los "pilares de la fuerza": éstas son las estructuras clave que nos apoyan y nos permiten reconstruir nuestra vida. Para construir estos pilares se requiere de trabajo (no van a aparecer de la nada) así como de compromiso para continuar ese camino. Los pilares operan como un todo integrado y orgánico; no podemos enfocarnos solamente en un pilar y olvidar el resto. Nos exigen nuestra atención y nuestro tiempo; el resultado de abordarlos a todos es que la fuerza que nos brindan se incrementará en varias ocasiones.

Los pilares
de la fuerza

1. Relación con la persona que murió

- El mayor indicador de cuánto dolor sentimos es la calidad de la relación que teníamos con la persona que murió y cuánto la queríamos. Mientras más importantes eran en nuestra vida, mientras más los queríamos, más los extrañaremos. La contradicción de esto es que si tuvimos una relación complicada con una persona importante en nuestra vida que ha muerto probablemente eso dificultará el proceso del duelo, ya que seguramente tendremos arrepentimientos y ya no tendremos oportunidad de corregir las cosas.
- En los casos de estudio hemos visto que la relación con la persona que murió continúa, aunque de una manera radicalmente distinta. Los amamos en su ausencia, en lugar de amarlos cuando están presentes. Algunas personas podrían necesitar integrar esto a gran parte de su vida, mientras que otros sólo lo harán ocasionalmente o en días especiales, como aniversarios. Un pilar central

en el soporte de nuestro sistema es *encontrar maneras para externalizar esa relación.*

- ◆ Puede ser a través de usar algo que nos conecta con ellos, como su reloj, una pulsera con su nombre o un artículo de su ropa, por ejemplo: una bufanda.
- ◆ Visitar su tumba; hacer una caja de recuerdos en la que colocaremos objetos especiales, como sus lentes, tarjetas o flores prensadas; hacer un album fotográfico, o escribirles en un diario o en cartas.
- ◆ Cocinar sus platillos preferidos.
- ◆ Publicar una imagen que les habría gustado en redes sociales.

Hay varias maneras de hacerlo. Encontrar una expresión externa para continuar la relación a través de rituales regulares no sólo es importante, sino que también se ha demostrado que reduce los sentimientos negativos e incrementa los positivos.

Con el paso del tiempo, la regularidad de estos rituales puede disminuir.

2. Relación con uno mismo

- • Así como nuestra relación con el mundo y los demás se ve modificada por el duelo, nuestra relación con nosotros mismos también cambia. Necesitamos mostrar autocompasión, escuchar nuestras necesidades, ser buenos con nosotros y evitar atacarnos a través de constantes autocríticas. Necesitamos reconocer que los sentimientos no son hechos, por ejemplo: sentirnos mal no nos hace ser malas personas. Puede haber varios mensajes confusos y conflictivos circulando por nuestras cabezas, por lo que una forma útil para tener claro en qué estamos pensando es escribir un diario. Escribir mensajes conflictivos (como que nos sentimos aliviados y tristes por la muerte de alguien) nos permite ver qué nos decimos, por ende, aclara lo que sucede dentro de nuestra cabeza. Tener una imagen precisa nos garantizará que encontremos el apoyo adecuado. Se trata de una fuente de autoapoyo que se ha estudiado y que ha demostrado ser tan efectiva como la terapia.

- Todos necesitamos tener mecanismos de defensa y es útil ser conscientes de cuáles son los nuestros. Además, puede ser que necesitemos descifrar si debemos construir otros mecanismos para situaciones en particular. Si, por ejemplo, solemos bloquearnos cuando estamos preocupados, esto podría significar que no recibiremos el apoyo que necesitamos en realidad. Es mejor conocer esto y decirles a las personas cercanas a nosotros cómo nos sentimos por dentro con honestidad.

- La negación en el duelo es una parte natural e importante de la autoprotección. En el duelo, aceptar la información es necesariamente progresivo, ya que psicológicamente no podemos soportar el entender todo de una sola vez.

- Probablemente una pérdida nueva traerá de vuelta los recuerdos de pérdidas previas. No es que nos estemos volviendo locos, ni que no hayamos hecho el duelo necesario en las ocasiones pasadas. Se trata de algo normal.

3. Maneras para expresar el duelo

Lo que siempre digo es que todos necesitamos encontrar maneras para expresar nuestro duelo y que no importa de qué forma sea. Como lo demuestran los estudios de casos, para algunos la manera es platicar con sus familiares o amigos, para otros es escribir en un diario y para otros es pintar, componer música o ir con el terapeuta. No existe una manera correcta para expresarlo.

La clave es encontrar una manera para conectarnos con los sentimientos de nuestro interior, nombrarlos y luego expresarlos. Si hacemos esto con regularidad, podemos construir un pilar de apoyo en el manejo de nuestro dolor, el cual cambiará con el paso del tiempo.

4. Tiempo

Es importante entender que el tiempo toma distintos matices durante el duelo.

- Tómate más tiempo del esperado para tomar decisiones, tanto las inmediatas, por ejemplo el funeral (a menos que haya imperativos religiosos), como las de largo plazo y de por vida. Puede ser que nos sintamos presionados para actuar, ya que nuestro sentimiento de impotencia es muy fuerte, pero sólo el tiempo puede brindarnos la autorreflexión adecuada que es necesaria si se quiere evitar arrepentirnos.
- El duelo toma más tiempo del que queremos; no podemos luchar contra esto; sólo podemos encontrar formas para apoyarnos durante ese proceso. Cuando intentamos bloquearlo, nos arriesgamos a sufrir enfermedades físicas y mentales. Por el lado bueno, la intensidad del dolor disminuye con el paso del tiempo; por naturaleza nos ajustamos y nos volvemos a enfocar en nuestra vida.
- Sentimos como si nuestra relación con el tiempo hubiera cambiado: el futuro puede parecer abrumador y podemos anhelar volver al pasado. Lo mejor que podemos hacer es mantener nuestra visión del futuro a una distancia corta y enfocarnos más en cada día y en cada semana.

5. *Mente y cuerpo*

Nuestra mente y cuerpo son un pilar central que recibió un gran impacto por la muerte de la persona que amamos. Gracias a la neurociencia, sabemos que todos nuestros pensamientos tienen un componente fisiológico que se siente en nuestro cuerpo. La mente y el cuerpo están interconectados al grado que los llamamos "mente-cuerpo", una sola unidad entrelazada. Los neurocientíficos se refieren a esto al decir: "El cuerpo recuerda y lleva la cuenta"; esto quiere decir que toda la experiencia queda en nuestro cuerpo e influye inconscientemente en lo que pensamos y en las decisiones que tomamos. Por lo tanto, el dolor del duelo se siente físicamente en nuestro cuerpo y afecta nuestros pensamientos y nuestro comportamiento; se suele sentir casi de la misma forma que el miedo y dirige nuestro sistema corporal hacia un estado agudizado de alerta. Necesitamos establecer un régimen que nos ayude a regular a nuestro cuerpo, lo cual entonces nos ayudará a apoyarnos emocionalmente. Mientras más *habitual* sea la acción, más efectiva será. El régimen deberá incluir:

- Ejercicio cardiovascular: el cual ayuda a reducir el sentimiento de miedo, como correr, caminar o cualquier deporte.
- Ejercicios de relajación/meditación: los cuales ayudan a controlar nuestra ansiedad.
- Comer con regularidad sin cargas fuertes de azúcar, café o alcohol, ya que hacen que el cuerpo vaya a su máximo y luego colapse.

6. Límites

Cuando experimentamos una pérdida que cambia nuestra vida es probable que nuestro desempeño en el trabajo y nuestras reacciones en contextos sociales se vean afectados. Un pilar importante es reconocer el poder de decir que no. Cuando nos damos cuenta de que evaluamos una situación con honestidad y vemos que no es lo indicado para nosotros, necesitamos tener la confianza de decir que no. Paradójicamente, esto intensifica el poder de decir que sí, ya que cuando decimos un "no" honesto, nuestros "sí" se vuelven infinitamente más positivos. Nuestros amigos y familiares pueden volverse muy mandones cuando estamos en un duelo y pueden tener muchas ganas de que volvamos a nuestra vida normal, pero nadie más puede saber cuáles son nuestros límites; es nuestra responsabilidad ponerles atención y externarlos adecuadamente.

7. Estructura

Durante el caos del duelo podemos sentir como si nuestro mundo se hubiera salido de su eje. Por lo tanto, construir el pilar de la estructura nos puede ayudar; pero hay que darle un poco de flexibilidad, ya que tener un comportamiento muy controlador puede resultar contraproducente.

Desarrolla una estructura de buenos hábitos:

- Antes que nada haz ejercicio.
- Haz algo de trabajo o de tareas de la casa.
- Tómate un tiempo para recordar a la persona que murió.
- Decide activamente hacer cosas que te tranquilicen y que te relajen, como comprar flores lindas, recibir un masaje, cocinar cosas ricas, ver varias películas o episodios de una serie, escuchar música o leer (aunque a

algunas personas les toma bastante tiempo poder concentrarse en una lectura).
- Duerme con un horario regular.

Desarrollar una estructura de buenos hábitos tiene un efecto
multiplicador: mientras más los hacemos, mejor nos sentimos.
Toma hasta seis semanas para que un buen hábito se vuelva habitual, para que lo hagamos sin pensar en ello.

8. Enfocarse

El duelo se deposita en nuestro cuerpo. Las personas suelen
hablar del duelo como un "nudo" o un "bloqueo" en la garganta o en el estómago. A veces se siente como si los brazos, las
piernas o la cabeza pesaran mucho. A menudo, cuando no hay
palabras para describir estos sentimientos corporales, enfocarse
es una manera de encontrarlas. Cuando en los estudios de casos
mencioné que hacía visualizaciones con mis clientes, éste es el
método que usé.

"Enfocarse" es la técnica que me ayuda a abrirme y a libe-
rar la inteligencia corporal en las personas, pero se puede hacer a
solas. Sugiero que dirijas tu atención hacia tu interior: vuélvete
consciente de una vaga sensación en tu cuerpo y respira hacia
(o enfócate en) ella. Esto te dará información que no se encuentra
en tu consciente.

El procedimiento que les pido a mis clientes que sigan y
que puedes hacer por tu cuenta es el siguiente:

- Cierra los ojos.
- Respira profunda y lentamente, deja que el aire entre
  por la nariz y salga por la boca tres veces.
- Dirige tu atención hacia el interior.

- Permite que tu atención se desplace por tu cuerpo hasta que encuentre el lugar donde más se siente eso.
- Respira hacia ese lugar.
- Busca una palabra que describa ese lugar (¿Tiene una forma?, ¿un color?, ¿es duro?, ¿suave?).
- Si la imagen pudiera hablar, ¿qué diría?
- Luego déjate llevar por la imagen.

Cómo pueden ayudarnos nuestros amigos y familiares

No camines delante de mí, puede que no te siga. No caminesdetrás de mí, puede que no te guíe. Camina junto a mí y sé mi amigo.

—ALBERT CAMUS

Las personas necesitan de las personas. Nacemos para conectarnos. Necesitamos de las personas para sobrevivir y para compartirles nuestra vida cuando estamos felices o cuando simplemente la llevamos bien. Asimismo, necesitamos de las personas cuando estamos dolidos. A muchos dolientes les pregunto cuál fue el factor más importante mientras reconstruían su vida y todos y cada uno de ellos me dice que fue su pareja, su padre o madre, su amigo/a, su hermano/a. Puede ser una relación cercana o pueden ser varios amigos y familiares que cumplen con diferentes papeles. Pero el camino para reconstruir nuestra confianza en la vida se debe pavimentar con personas que se preocupan por nosotros. A continuación compartiré lo que he aprendido y algunas palabras de las personas a quienes les pregunté sobre el tema.

Para mí siempre ha sido claro que los amigos y familiares de alguien en duelo quieren ayudarlo desesperadamente. El primer obstáculo se presenta cuando no saben cómo hacerlo. Es probable que teman hacerlo todo mal y hacerlos sentir peor, así que deciden no hacer nada. Espero que las actitudes, prácticas e ideas que doy a continuación te den la confianza que necesitas para superar cualquier miedo y para acercarte a la persona en duelo, en lugar de evitarla.

Asimismo, existe una barrera psicológica subyacente que los amigos o conocidos deben superar. Cuando estás con alguien que sufre mucho dolor, ese dolor se transmite corporalmente a las personas que lo rodean; actúa casi como una señal de peligro. Ésta puede detonar una incomodidad corporal en los demás que se puede sentir como miedo, aunque algunos sólo pueden estar conscientes de sentirse "raros". El sentimiento puede ser bastante inquietante, así que el instinto de muchos es hacer algo para detenerlo, para sacarlo de su cuerpo. Por esta razón suele decírseles a los dolientes que deben de "componerse" y volver a la vida normal. Algunos sólo quieren escaparse de la fuente de su incomodidad y su solución es ignorarla.

Escuchar

Sé un amigo que está preparado para brindar su tiempo, para escuchar y para reconocer la gravedad de la pérdida de tu amigo. Escuchar es la clave. Sé testigo y déjale a tu amigo estar descontento o confundido y contradecirse, o deja que no diga nada. Cada vez que vuelvan a contar su historia o que puedan decirte lo importante que era la persona que murió, la carga que les provoca cargar solos con ese dolor se vuelve cada vez más ligera. Las personas que les permiten hablar, hablar, hablar y contar historias marcan la diferencia. Hazles saber que te interesa conocer más al respecto. Cuando reconoces lo importante que era esa persona, te vuelves alguien especial para ellos. Cada persona se siente cómoda con distintas cantidades de contacto: llámalos o ve a verlos cada semana, diario o hasta varias veces al día si es necesario. Las preguntas abiertas que ofrecen respuestas amplias funcionan mejor que las preguntas que obligan a responder con un sí o un no, como: "¿Estás triste?" También puedes iniciar la conversación diciendo que estabas pensando en la persona que murió, decir su nombre y luego permitir que tu amigo tome la iniciativa y platique sobre ella.

A mi clienta Rebecca, cuya madre había muerto, le pregunté qué debían de saber los amigos de los dolientes. "Deben estar abiertos y dispuestos a platicar sobre la muerte, la persona y la pérdida. Cuando marcan o escriben, no deben tratar de disminuir la pérdida. Deben hablarla. Intenten encontrar las palabras para describir sus sentimientos. Si en su vida quedó un vacío, díganlo. Si se les rompe el corazón al ver así a sus amigos, díganselo y dejen que ellos les compartan sus sentimientos sin tratar de hacer que los escondan."

Katie, una hija en duelo, describió más esa honestidad: "Encontré que la honestidad era confortante y fácil de lidiar con ella. Las pretensiones me parecían complicadas y requerían de un grado emocional y de interpretación social que simplemente no tenía en ese momento". De manera similar, Antony, un padre doliente, me dijo: "Tampoco necesitas disfrazarte con otro personaje porque estoy en duelo. Sé tu mismo, ya que estoy en territorio desconocido y necesito tener algo familiar cerca. Necesitaba que mis amigos fueran mis escalones, mis guías".

Emma, cuyo padre había muerto, sabía con claridad qué quería: "Muy a menudo las personas subestiman qué significa estar ahí simplemente como un amigo. Piensan que deben actuar diferente para que te compongas. No se dan cuenta de que al hacer eso invaden tu espacio mental y en lugar de apoyarte te hacen sentir consciente del hecho de que no estás en buena forma, que parece que necesitas componerte; todo lo que eso provoca es hacerte sentir como si necesitaras actuar como si todo estuviera bien para que ellos dejen de intentar ayudarte".

Emma continuó describiendo su versión del tipo más importante de amistad cuando alguien acaba de perder a un ser querido: "Son las personas que simplemente te permiten pasar por lo que estás pasando sin juzgarte u opinar al respecto, pero que te dan un abrazo cuando lo necesitas, un hombro para llorar y una compañía reconfortante; que te preparan algo de comer, se sientan contigo y ven la televisión mientras tú lloras en silencio; que no tratan de hacerte dejar de llorar, sino que sólo toman tu mano y la aprietan de vez en cuando; que entienden, sin que tengas que decirles que solamente necesitas llorar y que vas a parar cuando hayas llorado lo suficiente y tengas que irte a dormir, y que sepan que su presencia silenciosa marca la diferencia".

Rosa, cuya madre murió, me dijo: "A veces siento que dentro de nosotros hay una canasta con recuerdos y tristezas y que cada vez que contamos una de esas historias quitamos un poco de peso. Recuerdo que cuando mi mamá murió, a varios kilómetros de Londres, una colega del trabajo (que nunca conoció a mi madre y a quien no conocía mucho) se tomó el día y viajó toda esa distancia y por carreteras complicadas para ir al funeral. Yo no sabía que ella iría, pero ahora (treinta y seis años después) su presencia es la cosa que más recuerdo, lo que más me conmovió. Que fuera significaba que podía platicar con ella cuando regresara a Londres y compartirle mi tristeza por la muerte de mi madre. Siempre me recuerda que nunca sabes qué va a ayudarles a las personas durante un duelo, pero que necesitas intentarlo, y necesitas intentarlo sin vergüenza".

Aceptar, comprender y animar a un amigo tal como es no tiene precio. Penny, cuyo bebé había muerto, me dijo: "Recuerdo que estaba molesta y que mencioné lo sorprendida que estaba por seguir sintiéndome tan triste. Mi esposo me respondió diciendo que él opinaba que probablemente siempre me sentiría triste al respecto y que siempre sería algo por lo cual debíamos sentirnos tristes. Nuevamente, el nivel de comprensión me ayudó a aceptar lo que había sucedido".

No se trata de ti

Sigue el camino que te dé el doliente: puede ser que no quieran platicar sobre su duelo en ese momento o contigo. Es bueno decir algo que reconozca su pérdida, pero después de eso dales el control que necesitan (no tuvieron ningún control sobre la muerte de su ser querido), para que decidan si quieren platicar o no. Si te piden que los visites y que pases un rato con ellos, y si quieren hablar abiertamente contigo, ve. Si en verdad no quieren que los visites y no quieren lidiar con ese tema en ese momento en particular, no los obligues. No confundas tu necesidad de hablar, llamarlos o de estar en contacto con las necesidades de tu amigo. Algunas personas necesitan tiempo para enfocarse en la persona que murió, tiempo para sentir su dolor y hacer el duelo.

Rebecca me brindó un ejemplo de lo inútiles que pueden ser hasta los buenos amigos: "Pasé por una situación en la que les pedí a mis amigos y familiares que fueran conmigo a guardar shiva (la tradición del luto judío) en cierto lugar y a cierta hora. Para dos personas cercanas, estos horarios no les convenían e insistieron en llegar antes ese mismo día y en verme en otro lugar que les quedaba mejor. Yo en realidad no quería hacer eso porque me preocupaba que estallara en llanto y que me sintiera muy emotiva, además de que les estaba ayudando a mis hijos a hacer su tarea y les cocinaba la cena. Les expliqué esto, pero no les importó. De todas formas llegaron y hablaron sobre la muerte de mi madre, sacaron todos los temas que trataba de mantener encerrados temporalmente. Era evidente que la visita más bien se trataba de ellos, de 'ponerle una palomita' a su tarea de visitarme, y no tanto de realmente consolarme". Podríamos resumir esto en: "No se trata de ti", si tú eres ese amigo y si quieres ayudar en serio.

Hacer preguntas es entrar en un territorio complicado y mucho depende de tu motivación al hacer esas preguntas. No seas un chismoso, no necesitas saberlo todo. Las preguntas deben surgir a partir de lo que tu amigo te dice: preguntas exploratorias, sensibles y que buscan conocer más sobre su experiencia. No se trata de una sesión intrusiva para recopilar información.

Vicky, cuyo hijo murió hace años, me dijo algo que ya he escuchado de distintas formas en varias ocasiones: "Una de las cosas traumáticas que viven las personas en duelo es esa manera molesta en la que hay que cuidar a las personas que no saben cómo tratarnos. De por sí ya estamos luchando por sobrevivir nuestra catástrofe e intentamos conservar la poca energía que tenemos, así que además tener que compensar su ineptitud es hasta ridículo, si no fuera tan doloroso". La incomodidad que sienten los amigos y familiares se transmite y adquiere con rapidez; las costumbres sociales de todos por querer que la interacción sea tranquila se apodera de ellos. No obstante, como Vicky claramente demuestra, esa incomodidad se deposita en el doliente como un enojo encolerizado mucho tiempo después de que la interacción tuvo lugar.

Reconocimiento

La muerte no es contagiosa, pero los dolientes podrían pensar que sí, si se juzgara por el miedo que ven en los ojos de las personas. Las personas temen acercarse a platicar, a qué decir, a no decir lo correcto; así que, al final, optan por no decir nada. Todo esto proviene de la idea de que lo que digas debe mejorar las cosas, de que debes tener el conocimiento suficiente como para hacer que el dolor sea tolerable. Pero no se puede. Y tampoco necesitas hacerlo. Ser lo suficientemente atento como para arriesgarte a reconocerlos a ellos y su situación ya es suficiente.

Ofrecerles tu compañía para cuando te necesiten y sugerirles que ellos te marquen cuando lo deseen probablemente sea pedirles demasiado en esos momentos. Es mejor tomar la iniciativa y contactarlos y a partir de ahí seguir el camino que nos indiquen: tal vez quieran verte y platicar contigo; tal vez no. A menudo las personas no contactan al doliente porque sienten que no lo conocen lo suficiente. Si crees que las dos opciones podrían ser un error, mejor errar a partir de contactarlos.

Hay personas en el círculo cercano de tu amigo y personas un poco más alejadas. No todo es claro y sencillo: a veces se forman nuevas amistades a partir de una tragedia y en ocasiones algunas se pierden. Sin embargo, cuando un amigo no es tan cercano, a veces el doliente puede hacer una seña o dar un empujón en la dirección correcta para incluir más a ese amigo. Anteriormente mencioné que la persona en duelo no debe ser la que haga el esfuerzo, pero a veces esto acercará más a un amigo que sí le interesa y le permitirá contribuir a la vida del doliente.

Algunas personas activamente no quieren que les quiten su dolor y no hay nada que se pueda hacer cuando éste sea el caso. No obstante, acercarse a ellos con compasión y bondad ayudará. Sólo decir que lo lamentas la primera vez que los veas y no quedarte mirándolos incómodamente desde el otro lado del cuarto es el mejor camino.

Katya, una viuda cuyo esposo se suicidó hace veinte años, recuerda con absoluta claridad cómo respondieron sus amigos en ese momento: "Después de su muerte, nunca me di cuenta de que las personas me evitaban, pero sí noté la gran bondad, consideración y amor que me demostraron. En ocasiones siento que él fue tan querido que las personas todavía quieren demostrarlo con la manera en que me tratan, incluso todavía lo hacen. Me sentí muy agradecida por todo este amor y bondad, pero al mismo tiempo y durante los meses posteriores sentí como si me hubieran despellejado la piel de todo mi cuerpo; dolía demasiado. No podía mostrárselo a nadie…"

Ellen, cuya madre había muerto, me contó sobre cómo se sentía juzgada por los demás después de su pérdida, sin un reconocimiento sencillo por parte de los demás. No obstante, cuando su padre murió la situación fue muy diferente y sus amigos pudieron reconocer esto y platicar al respecto: "Cuando volví al trabajo después de la muerte de mi mamá, nadie mencionó por qué había faltado por una semana. Si acaso, mis colegas eran bastante bruscos, por lo que establecieron una nueva formalidad extraña e inesperada, una barrera entre nosotros. Sospeché que no sólo estaban ocultando una ansiedad porque yo colapsara de la nada, sino que también había un sentimiento de juicio combinado con su pena. Mi mamá no había muerto de vejez bajo las condiciones lindas y buenas en las que se supone que deben morir los padres; ella murió cuando todavía era joven y de una manera horrible y extravagante: a causa de alcoholismo, esa enfermedad rodeada de tabúes. Hace treinta años la vergüenza y la crítica implícitas en dicha muerte no vacilaron en hacerse públicas. De alguna manera sentí que la crítica e incluso la culpa se dirigían tanto hacia mí como hacia mi madre, y creo que nunca me había sentido tan sola. Sin importar las circunstancias, perder a un padre es como perder una pierna. Nos dificulta mantener el equilibrio, amenaza nuestro centro gravitacional, nuestras bases se sacuden… nos devasta por completo. No tienes idea de nada de esto hasta que te pasa.

"Cuando mi papá murió varios años después, la experiencia fue completamente diferente. Durante sus últimos nueve meses de vida nos volvimos profunda y mutuamente cercanos, fue gratificante. Discutimos sobre el amor, la muerte, las esperanzas y los miedos. No dejamos ningún tema pendiente. Cuando en esos primeros días después de su muerte encontré el coraje para platicar con mis amigos que habían pasado por lo mismo, sentí un sustento que nada más me pudo haber dado gracias al alivio de encontrar puntos en común, incluso unas risas entre las lágrimas."

Ayuda práctica

Aisa, una madre doliente, me contó que sus amigos hombres fueron buenos con ella, ya que "pasaban a verme y me preguntaban cómo estaba. A veces se quedaban conmigo mientras yo lloraba. Me gustaba estar entre los brazos de un hombre, necesitaba esa fuerza masculina". Vicky, una viuda, vio que sus amigos hombres le daban buenos consejos prácticos o la iban a visitar y jugaban futbol con su hijo. Sus amigos hombres disfrutaban de recibir tareas específicas.

Sin embargo, cuando se trata de hombres apoyando a hombres, la situación puede ser "un desastre". Bobby, un viudo, me dijo: "Los hombres son mucho peores que las mujeres al hablar sobre eso. Una vez tuve una cena terrible con dos amigos hombres; simplemente no pudieron, mencioné su nombre [el de su esposa] cinco veces y esas cinco veces no respondieron". Preguntar algo cinco veces y que te rechacen en cada ocasión suena a algo que debe provocar una furia de dimensiones bíblicas. Sé que el silencio no tiene para nada el propósito de lastimar o molestar y que proviene de la incomodidad de sentirse impotente, pero si encuentras el coraje para escuchar, le darás a tu amigo un regalo muy poderoso.

Hacer cosas prácticas suele ser lo que hace una diferencia. No digas: "Avísame si necesitas cualquier cosa", mejor haz algo útil. Al inicio de un duelo puede haber muchas personas de visita, así que llevar comida puede ser lo mejor por hacer. Es raro que alguien lleve comida después de que pasó la crisis inicial, así que por esta razón se agradece mucho cuando sucede. Muchísimas personas me han dicho lo agradecidas que estaban con sus amigos que se aseguraban de que estaban comiendo bien y que se estaban aseando, los amigos que les organizaron su vida porque ellos no operaban en lo más mínimo. Puedes hacerle una cita para que le den un masaje. Puedes ayudarle a cuidar a sus hijos, que están por pasar por un largo día y tienen un padre triste que al final de su jornada no puede hacer mucho.

Varias veces he escuchado cómo un grupo de amigos hicieron una lista de turnos para apoyar a alguien cercano que estaba por morir o cuya pareja, padre o hijo murió. Se tomaban turnos para estar con ellos, caminar con ellos, llevarles comida. Hay algo en la colectividad de un equipo que es particularmente solidaria y brinda apoyo. Las personas en duelo suelen preocuparse porque sienten que son una carga muy grande para sus amigos, pero se preocupan menos si sienten que la responsabilidad es compartida por un grupo.

Antonia, una viuda cuyo marido se suicidó, me contó: "Existe un sentimiento de ser etiquetada por el suicidio. Cuando entraba a un cuarto, sentía que colectivamente me evitaban, como si fuera una leprosa o si el suicidio fuera contagioso. Me imaginaba ese susurro furtivo que decía: 'Ella es la que te conté que...', y me provocaba un terror intenso. La bondad de las personas en situaciones en las que no te puedes esconder (como partidos de algún deporte, los días de visita de padres a la escuela, una fiesta) importa muchísimo. Cuando otras familias te incluyen en esos días particularmente familiares marca una enorme diferencia".

Contar historias o enviar fotografías o videos de la persona que murió son actos de gran valor. Valen oro. El doliente puede sentir como si le hubieras dado un regalo, como si les dieran algo más de la persona que murió que no tenían antes. Danny, un viudo, me dijo: "Cuando me enviaban videos o fotos que no tenía, me daban más tiempo con ella. Platicar con personas que se sabían historias de ella que yo no conocía ayudaba a mantenerla viva, porque yo no estaba listo para dejarla ir".

El humor es un terreno arriesgado, ya que puede salir muy mal. Pero si conoces muy bien a tu amigo, compartirle algo gracioso puede causar un alivio que será bienvenido. Reír y llorar son emociones que pueden estar muy cerca una de la otra, así que no te sorprendas si esas risas con tu amigo se transforman en lágrimas. Si eso pasa, no te preocupes. El humor negro, con la persona y en el momento adecuado, puede ser un descanso bienvenido de toda esa miseria. Poppy, cuyo bebé había muerto, me dijo: "Otro de mis amigos acaba de intentar hacerme reír. No me obligó a reír, sino que me mandó videos/fotos estúpidos que eran chistosísimos y no podías evitar reír. Había sobre todo un video chistoso de unos *strippers*, tienes que verlo para que te dé risa; pero en él los ves dando vueltas en el tubo y sacuden sus partes al ritmo de una canción bien ridícula que dice cosas como 'Te gusta mi pipipi… mi pepepe…', pero se ve que se lo toman demasiado en serio. No dejé de verlo por meses. Y no es porque me guste andar viendo colas, sino porque era muy gracioso y siempre me hacía sonreír".

Estoy segura de que muchos no estarían de acuerdo, pero cuando platico con alguien que recibió pésimas noticias, suelo decir muchas groserías. "En serio que es una mierda, ¿no?" O simplemente "¡Mierda!" No puedo explicar exactamente por qué, pero decir groserías va de alguna manera directo hacia la raíz de lo malo que uno se siente ante la situación, sin todas esas vueltas con adjetivos y simpatía, las cuales se pueden sentir como algo condescendiente. Además, las groserías expresan con exactitud un poco de esa furia que sienten las personas.

Honestidad

Sé honesto. La honestidad consuela y es fácil lidiar con ella. Tiene una transparencia directa que atraviesa la mayoría del desorden complejo del duelo, y las personas pueden sentir esto como un gran alivio. Asimismo, sé honesto con lo que en realidad puedes ser, en vez de decir cosas para encubrir que te sientes culpable por lo que no puedes hacer. Sé específico, di: "Paso a verte una media hora" o "Voy a tu casa el martes"; no digas: "Tú dime cuándo quieres que vaya y voy, tú dime y ahí me tendrás" para que luego te des cuenta de que no puedes cumplir con lo que ofreciste.

Sé sensible

Ser honesto es importante y ser sensible también. La honestidad indiscriminada no es buena idea. Jenny, cuyo hijo murió trágica y repentinamente, me mostró un correo que en el primer renglón decía: "He estado pensando en ti..." y luego resumía con lujo de detalles y con el tono más alegre posible lo bien que les iba a sus hijos y cómo seguían con su vida. Debes pensar en los sentimientos del doliente cuando le hables a la persona sobre tu padre, pareja o hijo con vida, si ahora esa relación ya no existe para él o ella. O sé consciente cuando hables sobre lo bien que te va en la vida, porque si lo dices muy abiertamente puede sonar como si se lo estuvieras restregando en la cara.

Acompáñalo a la larga

Intenta recordar que debes contactarlos y apoyarlos después de que todos los demás se hayan apartado. Usualmente tres meses después de la muerte, las personas regresan a su vida, como deben hacerlo. Pero esto no quiere decir que el doliente ya está bien. Mandarles un mensaje o ir a visitarlos puede ser de mucha ayuda. Mis clientes suelen lamentarse de que se sienten muy solos. El duelo te hace solitario. Todo ese extrañar, desear y no encontrar se puede sentir como una soledad insoportable. El contacto humano cálido y cariñoso ayuda a que no se sienta tan terrible. No le quitará el dolor, pero recordar y mantener el contacto con tu amigo le ayudará a soportarlo.

Una razón por la que las personas dejan de contactar a los dolientes meses después de su tragedia es que les preocupa que le recuerden algo que ellos preferirían olvidar. Puede ser que el doliente no quiera hablarte justo en ese momento, pero debes saber que nunca olvidará a la persona que murió. Lo más seguro es que sea la cosa que más presente tenga en su cabeza y por mucho más tiempo del que piensas.

Platiqué con una madre, Elizabeth, cuyo hijo murió hace cuarenta años. Sin duda ella ya había seguido con su vida y había vuelto a encontrar la felicidad. Me dijo: "Cuando escucho su nombre me lleno de cariño. También me gusta rememorarlo, sobre todo en días especiales como en su cumpleaños o en el aniversario de su muerte". Un padre, Paul, cuyo hijo murió hace varios años, me dijo algo similar: "Para mí, el duelo es una manera de acercarme a George, así que no es algo a lo que le huyo. Es mi duelo, pero ya no le tengo miedo, no como en esas semanas oscuras después de su muerte".

Escribir

Cartas, tarjetas, mensajes o correos: no importa qué escribas; todas las formas son muy útiles. Sin embargo, es mejor mencionar que no quieres una respuesta, porque algunas personas simplemente no pueden escribir de regreso. Asimismo, nunca es tarde para enviarlos. Recibir una carta tiempo después siempre es una buena sorpresa, ya que es cuando todos los demás se olvidaron y tu amigo continúa en duelo.

Cuando escribas, trata de hacerlo un poco personal y evita incluir clichés como: "Tuvo una buena vida" o "Mejor amar y perder que…", ya que son trillados y de alguna forma reducen la importancia personal de este ser querido que murió. No necesitas dar largas explicaciones de por qué murió la persona o exploraciones teológicas respecto a la muerte; sólo sé amoroso, personal y cariñoso y reconoce su situación.

Abdul me dijo que recibió cartas que "hablaban sobre mi papá y sobre recuerdos de esto y lo otro, lo que más les gustaba de él. Mis partes preferidas fueron las que relataban anécdotas graciosas de sus comportamientos o rasgos de personalidad más excéntricos, cosas que me hacían sonreír y llorar al mismo tiempo; esos recuerdos que se les quedaron grabados y que hicieron que ellos lo quisieran, lo recordaran".

Los mensajes de texto son menos demandantes que una llamada porque no necesitan de una respuesta. Mi consejo de precaución con los mensajes es que si son la única forma de comunicación entre ustedes, se puede sentir como algo muy distante, así que en algún momento sería atento tener contacto directo con el doliente.

Cuando alguien está en duelo no quiere hacer una lista de las personas que no le llamaron o de quién le dijo algo insensible. Pero lo hacen, y eso puede afectar la relación en el futuro. Si puedes ver en sus ojos que están molestos, no te hagas el tonto. Respira profundo, sé valiente y diles: "Perdón, puedo ver que lo que dije te molestó". Con eso es suficiente.

Las necesidades de un amigo doliente pueden ser completamente individuales. Colleen, una paciente cuya madre había muerto, me dijo: "No te apresures para hablar sobre el legado, la ayuda y las soluciones. Me di cuenta de que algunas personas me decían demasiado pronto que ella siempre iba a estar conmigo, que la iba a sentir, que me iba a acompañar. Al inicio yo no sentía eso para nada, así que cuando me lo decían me hacían sentir peor... como si yo no estuviera bien o como si me faltara algo".

Jane, otra clienta de una edad similar y cuya madre también había muerto, me dijo casi lo opuesto: "Recibí una carta que me afectó muchísimo. 'No obstante, este periodo de tristeza dará luz a un periodo de reflexión radiante y a una celebración de su vida. Ella vivirá en sus hijas y en sus nietos, su memoria está grabada en ti, una especie de ADN espiritual. Puede ser que ella ya se haya ido de sus vidas de una manera activa, pero está muy presente y sigue estando contigo y con las generaciones posteriores. El hecho maravilloso de la existencia humana es continuar con su vida en los que siguen aquí para que ella no esté ausente, para que sólo tenga una presencia distinta'. En particular, me gustó la parte de 'presencia distinta'. Es una carta lindísima".

Trata de recordar los cumpleaños y aniversarios. No importa qué día sea (si es el aniversario de la persona que murió o cualquier día de celebración normalmente alegre), sólo envíale un mensaje de texto, una carta o un correo a tu amigo o ve a verlo. En esos días especiales y sobre todo difíciles para tu amigo doliente es probable que tenga los sentimientos a flor de piel, que se sienta confundido y también como si estuviera distante. Puede sentir como si el mundo siguiera adelante, y que el suyo se hubiera detenido, y que pasara hace un año exactamente. Recordarlo cuando se siente olvidado es un pequeño gesto que puede causar un gran impacto.

El ritmo de ajuste de tu amigo

Muchos clientes me han dado una versión similar de lo que me dijo Ali: "Recuerda que el luto y el sanar tienen un ritmo muy personal e impredecible. Lo más útil que puedes hacer por tu amigo es no apurarlo en su camino si ves que se toma su tiempo o no juzgarlo si ves que lo hace con rapidez. Simplemente acompáñalo, donde sea que se encuentre".

Sharon, cuya madre tuvo una larga vida, me dijo algo similar, pero poniendo énfasis en el hecho de que el duelo nunca se termina: "Para mí, creo que lo que más me sorprendió de mi viaje fue el tiempo que me tomó para volver a sentirme yo. Mi expectativa, y creo que las expectativas de muchos de mis amigos, era que se trataba de una cosa que iba/debía superar con rapidez… pero no fue así… y sigue siendo una cosa sobre la cual necesito hablar de vez en cuando. Y eso que mi mamá murió hace doce años".

Cuando le pregunté a un padre doliente sobre cómo pueden ayudar los amigos, me demostró cómo la vida y el duelo continúan: "Al recordar a George tengo que revisitar ese lugar dentro de mí que guardo para cumpleaños, aniversarios y esos momentos ocasionales. Me gusta cuando algo relacionado con él surge de la nada; me hace bien".

Hasta cierto punto, cualquiera que lea este libro es parte de un séquito de personas que probablemente no necesite leer este capítulo. Lo más seguro es que seas del tipo de persona que quiere saber cómo puede ser lo más atenta posible, lo cual te hace automáticamente atento. Tenderás a ser un amigo tímido y consciente, con la sensibilidad suficiente como para saber que no puede asumir qué necesita o quiere tu amigo y que las cosas pueden cambiar para él de un momento a otro, por no decir que de día a día.

Yo quiero llegar a aquellos que cruzan al otro lado de la calle, aquellos que no miran a los ojos a su amigo o conocido doliente y que hacen cualquier cosa menos decir el nombre de la persona que murió. No estoy segura de cómo puedo llegar a ellos, pero, si pudiera, les diría: reconozcan, escuchen y sencillamente denles su tiempo.

Contexto histórico de la muerte y del morir en México

Por Asunción Álvarez

México tiene fama de ser un país que celebra y se ríe de la muerte, con lo cual se podría pensar que los mexicanos no tememos este acontecimiento con el que inevitablemente habremos de enfrentarnos. De hecho, en las primeras décadas del siglo XX se consideró que esta idea de fácil convivencia con la muerte podía convertirse en el símbolo que diera la identidad nacional que necesitaba el país. Eso puede explicar que en el extranjero realmente nos identifiquen —y nos lo creamos— como una sociedad que convive sin problema con la muerte. La realidad es muy distinta; para muchos mexicanos la familiaridad con la muerte se limita a los primeros días de noviembre, cuando el país se llena de manifestaciones culturales de mucho color y ostentación para homenajear a los muertos. Fuera de estos días, la mayoría de los mexicanos no piensa ni mucho menos habla de la muerte, lo que se vuelve una gran limitante cuando la enfrentan de manera personal. Existe, desde luego, una minoría de la población que pertenece a comunidades que han conservado rituales transmitidos generacionalmente desde hace muchos años, los cuales, además de ayudar a transitar con paz hacia el final de la vida, o a saber cómo acompañar a quienes están en ese trance, dan consuelo a aquellos que sufren el dolor de la pérdida de un ser querido. Evidentemente, estos grupos se pueden preparar para la muerte porque la reconocen y le dan lugar cuando se presenta.

Siguiendo la misma actitud que prevalece en el modelo de pensamiento occidental, la mayoría de los mexicanos evita y niega la muerte como si en la vida no hubiera un lugar para ella. Se dejaron atrás las costumbres de otros tiempos en que la gente sabía cómo prepararse para morir y acompañar a quien llegaba al final de su vida, no porque les gustara la muerte, sino porque se podía hacer muy poco para retrasar su llegada. Es un tanto paradójico que ahora que el desarrollo de la ciencia y la medicina ha avanzado tan significativamente, las personas hayan retrocedido tanto en su capacidad para lidiar con la muerte. Pero parecería que es justamente el desarrollo científico, por ser el principal responsable de la capacidad para postergar la muerte, el que ha favorecido que las personas elidieran lo que les tocaba hacer para prepararse ante la muerte; tal parece que prefieren confiar en que la medicina sea siempre capaz de vencerla. No es que racionalmente se crea que pueda evitarla del todo, pero es muy común que las personas, sólo por el hecho de desear que no suceda la muerte de un enfermo, esperen que los médicos hagan lo que de manera objetiva se sabe imposible.

De lo único que tenemos certeza los mexicanos, como todos los humanos, es que moriremos, pero no sabemos cuándo ni cómo llegará ese momento que pondrá fin a nuestra vida. Puede llegar de manera repentina, debido a un accidente o como consecuencia de la violencia que en nuestro país ha ido cobrando innumerables vidas de la manera más atroz e injustificada. En ambas situaciones se trata de muertes que podrían y deberían evitarse, para las cuales no hay forma de prepararse, pero que tampoco son predominantes. En la época actual la mayoría de las personas muere en el contexto de la atención médica, sea como resultado de una o más enfermedades que no se pueden curar ni controlar o por las diversas complicaciones que ocasiona la vejez. Y si bien también en este contexto puede haber muertes imprevisibles, que pueden suceder en cualquier momento de la vida, hay mucho que sí se puede hacer para que la muerte de un paciente que es inevitable sea menos dolorosa y angustiante. Por esta razón, resulta demasiado costoso y doloroso no querer saber ni hablar de lo que está pasando cuando hay datos objetivos para saber que un enfermo morirá, porque no existe nada que razonablemente pueda ofrecer la medicina para evitarlo.

Sería lógico suponer que los médicos están mejor preparados para hablar de la muerte, ya que su práctica cotidiana los obliga a enfrentarla, pero no es así. Ellos forman parte de la misma sociedad que la niega y han elegido su profesión pensando en que podrán curar y salvar vidas, por lo que la muerte no es un tema en el que quieran pensar ni reciben una formación que los prepare para atender a los pacientes hacia el final de la vida.

El temor hacia la muerte es comprensible, pues provoca la separación de lo que se ama. Esto aplica a quien sobrevive a la muerte de una persona querida, pero de manera exponencial a quien está por concluir su vida y debe despedirse de todo. Sólo por considerar esto, resulta absurdo que las personas que viven esta situación no puedan hablar de lo que les pasa, de todo lo que significa perder lo que pierden. Pero además la muerte angustia porque significa la extinción de la vida, dejar de ser, al menos en la realidad que nos consta, independientemente de lo que las creencias personales permitan aceptar la continuación de otra vida después de ésta. Nuevamente, un motivo por el que debería ser una práctica frecuente hablar de lo que siente quien se acerca a su muerte o acompaña a alguien próximo que se encuentra en esa circunstancia. Pero si la separación y la extinción que introduce la muerte explican nuestro miedo, se podría afirmar que el miedo tan paralizante que llegamos a sentir se explica porque nunca podemos hablar de él, porque no contamos con interlocutores con quienes descubramos que otros sienten el mismo miedo y comprobemos que mediante el diálogo y la escucha podríamos encontrar respuestas para no tener que seguir negando la muerte, volviéndonos cada vez más ineptos para lidiar con ella.

Como era de esperar, pretender negar la muerte sólo ha servido para que ésta llegue causando más sufrimiento del necesario y abandonando física o emocionalmente a quienes necesitan apoyo para vivir su final o para seguir viviendo a pesar de haber perdido a personas muy significativas en su vida. Afortunadamente, como en muchos otros países, en México poco a poco se va tomando conciencia de la importancia de sostener a tiempo las conversaciones que permitan expresar qué se quiere y qué no se quiere en el final de la vida, del derecho a expresarlo por escrito en la forma de una voluntad anticipada, de informarse de las decisiones médicas que están legalmente permitidas, y de acompañar a quienes están viviendo sus últimos meses, semanas o días, compartiendo la experiencia que todos están viviendo, sin pretender disimular lo que está pasando. Desde luego, nada de esto quita el dolor que introduce la muerte, pero ayuda a tomar las mejores decisiones cuando un paciente va a morir, a no añadirle sufrimiento con tratamientos inútiles, y ofrecerle, en cambio, cuidados paliativos que alivien su dolor y otros síntomas físicos, y den atención a sus necesidades psicológicas, familiares y espirituales. Todo ello también contribuye a que las personas que sobrevivan a ese paciente se enfrenten al dolor de la pérdida con el consuelo de saber que pudieron apoyarlo y acompañarlo.

Se han dado avances legales importantes en nuestro país en los últimos años con el objetivo de que los pacientes tengan un mejor final de vida. Ahora está permitido rechazar tratamientos, aun cuando como consecuencia sobrevenga la muerte. Las personas pueden suscribir su voluntad anticipada para expresar qué tratamientos querrían y no querrían de encontrarse en una situación en que ya no puedan comunicarse. Por otra parte, se ha establecido que los cuidados paliativos deben aplicarse obligatoriamente, los cuales incluyen intervenciones para disminuir o anular la conciencia de los pacientes, no con el fin de que los pacientes no experimenten síntomas que no puedan aliviarse y les causen un gran sufrimiento. Falta, hay que decirlo, eliminar la ambigüedad que existe en algunas leyes y asegurar la consistencia entre todas. También se requiere un mayor desarrollo de los cuidados paliativos y, sobre todo, un cambio de actitud hacia la muerte que prepare mejor a la sociedad en general, incluyendo a los niños, para vivir sin olvidar que es parte de la vida y que su finitud le da valor especial a todo lo que hacemos y a todas las personas que nos acompañan. Y que llegado el momento es primordial reconocer cuándo ya no se puede curar o ya no se justifica prolongar la vida, para ocuparse de procurar el mejor final.

Epílogo

Me gustan las historias con finales felices, cuando se solucionaron todas las dificultades y los personajes principales caminan felizmente hacia el atardecer. Éstos cubren una necesidad que la realidad rara vez satisface. Este libro no presenta conclusiones ordenadas, ya que estas historias sobre la vida, la muerte y el duelo no son ficticias. Se basan en las experiencias verdaderas de personas que estaban devastadas por la muerte de un ser querido. Demuestran con claridad que el duelo tiene su propio ritmo y que nuestro trabajo es encontrar formas de expresarlo y para apoyarnos a lo largo de éste, mientras nos damos cuenta de que, con el paso del tiempo, el duelo cambiará y nosotros también.

Si has leído hasta este punto, habrás vencido nuestra renuencia a abordar este tema, una renuencia que es sumamente natural debido a nuestra impotencia final ante la muerte; a pesar de que cada uno de nosotros, sin importar quiénes seamos y cuál sea nuestra historia, nos enfrentaremos a ella en algún punto de nuestra vida. Habrás visto que cuando evitamos confrontar a la muerte le damos más poder para que nos aterre.

Como humanos, y sobre todo como humanos en el siglo xxi, parece que nuestra motivación es buscar la perfección y el orden y evitar toda dificultad (cuya lista es encabezada por la muerte y el morir). No obstante, al seguir negando a la muerte estamos negando inevitablemente la riqueza de la vida. En lo más profundo de nuestros corazones sabemos que el otro lado del amor se perdió y que no podemos tener uno sin el otro. La pérdida es intrínseca a la experiencia humana, ya sea la pérdida de la juventud, de la salud, el final de un lindo día, el final de una relación o, por supuesto, la muerte de un ser amado. Pero para vivir de verdad, para vivir la vida al máximo, necesitamos poder aceptar eso. A veces necesitamos poder vivir con el dolor y aceptar las incomodidades. Y en el extremo de la pérdida se encuentra el duelo, una de las mayores manifestaciones de dolor psicológico que podemos sentir.

Habrás notado que no ofrecí soluciones claras o rápidas que serían más agradables e irían mejor con nuestro deseo incansable de solucionarlo todo; en cambio, mostré el coraje extraordinario de varias personas que encontraron una manera de soportar el dolor causado por su pérdida, que aceptaron el apoyo que necesitaban, que aprendieron a ayudarse y que empezaron a vivir su vida otra vez. Entiendo que es difícil leer sobre el sufrimiento de estas personas, sumándole que no se sabe exactamente qué pasó con ellos al final. En cada caso hubo pequeñas señales de mejora (como el desvanecimiento del miedo de Caitlin) y luego hubo puntos de inflexión (como cuando Cheryl se liberó y se permitió sentir su pérdida y llorar sobre la bufanda de su madre, cuando Phil y Annette decidieron que intentarían tener otro bebé y las poderosas imágenes que Mussie veía en las que él era una supernova). Cada uno de estos breves momentos fue seguido de puntos de inflexión y así se establecieron las bases sobre las que ellos construyeron sus esperanzas en el futuro y que les permitieron tener la confianza para reconstruir su vida.

Reconocieron que examinar una muerte es tan importante como examinar una vida. Ahora su futuro está sobre una base segura y está lleno de potencial, ya que hicieron el difícil trabajo psicológico que es el duelo. Con la suerte de su lado y con la esperanza renovada, continuarán creciendo e involucrándose en la vida, en una vida diferente, pero aún así una vida buena.

No puedo reflejar lo felices que son porque eso lo pueden hacer muy bien ellos mismos. Estoy segura de que cada uno de ellos siente una profunda gratitud por haber amado de la manera en que lo hizo y por haber honrado la memoria de la persona cuyo legado ahora vive en su interior. Asimismo, estoy segura de que cada doliente crecerá a partir de esa experiencia.

Como alguien que fue lo suficientemente valiente como para leer este libro, espero que estas historias te hayan inspirado y que reemplaces tu miedo por seguridad...

Fuentes

El lugar de publicación es Londres, a menos que se indique lo contrario.

Introducción

Lazare, A. (1979). "Unresolved Grief", en A. Lazare (ed.), *Outpatient Psychiatry: Diagnosis and Treatment*, Baltimore, Williams and Wilkens.

Zisook, S., S. Schuter y M. Schukit (1985), "Factors in the Persistence of Unresolved Grief among Psychiatric Outpatients", *Psychosomatics*, 26, 497-503.

Entender el duelo

Klass, D., P. R. Silverman y S. L. Nickman (eds.) (1996), *Continuing Bonds: New Understandings of Grief*, Filadelfia, PA, Taylor & Francis.

Parkes, C. M. (2006), *Love and Loss: The Roots of Grief and Its Complications*, Routledge.

Stroebe, M. S., H. A. W. y Schut (1999), "The Dual Process Model of Coping with Bereavement: Rationale and Description", *Death Studies*, 23 (3), 197-224.

Worden, W. J. (1991), *Grief Counselling and Grief Therapy* (2ª ed.), Routledge.

Cuando muere una pareja

Alcohol Concern UK (2016), *Alcohol and Depression Factsheet*.

Bennett, K. M., y S. Vidal-Hall (2000), "Narratives of Death: A Qualitative Study of Widowhood in Later Life", *Ageing and Society*, 20, 413-428.

Berardo, F. M. (1970), "Survivorship and Social Isolation: The Case of the Aged Widower", *Family Coordinator*, 19, 11-25.

Bock, E. W., e I. L. Webber (1972), "Suicide Among the Elderly: Isolating Widowhood and Mitigating Alternatives", *Journal of Marriage and Family*, 34, 24-31.

Burks, V. K., D. A. Lund, C. H. Gregg y H. P. Bluhm (1988), "Bereavement and Remarriage in Older Adults", *Death Studies*, 12 (1), 51-60.

Carey, R. G. (1979), "Weathering Widowhood: Problems and Adjustment of the Widowed During the First Year", *OMEGA: The Journal of Death and Dying*, 10, 163-174.

Carr, D. (2004), "The Desire to Date and Remarry Among Older Widows and Widowers", *Journal of Marriage and Family*, 66, 1, 051-068.

Carr, D., J. S. House, C. Wortman, R. Nesse y R. C. Kessler (2001), "Psychological Adjustment to Sudden and Anticipated Spousal Loss Among Older Widowed Persons", *Journal of Gerontology*, 56B, 237-348.

childbereavement.org.uk – Toda la información sobre el apoyo a niños dolientes puede encontrarse en este sitio web [sitio en inglés].

Cleveland, W. P., y D. T. Gianturco (1976), "Remarriage After Widowhood: A Retrospective Method", *Journal of Gerontology*, 31, 99-103.

Cramer, D. (1993), "Living Alone, Marital Status, Gender and Health", *Journal of Community and Applied Social Psychology*, 3 (1), 1-15.

Davies, J. (1991), "A Sudden Bereavement", *Nursing Times*, 87 (33), 34-36.

Deeken, A. (2004), "A Nation in Transition – Bereavement in Japan", *Cruse Bereavement Care*, 23 (3), 35-37.

Defares, P. B., M. Brandjes, C. Nass y J. D. van den Ploeg (1985), "Coping Styles, Social Support and Sex Differences", en I. Sarason y B. Sarason (eds.), *Social Support: Theory, Research and Applications*, Dordrecht, Martinus Nijhoff, pp. 172-186.

drinkaware.co.uk (2015), *Alcohol and Mental Health* [sitio en inglés].

Duke, S. (1998), "An Exploration of Anticipatory Grief: The Lived Experience of People During Their Spouses' Terminal Illness and in Bereavement", *Journal of Advanced Nursing*, 28 (4), 829-839.

Fengler, A. P., y R. Goodrich (1979), "Wives of Elderly, Disabled Men: The Hidden Patients", *Gerontologist*, 19, 175-183.

Ferguson, T., A. H. Kutscher y L. G. Kutscher (1981), *The Young Widow: Conflicts and Guidelines*, Nueva York, Arno Press.

Foner, N. (1994), *The Caregiving Dilemma: Work in an American Nursing Home*, Berkeley, University of California Press.

Gerber, I. (1974), "Anticipatory Bereavement", en B. Schoenberg, A. C. Carr, A. H. Kutscher, D. Peretz e I. K. Goldberg (eds.), *Anticipatory Grief*, Nueva York, Columbia University Press, pp. 26-31.

Ghazanfareeon Karlsson, S., y K. Borrell (2002), "Intimacy and Autonomy, Gender and Ageing: Living Apart Together", *Ageing International*, 27, 11-26.

Helsing, K. J., M. Szklo y G. W. Comstock (1981), "Factors Associated with Mortality After Widowhood", *American Journal of Public Health*, 71, 802-809.

House, J. S., D. Uberson y K. R. Landis (1988), "Structures and Processes of Social Support", *Annual Review of Sociology*, 14, 293-318.

Kubler-Ross, E. (1969), *On Death and Dying*, Nueva York, Collier Books.

Lalande, K. M., y G. A. Bonanno (2006), "Culture and Continuing Bonds: A Prospective Comparison of Bereavement in the United States and the People's Republic of China", *Death Studies*, 30 (4), 303-324.

Lopata, Z. H. (1973), *Widowhood in an American City*, Cambridge, MA, Schenkman.

Marni, M. M. (1989), "Sex Differences in Earnings in the United States", *Annual Review of Sociology*, 15, 343-380.

Mental Health Report (2016), *The Five Year Forward View for Mental Health. A Report from the Independent Mental Health Task Force to the NHS in England*.

Morgan, L. A. (1984), "Changes in Family Interaction Following Widowhood", *Journal of Marriage and Family*, 46, 323-331.

Neria, Y., y B. Litz (2004), "Bereavement by Traumatic Means: The Complex Synergy of Trauma and Grief", *Journal of Loss and Trauma*, 9 (1), 73-87.

Parkes, C. M., y R. S. Weiss (1983), *Recovery from Bereavement*. Nueva York, Basic Books.

Parkes, C. M., y H. G. Prigerson (2010), *Bereavement: Studies of Grief in Adult Life*, Penguin.

Perel, E. (2007), *Mating in Captivity*, HarperCollins.

Schneider, D. S., P. A. Sledge, S. R. Shuchter y S. Zisook (1996), "Dating and Remarriage Over the First Two Years of Widowhood", *Annals of Clinical Psychiatry*, 8 (2), 51-57.

Schut, H. A. W., M. S. Stroebe, P. A. Boelen y A. M. Zijerveld (2006), "Continuing Relationships with the Deceased: Disentangling Bonds and Grief", *Death Studies*, 30 (8), 757-776.

Smith, K. R., y C. D. Zick (1986), "The Incidence of Poverty Among the Recently Widowed: Mediating Factors in the Life Course", *Journal of Marriage and Family*, 48, 619-630.

Stroebe, M. S., y H. A. W. Schut (1999), "The Dual Process Model of Coping with Bereavement: Rationale and Description", *Death Studies*, 23 (3), 197-224.

Stroebe, M. S., y W. Stroebe (1989), "Who Participates in Bereavement Research? A Review and Empirical Study", *OMEGA: The Journal of Death and Dying*, 20, 1-29.

Stroebe, M. S., y W. Stroebe (1983), "Who Suffers More? Sex Differences in Health Risks of the Widowed", *Psychological Bulletin*, 93, 279-301.

Stroebe, W., y M. S. Stroebe (1987), *Bereavement and Health: The Psychological and Physical Consequences of Partner Loss*, Nueva York, Cambridge University Press.

Stroebe, W., M. S. Stroebe, G. Abakoumkin y H. A. W. Schut (1996), "The Role of Loneliness and Social Support in Adjustment to Loss: A Test of Attachment Versus Stress Theory", *Journal of Personality and Social Psychology*, 70 (6), 1,241-249.

Suhail, K., N. Jamil, J. R., Oyebode y M. A. Ajmal (2011), "Continuing Bonds in Bereaved Pakistani Muslims: Effects of Culture and Religion", *Death Studies*, 35 (1), 22-31.

Valentine, C. (2009), "Continuing Bonds After Bereavement: A Cross-Cultural Perspective", *Cruse Bereavement Care*, 28 (2), 6-11.

Young, R. M. (1989), *Transitional Phenomena: Production and Consumption*, Free Association Books.

Cuando muere un padre

Bowlby, J. (1979), "On Knowing What You Are Not Supposed to Know and Feeling What You Are Not Supposed to Feel", *Canadian Journal of Psychiatry*, 24, 403-408.

Brown, E. J., L. Amaya-Jackson, J. Cohen, S. Handel, H. T. D. Bocanegra, E. Zatta, R. F. Goodman y A. Mannarino (2008), "Childhood Traumatic Grief: A Multisite Empirical Examination of the Construct and Its Correlates", *Death Studies*, 32 (10), 899-923.

Christ, G., K. Siegel, B. Freund, D. Langosch, S. Henderson, D. Sperber y L. Weinstein (1993), "Impact of Parent Terminal Cancer on Latency-Age Children", *American Journal of Orthopsychiatry*, 63, 417-425.

Corr, C. A. (1995), "Children's Understanding of Death: Striving to Understand Death", en K. J. Doka (ed.), *Children Mourning, Mourning Children*, Routledge.

Creed, J., J. E. Ruffin y M. Ward (2001), "A Weekend Camp for Bereaved Siblings", *Cancer Practice*, 9 (4).

Daley, Dennis C., e Ishan M. C. Salloum (2001), *Clinicians' Guide to Mental Illness*, McGraw-Hill, pp. 176-182.

DeSpelder, L., y A. Strickland (2011), *The Last Dance: Encountering Death and Dying*, Palo Alto, CA, Mayfield.

Dillen, L., J. R. Fontaine y L. Verhofstadt-Deneve (2009), "Confirming the Distinctiveness of Complicated Grief from Depression and Anxiety Among Adolescents", *Death Studies*, 33 (5), 437-461.

Dowdney, L. (2000), "Annotation: Childhood Bereavement Following Parental Death", *Journal of Child Psychology and Psychiatry*, 41, 819-830.

drinkaware.co.uk (2015), *Alcohol and Mental Health* [sitio en inglés].

Epidemiologic Catchment Area Study (D. A. Regier *et al.*) por el National Institute of Health (1990), *Use of Services by Persons with Mental Health and Addictive Disorders*.

Fonagy, P., G. Gergely, E. Jurist y M. Target (2002), *Affect Regulation, Mentalization, and the Development of the Self*, Nueva York, Other Press.

Fristad, M. A., M. A. Jedel, R. A. Weller y E. B. Weller (1993), "Psychosocial Functioning in Children After the Death of a Parent", *American Journal of Psychiatry*, 150, 511-513.

Hayslip, B., D. Ragow-O'Brien y C. A. Guarnaccia (1999), "The Relationship of Cause of Death to Attitudes Toward Funerals and Bereavement Adjustment", *OMEGA: The Journal of Death and Dying*, 38, 297-312.

Hayslip, B., J. H. Pruett y D. M. Caballero (2015), "The 'How' and 'When' of Parental Loss in Adulthood: Effects on Grief and Adjustment", *OMEGA: The Journal of Death and Dying*, 71, 3-18.

Horsley, H., y T. Patterson (2006), "The Effects of a Parent Guidance Intervention on Communication Among Adolescents Who Have Experienced the Sudden Death of a Sibling", *American Journal of Family Therapy*, 34, 119-137.

Jones, A. M., C. Deane y O. Keegan (2015), "The Development of a Framework to Support Bereaved Children and Young People: The Irish Childhood Bereavement Care Pyramid", *Bereavement Care*, 34, 43-51.

Kaffman, M., y E. Elizur (1984), "Children's Bereavement Reactions Following the Death of the Father", *International Journal of Family Therapy*, 6, 259-283.

Kalter, N., K. L. Lohnes, J. Chasin, A. C. Cain, S. Dunning y J. Rowan (2003), "The Adjustment of Parentally Bereaved Children: I. Factors Associated with Short-Term Adjustment", *OMEGA: The Journal of Death and Dying*, 46, 15-34.

Kaplow, J. B., K. H. Howell y C. M. Layne (2014), "Do Circumstances of the Death Matter? Identifying Socioenvironmental Risks for Grief-Related Psychopathology in Bereaved Youth", *Journal of Traumatic Stress*, 27 (1), 42-49.

Kaplow, J. B., C. M. Layne, R. Pynoos, J. Cohen y A. Lieberman (2012), "DSM-V Diagnostic Criteria for Bereavement-Related Disorders in Children and Adolescents: Developmental

Considerations", *Psychiatry: Interpersonal and Biological Processes*, 75, 243-266.

Kaplow, J. B., C. M. Layne, W. R. Saltzman, S. J. Cozza y R. S. Pynoos (2013), "Using Multidimensional Grief Theory to Explore Effects of Deployment, Reintegration, and Death on Military Youth and Families", *Clinical Child and Family Psychology Review*, 16, 322-340.

McLanahan, S. S., y A. B. Sorensen (1985), "Life Events and Psychological Well-Being Over the Life Course", en G. H. Elder y J. R. Ithaca, *Life Course Dynamics: Trajectories and Transitions 1968-1980*, Nueva York, Cornell University, pp. 217-238.

Mahon, M. M. (1994), "Death of a Sibling: Primary Care Interventions", *Pediatric Nursing*, 20 (3), 293-296.

Marks, N., H. Jun y J. Song (2007), "Death of Parents and Adult Psychological Well Being: A Prospective US Study", *Journal of Family Issues*, 28, 1629-1630.

Melhem, N., N. Day, K. Shear, R. Day, C. Reynolds y D. Brent (2004), "Traumatic Grief Among Adolescents Exposed to Peer Suicide", *American Journal of Psychiatry*, 161, 1411-1416.

Moss, M. S., N. Resch y S. Z. Moss (1997), "The Role of Gender in Middle-Age Children's Responses to Parent Death", *OMEGA: The Journal of Death and Dying*, 35, 43-65.

Nickerson, A., R. Bryant, I. Aderka, D. Hinton y S. Hofmann (2011), "The Impacts of Parental Loss and Adverse Parenting on Mental Health: Findings from the National Comorbidity Survey-Replication", *Psychological Trauma: Theory, Research, Practice, and Policy*, 5 (2), 119-127.

Pynoos, R. S. (1992), "Grief and Trauma in Children and Adolescents", *Bereavement Care*, 11, 2-10.

Rossi, A. S., y P. H. Rossi (1990), *Of Human Bonding: Parent-Child Relationships Across the Life Course*, Nueva York, Aldine de Gruyter.

Rynearson, E. K., y A. Salloum (2011), « Restorative Retelling: Revising the Narrative of Violent Death", en R. A. Neimeyer,

D. L. Harris, H. R. Winokuer y G. F. Thornton (eds.), *Grief and Bereavement in Contemporary Society: Bridging Research and Practice*, Nueva York, Routledge, pp. 177-188.

Saldinger, A., A. Cain, N. Kalter y K. Lohnes (1999), "Anticipating Parental Death in Families with Young Children", *American Journal of Orthopsychiatry*, 69, 39-48.

Saldinger, A., K. Porterfield y A. Cain (2004), "Meeting the Needs of Parentally Bereaved Children: A Framework for Child-Centered Parenting", *Psychiatry: Interpersonal and Biological Processes*, 67, 331-352.

Saunders, J. (1996), "Anticipatory Grief Work with Children", *British Journal of Community Health Nursing*, 1 (2), 103-106.

Scharlach, A. E. (1991), "Factors Associated with Filial Grief Following the Death of an Elderly Parent", *American Journal of Orthopsychiatry*, 61, 307-313.

Shapiro, D., K. Howell y J. Kaplow (2014), "Associations Among Mother-Child Communication Quality, Childhood Maladaptive Grief, and Depressive Symptoms", *Death Studies*, 38 (3), 172-178.

Stokes, J. A. (2004), *Then, Now and Always*, Cheltenham, Winston's Wish Publications.

Thompson, M. P., N. J. Kaslow, J. B. Kingree, M. King, L. Bryant Jr. y M. Rey (1998), "Psychological Symptomatology Following Parent Death in a Predominantly Minority Sample of Children and Adolescents", *Journal of Clinical Child Psychology*, 27 (4), 434-441.

Umberson, D. (1992), "Relationships Between Adult Children and Their Parents: Psychological Consequences for Both Generations", *Journal of Marriage and Family*, 54, 664-674.

Umberson, D., y M. D. Chen (1994), "Effects of a Parent's Death on Adult Children: Relationship Salience and Reaction to Loss", *American Sociological Review*, 59, 152-168.

Wheaton, B. (1990), "Life Transitions, Role Histories, and Mental Health", *American Sociological Review*, 55, 209-223.

Worden, J. W., y P. R. Silverman (1996), "Parental Death and the Adjustment of School-Age Children", *OMEGA: The Journal of Death and Dying*, 33, 91-102.

Cuando muere un hermano

Bank, S., y M. D. Kahn (1982), "Intense Sibling Loyalties", en M. E. Lamb y B. Sutton-Smith (eds.), *Sibling Relationships: Their Nature and Significance Across the Lifespan*, Hillsdale, NJ, Lawrence Erlbaum, pp. 251-266.

Cain, A. C., I. Fast y M. E. Erickson (1964), "Children's Disturbed Reactions to the Death of a Sibling", *American Journal of Orthopsychiatry*, 34, 741-752.

Calvin, S., e I. M. Smith (1986), "Counseling Adolescents in Death-Related Situations", en C. A. Corr y J. N. McNeil (eds.), *Adolescence and Death*, Nueva York, Springer, pp. 97-108.

Christ, G. H. (2000), *Healing Children's Grief: Surviving a Parent's Death from Cancer*, Oxford, Oxford University Press on Demand.

Cicirelli, V. G. (1995), *Sibling Relationships across the Lifespan*, Nueva York, Plenum Press.

— (2009), "Sibling Death and Death Fear in Relation to Depressive Symptomatology in Older Adults", *Journal of Gerontology*, 64b, 24-32.

Davies, B. (2002), "The Grief of Siblings", en N. B. Webb (eds.), *Helping Bereaved Children: A Handbook for Practitioners*, Nueva York, Guilford Press, pp. 94-127.

Devita-Raeburn, E. (2004), *The Empty Room: Surviving the Loss of a Brother or Sister at Any Age*, Nueva York, Scribner.

Eaves, Y. D., C. McQuiston y M. S. Miles (2005), "Coming to Terms with Adult Sibling Grief: When a Brother Dies from AIDS", *Journal of Hospice and Palliative Nursing*, 7 (3), 139-149.

Erikson, E. H. (1964), *Identity: Youth and Crisis*, Nueva York, Norton.

Fanos, J. H., y B. G. Nickerson (1991), "Long-Term Effects of Sibling Death During Adolescence", *Journal of Adolescent Research*, 6 (1), 70-82.

Fletcher, J., M. Mallick y J. Song (2013), "A Sibling Death in the Family: Common and Consequential", *Demography*, 50, 803-826.

Fulmer, R. (1983), "A Structural Approach to Unresolved Mourning in Single-Parent Family Systems", *Journal of Marital and Family Therapy*, 9, 259-269.

Gold, D. T., M. A. Woodbury y L. K. George (1990), "Relationship Classification Using Grade of Membership (GOM) Analysis: A Typology of Sibling Relationships in Later Life", *Journal of Gerontology*, 45, 43-51.

Hays, J. C., D. T. Gold y C. F. Pieper (1997), "Sibling Bereavement in Late Life", *OMEGA: The Journal of Death and Dying*, 35, 25-42.

Hogan, N., y L. DeSantis (1994), "Things That Help and Hinder Adolescent Sibling Bereavement", *Western Journal of Nursing Research*, 16 (2), 132-153.

Kellerman, N. P. F. (2000), *Transmission of Holocaust Trauma*, Jerusalem, Yad Vashem.

— (2001), "Psychopathology in Children of Holocaust Survivors: A Review of the Research Literature", *Israeli Journal of Psychiatry and Related Sciences*, 38 (1), 36-46.

Lewis, M., y E. Volkmar (1990), *Clinical Aspects of Child and Adolescent Development* (3ª ed.), Filadelfia, PA, Lea & Febiger.

McCown, D. E., y B. Davies (1995), "Patterns of Grief in Young Children Following the Death of a Sibling", *Death Studies*, 19 (1), 41-53.

McCown, D. E., y C. Pratt (1985), "Impact of Sibling Death on Children's Behavior", *Death Studies*, 9 (3), 323-335.

Moss, S. Z., y M. Moss (1989), "The Impact of the Death of an Elderly Sibling", *American Behavioral Scientist*, 33, 94-106.

Mufson, T. (1985), "Issues Surrounding Sibling Death During Adolescence", *Child and Adolescent Social Work*, 2, 204-218.

Oltjenbruns, K. A. (2001), "Developmental Context of Childhood: Grief and Regrief Phenomena", en M. S. Stroebe, R. O. Hansson, W. Stroebe y H. Schut (eds.), *Handbook of Bereavement Research: Consequences, Coping, and Care*, Washington, DC, American Psychological Association, pp. 169-197.

Packman, W., H. Horsley, B. Davies y R. Kramer (2006), "Sibling Bereavement and Continuing Bonds", *Death Studies*, 30 (9), 817-841.

Pretorius, G., J. Halstead-Cleak y B. Morgan (2010), "The Lived Experience of Losing a Sibling through Murder", *Indo-Pacific Journal of Phenomenology*, 10, 1-12.

Robinson, L., y M. M. Mahon (1997), "Sibling Bereavement: A Concept Analysis", *Death Studies*, 21 (5), 477-499.

Robson, P., y T. Walter (2013), "Hierarchies of Loss: A Critique of Disenfranchised Grief", *OMEGA: The Journal of Death and Dying*, 66, 97-119.

Ross, H. G., y J. I. Milgram (1982), "Important Variables in Adult Sibling Relationships: A Qualitative Study", en M. E. Lamb y B. Sutton-Smith (eds.), *Sibling Relationships: Their Nature and Significance across the Lifespan*, Hillsdale, NJ, Lawrence Erlbaum, pp. 225-249.

Sveen, J., A. Eilgard, G. Steineck y U. C. Kreicbergs (2014), "They Still Grieve: A Nationwide Follow-Up of Young Adults 2-9 Years After Losing a Sibling to Cancer", *Psycho-Oncology*, 23, 658-664.

Walker, C. (1988), "Stress and Coping in Siblings of Childhood Cancer Patients", *Nursing Research*, 37, 206-212.

Webb, N. B. (ed.) (2002), *Helping Bereaved Children: A Handbook for Practitioners* (2ª ed.), Nueva York, Guilford Press.

Wright, P. M. (2015), "Adult Sibling Bereavement: Influences, Consequences, and Interventions", *Illness, Crisis and Loss*, 24 (1), 34-45.

Zampitella, C. (2011), "Adult Surviving Siblings: The Disenfranchised Grievers", *Group*, 35 (4), 333-347.

Cuando muere un hijo

Amick-McMullan, A., D. G. Kilpatrick, L. J. Veronen y S. Smith (1989), "Family Survivors of Homicide Victims: Theoretical Perspectives and an Exploratory Study", *Journal of Traumatic Stress*, 2 (1), 21-35.

Badenhorst, W., S. Riches, P. Turton y P. Hughes (2006), "The Psychological Effects of Stillbirth and Neonatal Death on Fathers: Systematic Review", *Journal of Psychosomatic Obstetrics and Gynecology*, 27, 245-256.

Bergstraesser, E., S. Inglin, R. Hornung y M. A. Landolt (2015), "Dyadic Coping of Parents After the Death of a Child", *Death Studies*, 39 (3), 128-138.

Beutel, M., H. Willner, R. Deckardt, M. Von Rad y H. Weiner (1996), "Similarities and Differences in Couples' Grief Reactions Following a Miscarriage: Results from a Longitudinal Study", *Journal of Psychosomatic Research*, 40, 245-253.

Blackmore, E. R., D. Cote-Arsenault, W. Tang, V. Glover, J. Evans, J. Golding y T. G. O'Conner (2011), "Previous Prenatal Loss as a Predictor of Perinatal Depression and Anxiety", *British Journal of Psychiatry*, 198 (5), 373-378.

Buchi, S., H. Morgeli, U. Schnyder, J. Jenewein, A. Glaser, J. C. Fauchere, H. U. Bucher y T. Sensky (2009), "Shared or Discordant Grief in Couples 2-6 Years After the Death of Their Premature Baby: Effects on Suffering and Posttraumatic Growth", *Psychosomatics*, 50, 123-130.

Calhoun, L. G., J. W. Selby y C. B. Abernathy (1984), "Suicidal Death: Social Reactions to Bereaved Survivors", *Journal of Psychology*, 116, 255-261.

Christ, F., G. Bonanno, R. Malkinson y S. Rubin (2003), "Bereavement Experiences After the Death of a Child", en M. Field y R. Berhman (eds.), *When Children Die: Improving Palliative and*

End-of-Life Care for Children and Their Families, Washington, DC, National Academy Press, pp. 553-579.

Clyman, R. I., C. Green, J. Rowe, C. Mikkelsen y L. Ataide (1980), "Issues Concerning Parents After the Death of Their Newborn", *Critical Care Medicine*, 8, 215-218.

Cook, J. A. (1984), "Influence of Gender on the Problems of Parents of Fatally Ill Children", *Journal of Psychosocial Oncology*, 2 (1), 71-91.

— (1988), "Dad's Double Binds", *Journal of Contemporary Ethnography*, 17, 285-308.

Cornwell, J., B. Nurcome y L. Stevens (1977), "Family Response to Loss of a Child by Sudden Infancy Death Syndrome", *Medial Journal of Australia*, 1, 656-659.

Dyer, K. A. (2005), "Identifying, Understanding, and Working with Grieving Parents in the NICU: Identifying and Understanding Loss and the Grief Response", *Neonatal Network*, 24, 35-46.

Dyregrov, A., y S. B. Matthiesen (1987), "Similarities and Differences in Mothers' and Fathers' Grief Following the Death of an Infant", *Scandinavian Journal of Psychology*, 28, 1-15.

Dyregrov, K., D. Nordanger y A. Dyregrov (2003), "Predictors of Psychosocial Distress After Suicide, SIDS, and Accidents", *Death Studies*, 27 (2), 143-165.

Field, N. P. (2006), "Continuing Bonds in Adaptation to Bereavement: Introduction", *Death Studies*, 30 (8), 709-714.

Forest, G. C. (1983), "Mourning the Loss of a Newborn Baby", *Bereavement Care*, 2, 4-11.

Forest, G. C., E. Standish y J. D. Baum (1982), "Support After Perinatal Death: A Study of Support and Counselling After Perinatal Bereavement", *British Medical Journal*, 285, 1475-1479.

Gottman, J., y N. Silver (1999), *The Seven Principles for Making Marriage Work*, Orion Books.

Hansson, R. O., y M. S. Stroebe (2006), *Bereavement in Late Life: Coping, Adaptation and Developmental Issues*, Washington, DC, American Psychological Association.

Harmon, R. J., A. D. Glicken y R. E. Siegel (1984), "Neonatal Loss in the Intensive Care Nursery: Effects of Maternal Grieving and a Program for Intervention", *Journal of the American Academy of Child Psychiatry*, 23, 68-71.

Helmrath, T. A., y E. M. Steintitz (1978), "Death of an Infant: Parental Grieving and the Failure of Social Support", *Journal of Family Practice*, 6, 785-790.

Joseph, S. (2013), *What Doesn't Kill Us: A Guide to Overcoming Adversity and Moving Forward*, Piatkus.

Keesee, N. J., J. M. Currier y R. A. Neimeyer (2008), "Predictors of Grief Following the Death of One's Child: The Contribution of Finding Meaning", *Journal of Clinical Psychology*, 64 (10), 1145-1163.

Kersting, A., y B. Wagner (2012), "Complicated Grief After Perinatal Loss", *Dialogues in Clinical Neuroscience*, 14, 187-194.

Klass, D., P. R. Silverman y S. L. Nickman (eds.) (1996), *Continuing Bonds: New Understandings of Grief*, Filadelphia, PA, Taylor & Francis.

Kochanek, K. D., S. E. Kirmeyer, J. A. Martin, D. M. Strobino y B. Guyer (2012), "Annual Summary of Vital Statistics: 2009", *Pediatrics*, 129, 338-348.

Kreicbergs, U. C., P. Lannen, E. Onelov y J. Wolfe (2007), "Parental Grief After Losing a Child to Cancer: Impact of Professional and Social Support on Long-Term Outcomes", *Journal of Clinical Oncology*, 25, 3307-3312.

Lehman, D. R., C. B. Wortman y A. F. Williams (1987), "Long-Term Effects of Losing a Spouse or Child in a Motor Vehicle Crash", *Journal of Personality and Social Psychology*, 52 (1), 218-231.

Lohan, J. A., y S. A. Murphy (2005-2006), "Mental Distress and Family Functioning Among Married Parents Bereaved by a Child's

Sudden Death", *OMEGA: The Journal of Death and Dying*, 52, 295-305.

Moore, A. (2007), "Older Poor Parents Who Lost an Adult Child to AIDS in Togo, West Africa: A Qualitative Study", *Omega*, 56 (3), 289-302.

Moriarty, H. J., R. Carroll y M. Cotroneo (1996), "Differences in Bereavement Reactions within Couples Following Death of a Child", *Research in Nursing and Health*, 19, 461-469.

Murphy, S. A., T. Braun, L. Tillery, K. C. Cain, L. C. Johnson y R. D. Beaton (1999), "PTSD Among Bereaved Parents Following the Violent Deaths of Their 12-28-Year-Old Children: A Longitudinal Prospective Analysis", *Journal of Traumatic Stress*, 12 (2), 273-291.

Murphy, S. A., A. D. Gupta, K. C. Cain, L. C. Johnson, J. Lohan, L. Wu y J. Mekwa (1999), "Changes in Parents' Mental Distress After the Violent Death of an Adolescent or Young Adult Child: A Longitudinal Prospective Analysis", *Death Studies*, 23 (2), 129-159.

Ness, D. E., y C. R. Pfeffer (1990), "Sequelae of Bereavement Resulting from Suicide", *American Journal of Psychiatry*, 147, 279-285.

Parke, R. D., J. Dennis, M. L. Flyr, K. L. Morris, M. S. Leidy y T. J. Schofield (2005), "Fathers: Cultural and Ecological Perspectives", en T. Luster y L. Okagaki (eds.), *Parenting: An Ecological Perspective* (2ª ed.), Mahwah, NJ, Lawrence Erlbaum, pp. 103-144.

Peach, M. R., y D. Klass (1987), "Special Issues in the Grief of Parents of Murdered Children", *Death Studies*, 11 (2), 81-88.

Piaget, J. (1977), "Developmental Stage Theory", en Howard Gruber (ed.), *The Essential Piaget*, Nueva York, Basic Books.

Rando, T. (1993), *Treatment of Complicated Mourning*, Champaign, IL, Research Press.

Rinear, E. E. (1988), "Psychosocial Aspects of Parental Response Patterns to the Death of a Child by Homicide", *Journal of Traumatic Stress*, 1, 305-322.

Schwab, R. (1998), "A Child's Death and Divorce: Dispelling Myth", *Death Studies*, 22 (5), 445-468.

Shapiro, E. R. (2001), "Grief in Interpersonal Perspective: Theories and Their Implication", en M. S. Stroebe, W. Stroebe y R. O. Hansson (eds.), *Handbook of Bereavement: Theory, Research and Intervention*, Nueva York, Cambridge University Press, pp. 301-327.

Smith, M. E., B. L. Nunley, P. L. Kerr y H. Galligan (2011). "Elders' Experiences of the Death of an Adult Child", *Issues in Mental Health Nursing*, 32, 568-574.

Stroebe, M. S., C. Finkenauer, L. Wijngaards-de Meij, H. A. W. Schut, J. van den Bout y W. Stroebe (2013), "Partner Oriented Self-Regulation Among Bereaved Parents: The Costs of Holding in Grief for the Partner's Sake", *Psychological Science*, 24, 395-402.

Sweeting, H. N., y M. L. M. Gilhooly (1990), "Anticipatory Grief: A Review", *Social Science and Medicine*, 30, 1073-1080.

Wijngaards-de Meij, L., M. S. Stroebe, H. A. W. Schut, W. Stroebe, J. van den Bout, P. van der Heijden e I. Dijkstra (2005), "Couples at Risk Following the Death of Their Child: Predictors of Grief Versus Depression", *Journal of Consulting and Clinical Psychology*, 73 (4), 617-623.

Wijngaards-de Meij, L., M. S. Stroebe, W. Stroebe, H. A. W. Schut, J. van den Bout, P. van der Heijden e I. Dijkstra (2008), "The Impact of Circumstances Surrounding the Death of a Child on Parents' Grief", *Death Studies*, 32 (7), 237-252.

Wilson, A. L., L. J. Fenton, D. C. Stevens y D. J. Soule (1982), "The Death of a Newborn Twin: An Analysis of Parental Bereavement", *Pediatrics*, 70, 587-591.

Enfrentar tu propia muerte

Abdel-Khalek, A. M. (1998), "The Structure and Measurement of Death Obsession", *Personality and Individual Differences*, 24, 159-165.

— (2011-2012), "The Death Distress Construct and Scale", *OMEGA: The Journal of Death and Dying*, 64, 171-184.

Aday, R. H. (2006), "Aging Prisoners' Concerns Toward Dying in Prison", *OMEGA: The Journal of Death and Dying*, 52, 199-216.

Azaiza, F., P. Ron, M. Shoman e I. Gigini (2010), "Death and Dying Anxiety Among Elderly Arab Muslims in Israel", *Death Studies*, 34 (3), 351-364.

Berkman, L. F., L. Leo-Summers y R. I. Horwitz (1992), "Emotional Support and Survival After Myocardial Infarction", *Annals of Internal Medicine*, 117 (12), 1003-1009.

Cole, M. A. (1978), "Sex and Marital Status Differences in Death Anxiety", *OMEGA: The Journal of Death and Dying*, 9, 139-147.

Dixson, R., y B. Kinlaw (1983), "Belief in the Existence and Nature of Life After Death: A Research Note", *OMEGA: The Journal of Death and Dying*, 13, 287-292.

Erickson, E. H. (1959), "The Identity and the Life-Cycle", *Psychological Issues Monograph*, 1 (1), 50-100.

Esnaashari, F., y F. R. Kargar (2015), "The Relation Between Death Attitude and Distress: Tolerance, Aggression, and Anger", *OMEGA: The Journal of Death and Dying*, edición en línea, 1-19.

Evans, J. W., A. S. Walters y M. L. Hatch-Woodruff (1999), "Deathbed Scene Narratives: A Construct and Linguistic Analysis", *Death Studies*, 23 (8), 715-733.

Florian, V., y S. Kravetz (1983), "Fear of Personal Death: Attribution, Structure, and Relation to Religious Belief", *Journal of Personality and Social Psychology*, 44 (3), 600-607.

Florian, V., y M. Mikulincer (1997), "Fear of Personal Death in Adulthood: The Impact of Early and Recent Losses", *Death Studies*, 21 (1), 1-24.

Gesser, G., P. T. P. Wong y G. T. Reker (1987-1988), "Death Attitudes Across the Life-Span: The Development and Validation of the Death Attitude Profile (DAP), *OMEGA: The Journal of Death and Dying*, 18, 113-125.

Haisfield-Wolfe, M. E. (1996), "End-of-Life Care: Evolution of the Nurse's Role", *Oncology Nursing Forum*, 23, 931-935.

Hoelter, J. W., y J. A. Hoelter (1978), "The Relationship Between Fear of Death and Anxiety", *Journal of Psychology*, 99, 225-226.

Kalish, R. A., y D. K. Reynolds (1981), *Death and Ethnicity: A Psychocultural Study*, Amityville, NY, Baywood.

Kastenbaum, R. (2000), *The Psychology of Death* (3ª ed.), Nueva York, Springer Publishing Company.

Klenow, D. J., R. C. y Bolin (1989), "Belief in Afterlife: A National Survey", *OMEGA: The Journal of Death and Dying*, 21, 63-74.

Krause, N. (1987), "Life Stress, Social Support, and Self-Esteem in an Elderly Population", *Psychology and Aging*, 2 (4), 349-356.

Lonetto, R., y D. I. Templer (1986), *Death Anxiety*. Washington, DC, Hemisphere.

Missler, M., M. S. Stroebe, L. Guertsen, M. MastenBroek, S. Chmoun y K. van der Houwen (2011-2012), "Exploring Death Anxiety Among Elderly People: A Literature Review and Empirical Investigation", *OMEGA: The Journal of Death and Dying*, 64, 357-379.

Mullins, L. C., y M. A. Lopez (1982), "Death Anxiety Among Nursing Home Residents: A Comparison of the Young-Old and Old-Old", *Death Education*, 6, 75-86.

Munnichs, J. M. A. (1966), *Old Age and Finitude: A Contribution to Psychogerontology*, Basilea, Suiza, S. Karger.

Neimeyer, R. A. (1998), "Death Anxiety Research: The State of the Art", *OMEGA: The Journal of Death and Dying*, 36, 97-120.

Neimeyer, R. A., y P. Dingemans (1980), "Death Orientation in the Suicide Intervention Worker", *OMEGA: The Journal of Death and Dying*, 11, 15-23.

Neimeyer, R. A., P. Dingemans y F. R. Epting (1977), "Convergent Validity, Situational Stability, and Meaningfulness of the Threat Index", *OMEGA: The Journal of Death and Dying*, 8, 251-265.

Neimeyeer, R. A., J. Wittkowski y R. P. Moser (2004), "Psychological Research on Death Attitudes: An Overview and Evaluation", *Death Studies*, 28 (4), 309-340.

Nelson, L. D. (1979), "Structural Conduciveness, Personality Characteristics and Death Anxiety", *OMEGA: The Journal of Death and Dying*, 10, 123-133.

NEoLCIN (National End of Life Care Intelligence Network) (2013), National Survey of Bereaved People (VOICES), Public Health England.

Niemiec, R. M., S. E. y Schulenberg (2011), "Understanding Death Attitudes: The Positive Integration of Movies, Positive Psychology, and Meaning Management", *Death Studies*, 35 (5), 387-407.

Noyes, R. (1980), "Attitude Change Following Near-Death Experiences", *Psychiatry*, 43, 234-242.

Noyes, R., P. Fenwick, J. M. Holden y S. R. Christian (2009), "After-Effects of Pleasurable Western Adult Near-Death Experiences", en J. M. Holden, B. Greyson y D. James (eds.), *The Handbook of Near-Death Experiences: Thirty Years of Investigation*, Santa Bárbara, CA, Praeger Publishers, pp. 41-62.

Pollak, J. M. (1979), "Correlates of Death Anxiety: A Review of Empirical Studies", *OMEGA: The Journal of Death and Dying*, 10, 97-121.

Russac, R. J., C. Gatliff, M. Reece y D. Spottswood (2007), "Death Anxiety Across the Adult Years: An Examination of Age and Gender Effects", *Death Studies*, 31 (6), 549-561.

Stillion, J. M. (1985), *Death and the Sexes*, Washington, DC, Hemisphere/McGraw-Hill.

Taylor, L. D. (2012), "Death and Television: Terror Management Theory and Themes of Law and Justice on Television", *Death Studies*, 36 (4), 340-359.

Templer, D. I., M. Harville, S. Hutton, R. Underwood, M. Tomeo, M. Russell, D. Mitroff y H. Arikawa (2001-2002), "Death

Depression Scale-Revised", *OMEGA: The Journal of Death and Dying*, 44, 105-112.

Thorson, J. A. (1991), "Afterlife Constructs, Death Anxiety, and Life Reviewing: Importance of Religion as a Moderating Variable", *Journal of Psychology and Theology*, 19 (3), 278-284.

Tomer, A. (2000), "Death-Related Attitudes: Conceptual Distinctions", 3n A. Tomer (ed.), *Death Attitudes and the Older Adult: Theories, Concepts, and Applications*, Nueva York, Brunner- Routledge, pp. 87-94.

Wong, P. T. P. (1989), "Successful Aging and Personal Meaning", *Canadian Psychology*, 30, 516-525.

Wong, P. T. P., G. T. Reker y G. Gesser (1994), "Death Attitude Profile-Revised: A Multidimensional Measure of Attitude Toward Death", en R. A. Neimeyer (ed.), *Death Anxiety Handbook: Research, Instrumentation, and Application*, Washington, DC, Taylor & Francis, pp. 121-148.

Wong, P. T. P., y A. Tomer (2011), "Beyond Terror and Denial: The Positive Psychology of Death Acceptance", *Death Studies*, 35 (2), 99-106.

Cosas que ayudan: el trabajo que debemos hacer para ayudarnos a enfrentar el duelo y sobrevivir con éxito

actionforhappiness.org [sitio en inglés].

Ben-Shahar, Tal (2011), *Happier: Learn the Secrets to Daily Joy and Lasting Fulfillment*, Nueva York, McGraw-Hill.

Damasio, A. (1999), *The Feeling of What Happens: Body, Emotion and the Making of Consciousness*, Heinemann.

Duhigg, C. (2012), *The Power of Habit*, Random House.

focusing.org – The International Focusing Institute [sitio en inglés].

Gendlin, E. T. (1981), *Focusing* (2ª ed. con instrucciones nuevas revizadas), Nueva York, Bantam Books.

Hone, L. (2016), *Remembering Abi* (blog:i.stuff.co.nz) [sitio en inglés].

318 NO TEMAS AL DUELO

Kabat-Zinn, Jon (2012), *Mindfulness for Beginners: Reclaiming the Present Moment – and Your Life*, Louisville, CO, Sounds True.

— (2001), *Full Catastrophe Living: How to Cope with Stress, Pain and Illness Using Mindfulness Meditation*, Nueva York, Doubleday.

Klass, D., P. R. Silverman y S. L. Nickman (eds.) (1996), *Continuing Bonds: New Understandings of Grief*, Filadelfia, PA, Taylor & Francis.

Mind.org.uk (2015), *The Mind Guide: Food and Mood*.

NICE Guidelines (2009, versión actualizada en 2016), *Treatment for Mild to Moderate Depression*.

Pennebaker, James W. (2004), *Writing to Heal: A Guided Journal for Recovering from Trauma and Emotional Upheaval*, Oakland, CA, New Harbinger Press.

— (1997), *Opening Up: The Healing Power of Expressing Emotion*, Nueva York, Guilford Press.

Schore, A. (2003), *Affect Regulation and the Repair of the Self*, Nueva York, Norton Books.

Tedeschi, R. G., y L. G. Calhoun (2012), *Resilience: The Science of Mastering Life's Greatest Challenges*, Cambridge, Cambridge University Press.

Agradecimientos

Todas las historias en este libro se basan en mis reflexiones y en lo que aprendí de los clientes con los que he trabajado. Obtuve mi entendimiento del duelo a través de ellos y me siento honrada de haberlos conocido, de haber aprendido de ellos y de que me hayan inspirado. Cuando me fue posible, consulté a mis clientes actuales y previos para asegurarme de que estaban de acuerdo con lo que se publicaría, con el fin de evitar cualquier molestia. Una de mis preocupaciones predominantes durante el proceso de escritura fue mantener la confidencialidad y el anonimato de mis clientes; para hacer esto, hice todos los esfuerzos posibles por conservar en el anonimato a las personas y los eventos y simultáneamente seguir siendo fiel a la esencia de la obra.

Este libro no sería posible de no ser por esos clientes que me permitieron trazar su trabajo durante el duelo. Algunos me permitieron grabar y transcribir nuestras sesiones, otros leyeron y comentaron mis notas sobre nuestro trabajo y otros incluso usaron el estudio de caso de nuestra terapia. Estoy profundamente agradecida con cada uno de ellos por toda su generosidad y confianza al dejarme contar sus historias de duelo.

Para mí es importante darle crédito en particular a quienes son, en mi opinión, los principales y más vanguardistas psiquiatras y psicólogos del duelo en los últimos cincuenta años. Ellos fueron la mayor influencia en mi práctica. Sus teorías sobre el duelo, incluso algunas de sus expresiones, se han vuelto parte de mí y se integraron de distintas maneras a lo largo del texto. Ellos son: la doctora Margaret Stroebe y el doctor Henk Schut, el doctor Colin Murray Parkes, John Bowlby, Dennis Klass, Phyllis Silverman y Steven Nickman y el profesor William Worden. Creo que ellos han sido parte de una revolución silenciosa que ha transformado nuestro entendimiento del duelo.

Mi agente literaria, Felicity Rubinstein, fue la primera en alentarme a que pensara en escribir un libro, cosa que no había considerado seriamente hasta ese momento. A través de su experiencia, Gillian Stern me dio la confianza de encontrar mi voz. Venetia Butterfield ha sido una editora tanto inteligente como sensible al tomar lo mejor de mí y al ayudar a estructurar el libro hasta su forma actual. Tener este triunvirato de mujeres brillantes que me guiaron en esta nueva aventura fue para mí un regalo excepcional.

El doctor Adrian Tookman, médico especialista en cuidados paliativos, y Lynda Nayler, especialista en enfermería clínica del Marie Curie Hospice en Hampstead, amablemente me permitieron pasar tiempo con ellos en el Marie Curie Hospice. Conocí y platiqué con varios de sus pacientes y aprendí más sobre los cuidados paliativos en la población de edad avanzada. La profesora Julia Riley, especialista en cuidados paliativos del hospital Royal Marsden, me apoyó con su gran experiencia en la exploración de las necesidades de los pacientes que están por morir y también con sus útiles comentarios sobre los estudios.

El profesor Tim Bond me brindó bastante de su preciado tiempo para guiarme a través de las mejores prácticas éticas para la publicación de estudios de caso. Estoy en deuda con él por la profundidad de sus conocimientos y generosidad al compartirme esto.

Ann Chalmers y Ann Rowland de Child Bereavement UK me dieron una crítica constructiva invaluable. Andrew Reeves, de la British Association of Counselling, me dio excelentes consejos que fueron muy bien recibidos.

Estoy agradecida con Stephanie Wilkinson, quien trabajó mucho para encontrar cientos de artículos de investigación excelentes sobre cada tema.

Quiero agradecerle a mi talentoso hermano Hugo Guiness por darme su ilustración de dientes de león para la portada del libro; es la imagen perfecta y aún más porque él la ilustró.

Soy sumamente afortunada de haber podido recurrir a esta amplia lista de personas maravillosas que me contaron sobre sus experiencias con el duelo, que contribuyeron a explicar cómo pueden ayudar los amigos y familiares o que hicieron sus comentarios del libro. Sobre todo a Geraldine Thomson, Natasha Morgan, Steve Burchell y Kathy Murphy, todos ellos psicoterapeutas y sabios colegas que fueron extremadamente compasivos y atentos. Los amigos, tanto cercanos como distantes, fueron sumamente generosos con su tiempo, experiencia y pensamientos: Rachel Wyndham, Catherine Soames, Juliet Nicolson, Susanna Gross, Clare Asquith, Joanna Weinberg, Tory Gray, DiDi Donovan, Christabel McEwan, David Macmillan, Bettina von Hase, Rosie Boycott, Alexander Dickinson, Linda y David Heathcoat-Amory, Jack Heathcoat-Amory, Patricia Mountbatten, Cathy Drysdale, Catherine O'Brien, Amrita Das, Christine D'Ornano, Dana Hoegh, Fiona Golfar, Hafizah Ismail, Flappy Lane Fox, Tal Fane, Clare Milford Haven, Harry Cotterell, Millie Baring, Dafna Bonas, Peter Laird y Debora Harding. Estoy completamente agradecida con todos ellos por ese acto tan generoso de amistad.

Para mantener la fluidez de las palabras, no agregué notas bibliográficas a lo largo del texto. Todas las referencias relacionadas con los estudios de casos, así como con la guía y las secciones de investigación, se pueden encontrar en la sección de "Fuentes" bajo el título del capítulo o la parte en la que se usaron. Acepten mis disculpas en caso de que haya un error o que falte alguna referencia.

El equipo de Viking Penguin fue maravilloso: agradezco a Isabel Wall, Donna Poppy, Julia Murday y a Emma Brown por toda su ayuda.

Me declaro completamente responsable de cualquier error u omisión.

Mi amado esposo, Michael, que es parte de todo lo que hago, fue extremadamente paciente y alentador y se rio conmigo y de mí cuando fue necesario. Nuestros hijos, Natasha, Emily, Sophie y Benjamin, hicieron sugerencias reveladoras y me apoyaron con mucho amor mientras estuve inmersa en este proyecto. Estoy eternamente agradecida con todos ellos.

La página de internet que acompaña a este libro es: www.griefworks.co.uk (sitio en inglés). Puedes visitarla para consultar vínculos a páginas de apoyo, obtener más información y visitar los foros.

No temas al duelo de Julia Samuel
se terminó de imprimir en marzo de 2018
en los talleres de
Litográfica Ingramex, S.A. de C.V.
Centeno 162-1, Col. Granjas Esmeralda, C.P. 09810
Ciudad de México.